August-Lämmle-Lesebuch

AUGUST-LÄMMLE-LESEBUCH

Ein
schwäbisches
Hausbuch

STIEGLITZ-VERLAG · E. HÄNDLE · MÜHLACKER

Titelentwurf: Christoph Albrecht
Titelbild und Zeichnungen: Karl Stirner

Auswahl und Herausgabe: Dr. phil. Liselotte Bihl

ISBN 3 7987 0149 0

3. Auflage 1977

Druck: K. Elser, Mühlacker

Zu den vier Kapiteln vorliegender Auswahl

Dies ist ein besinnliches und zugleich heiteres Buch. In Zeiten, wo es schwer fällt, heiter zu schreiben, greift man gern zurück auf heitere Schriften einer früheren Zeit, nicht, um aus der Gegenwart zu fliehen, sondern um daraus neue Kraft zu schöpfen für eine unsicher gewordene Welt, die um den Sinn des Lebens ringt — es ist ein notwendiges Atemholen und Abstandgewinnen. —
Der schlichte volkstümliche Erzählton der *Geschichten* stimmt uns einfach und ruhig und läßt uns zu uns kommen. Die einfachen Dinge, ins rechte Licht gesetzt, beginnen zu leuchten, sind uns wieder zugänglich, wir vermögen uns am Unscheinbaren wieder zu freuen. Der Dichter läßt sich Zeit: mit liebevoller, geduldiger Anteilnahme und nachsichtig verstehendem Humor erzählt er — und wie kann er erzählen! Er sitzt gleichsam unter uns, ist mit uns auf du, er hat Vertrauen zu uns und wir zu ihm.
Seine *Spruchweisheit* ist der Ausdruck der Lebenserfahrung eines Mannes, der über einem schweren Leben nicht verbittert wurde, sondern dankbar blieb; der in seinem Aufstieg vom Bauernbuben über den Lehrer zum Landeskonservator und Professor alle Volksschichten kennenlernte; dessen Leben durch zweierlei gekennzeichnet war:

durch die Liebe zur schwäbischen Heimat — welch beglückenden Ausdruck fand sie in seinen *Mundart-Gedichten* — und durch eine Sehnsucht nach Bildung im weitesten Sinn.

Die schlichten *Lebenserfahrungen*, mit denen das Buch schließt, führen uns zum eigenen Ursprung zurück. Wir sind über ihre Anspruchslosigkeit gerührt, wissen aber gleichzeitig, daß auch in unserem Leben das, was haftete und beglückte, oft kleine Dinge waren.

Tübingen, im Herbst 1973

L. B.

Mundartdichtung

Oser Schwobaland ist wäger [1],
Mos a'packst: uf dr Alb, am Necker,
Em Gäu, em Schwarzwald ond em Ries
A Ländle grad wia ds Paradies.

Do brauch i gar nex zemaz'dichtet,
Z verbleamlet nex ond omerz'grichtet:
I zeig em Land sei' ehrlichs Gsicht,
No geits von selber a Gedicht.

[1] fürwahr, wahrhaftig, wahrlich

Das ist mein Land . . .

Steig nuf-de Berg, guck-naus ens Land,
was mier e schöne Hoamet hant!

Då leit für-sich e kleine Welt . . .
drom-rom send Berg ond Hügel gstellt,
ond drüber ist dr Hemmel deckt,
ond dronter ist dei' Welt versteckt!

Ond Wiese håts ond Wälder
ond Wengert viel ond Felder
ond Bächle hell mit Brucke . . .
mr-ka's schier-net vergucke . . .

s-ist überal ebbes, was-oan freut:
als hättet Kender Bloame gstreut,
leit då e-Dörfle, dort e-Haus,
ond drüber guckt dr-Kirchturm naus.

E stiller Friede ist drom her,
wie wenn-s då äll Tag Sonntig wär!
So lieb ist älles ond vertraut,
als häb-s dr Herrgott z-seme baut.

Die Höf ond Weiler henterem Wald,
so o'schei'bar se send ond alt,
send wie-n-e übrig-bliebes Glück . . .
so ruig-isch då ond hoamelig.

E alter Nußbom hüetet s-Haus
ond dronter ståht e-n-alter Bank ...
dr Bronne geit jåhrei'-jåhraus
sei' silbrigs Wasser ohne Dank.

Dr Bronne ghaört zom Baurehaus,
sei' Wasser trenkt, wear trenke will. ...
Ond ståht emål dr Bronne still,
nå isch au' mit-em Baure aus.

Ond mueß-mr aus-dr Hoamet furt
ond onter fremde Mensche nei',
nå bleibt e Stück vom Herze dort —
i-schätz, es wurd wohl s-Herzstück sei'.
Ond ob-mr wacht, ond ob-mr schlåft,
am Pflueg, am Werkbank, en dr Rueh,
em Sorgestuehl, em Kirchestuehl,
denkts hehlenge dr Hoamet zue.

Es ist e Kirch em Herze dren.
E Muetter guckt zom Feaster rei'.
Mr haört e halbvergesses Lied.
Mr sieht von då en Hemmel nei'.
Mr spürts em Loid als heimlichs Glück.
Mr spürts em Glück als heimlichs Loid —
o hüets, es geit deim Leabe Halt,
hüet Glück ond Loid, du brauchst ällboid.

Dr Zirbelbom

Am Gigel [1] obe-dauß
ståht uf em Kapf [2] e Zirbelbom [3],
sieht armetselig aus.

r-ist von Sturm ond Blitz
vernarbt am ganze Leib ond kromm
ond ausdorrt von-dr Hitz.

E Wonder, wie-n-r-s schafft!
Mr denkt, es häb dear stoane Grond
koa gotzigs Säftle Saft!

Ond gåht r schiergar druf:
r steckt em Märze murzegsond
de nuie Liechter uf!

Em Moie håt-r viel
Flattuse mit-de Käaferleut
ond mit-em Vogelspiel.

Ob-s Wetter durnt ond töbt:
dear überdauert Naot ond Zeit,
må sich am-Bode hebt.

So zwische Berg ond Stern
gåht onsrem kleine Zirbelbom
dr-Sommer ond dr-Wenter rom . . .
se-hent enander gern.

[1] First des Hauses
[2] Bergkuppe
[3] Zirbelkiefer

Bauregarte

s-Bauregärtle vor em Haus
heidenei! sieht gschecket aus:
Sonnebloame, Rengelbleamle,
Sammetschüahle ond Levkoi,
Nägele, Gealveigel, Aster,
Kapuzener . . . dreißgerloi,
was en Strauß geit uf de Huat,
selber wachst ond schmacke tuat!

Do wurd net lang ausstudiert,
obs au zseme harmoniert:
so wie-s fallt zom Gückle raus,
sät mrs aus ond wachsts oms Haus,
oas kommt bald ond s-ander spoot,
d-Hauptsach ist, daß älles groot,
ond daß zwische Wurz ond Kraut
sich au ebbes Lustigs traut!

Haus am Necker

Guck, em e Bloamegarte stohts,
grad wie wenns drenne gwachse wär!
Aus siebe kleine Feaster lachts
ond luagt so lieb ond freundlich her:
Es hot e gweißnets Röckle a',
es hot e spitzigs Hüatle uf,
ond zwische braune Balke rankt
dr Traubestock am Giebel nuf,
draus raus prachtiert dr Nägelesstock,

als wärs dr Strauß am Haozigrock!
Am Behnelade obedaus
do hangt e Stoorekaste raus.
Besser onte an-re Stange
sieht mr Welschkornkolbe hange,
ond ontrem Giebelbalke dra'
do bauet äll Johr d-Schwälmle na'!
Ond älles leit em Sonneschei' —
mr moat, se sei verliebt drei' nei'!
s-Kame' raucht au, hodds heidenei,
i wött, des Häusle, des wär mei'!

D Baurastub

Soll d Baurastub a-n-A'seah hao,
No muaß a Kachelof dren staoh
Ond glei drneabet fer da Baura
A Leaderstuahl mit Ärm ond Aohra.
Ond oms Eck rom an de Feaster
Muaß a Bank gaoh,
Uf am Semsa müaßt em Sommer
Bloamastöck staoh,
Ond vor am Bank as Baura Stolz:
A Tisch vo biraböme Holz
Ond en dr Lada neabrem Messer
A Loib schwarz Brot, s wachst nerga besser!
A oiges Brot, nex gsönders geits!
Schneid ra ond iß, da Baura freuts!

Em Heuet

Om Johanne rom isch Zeit,
Daß dr Bauer d Wiese' heu't.
Etz muaß se dr Lohle rege,
Etzet muaß r nei' ens G'schirr,
Etzet schmilzt dr Schmear wie Butter,
Etzet wurd r spendeldürr,
Etzet schloft r o'verloge
Bloß no auf de Elleboge.

D Metzelsupp

Was mr doch fer guate Sacha
Ka' aus so-ma Säule macha!

Aus sei'm Saustall hentrem Haus
Ziegt dr Bauer d Botzel raus,
Packt se, daß se graozt ond quiext,
Arme Botzel, heut wurst giext!
Guck, do stoht dr Metzger Gmähle,
Wetzt sei' Messer an sei'm Stähle,
Ds Säulesstecha ist sei' Braot,
Dear sticht etzet d Botzel z taot.
Ds Säule schreit: „O jemine!"
Strabelt nomol — no isch he!

Etz wurd brüaht ond gschabt ond brennt,
Weil halt d Säu doch Butzla send.
Ond no wetzt dr Metzger Gmähle
Ds Metzgermesser an sei'm Stähle,
Schneid ehm Aohra weg ond Schwanz

Ond versäbelt ds Säule ganz,
Siedet, hackt ond macht ond tuat
Ond ruadelt rom em Schweinebluat.

Drenna hentrem Tisch em Eck
Hockt dr Bauer vor am Speck.
Dear muaßt se heut bais verleida,
Muaß dean Speck en Würfel schneida,
Ond soviel r ka' verkrafta
Kesselfloisch ond Würst verhafta.
Ond wias etz om d Esseszeit
Sauerkraut ond Blonze geit,
Sait r: „Herrschaft, descht a Schlauch,
Hätt i no mei's Blässa Bauch!"

Was mr doch fer guate Sacha
Ka' aus so-ma Säule macha!
Schonka, Brotwürst, Schwartamaga,
Knöchla, guate, et zom saga!
Schmalz zom Fasnedküachla bacha
Ond zo andre guate Sacha,
Gräuchte Zöngla, saure Nierla,
s send doch mögeliche Tierla!
Rippla, Rauchfloisch, Sulz ond Grieba,
So na Säule muaß mr lieba!
Bluat- ond Leaberwurst ond Kraut
Füllt am Märkt de Baura d Haut,
Brotes, Kotlett onterdessa,
Descht schao maih a Herrafressa!
I sag soviel: Gang mr-a-weg,
So-n-a Sau verdeant Respek!
s ist mr gleich: s ist oin'weag ao
Ebbes Fürnehms om a Sau!

Dr Erbhof

„Drom soll dr Schwob des Ländle hao"

Aus Stoa ond Loame, Kies ond Sand
ond Krust ond Kutter ällerhand
håt onser Herrgott s-Ländle gmacht,
ond wie-n-rs mustret, håt-r glacht:
„E sottige Hoamet", håt-r gsait,
„dui müecht-em Herrgott selber Freud!
Se ist wohl dockelig ond klei',
s-dürft älles kecklich graößer sei' . . .
ond neabe-drusse isch-e au'
ond platteweis dr-Bode rauh,
ond wenkelig — sell mueß-mr sa,
ond älleweil gåhts berguf-berga . . .
Gottsname! s-ist koa bsonders Land . . .
maeh schö' als guet . . . drfür bastand."
r-stroift de Loame von de Händ
ond schlenkerts gege d-Felsewänd,
då kleibt e Batze uf-em Joch:
„So", sait-r, „dees ist Haigerloch."

Jetz, wie-n-r weiter spentisiert
ond weam-r-s schenke wöll, senniert,
då kommt-r en Verleageheit . . .
„Jetz, soviel sieh-n-i", håt-r gsait,
„dr Preuß wär mit deam Land betroge,
dear braucht maeh Platz für d-Eleboge. . . .
Dr Frank mags nobel gern ond fei',
dear schlüeg mr-s hoam, drom laß i-s sei'. . . .
Obs wohl für meine Boiere wär?
Dear blåå-weiß Hemmel säh-t-ehn gleich,
au' hätts-e Gmüet, s-wär arm ond reich —

ond doch, i-glaub, i-hätt e Gscheer:
die wöllet kraxle en-de Wänd
ond jodle, wenn-se drobe send. ...
De Schwiizer? Noa. I-trau bloß halb:
die müechet Kurhotel uf d-Alb.
Ond laut-fremd Volk, ond schnell-fremd Geld
verderbet oam de oige Welt —
i-mach koam Mensche drom en Streit:
mei' Alb brauch-i, daß-s Baure geit. ...
Ist dees e Sach. Was tue-n-i gaoh:
soll i-s verauktioniere lao?
s-wär aber schad drom, wenn am-End
des Ländle käm en falsche Händ ...
wear håt wohl für dean Girregitz
Geduld ond Zeit, Verstand ond Gritz?"

Z-mål fallts deam guete Herrgott ei':
„I setz mein Schwåbe-Jörgle nei'.
Deam kommt-s uf d-Graöße net so a'.
Wenn dear sich verlustiere ka'
an deam Gewenkel ond Gehang,
nå isch deam wohl, nå gfallts deam lang.
Dui bucklig Welt ond Biireschnitz
paßt grad für deam sein Wonderfitz. ...
Dear håt des klei'-bhäb Leabe gern.
Ist d-Schüssel leer, guckt ear en d-Stern.
Ond wohnt-r uf-dr Wenterseit,
studiert ond diftelt ear e Zeit
ond loitet Mond- ond Sonneschei'
durch Bronne-Deichel zue-n-ehm rei'.
Dear packts ond bauts, des woiß-i schao,
drom soll dr Schwåb des Ländle hao."

Schwobeleut

So isch bei de Schwobeleut:
Do send bloß de Helle gscheit,
Ond em ganze Schwobeland
Fehlts de Domme am Verstand.

We-mr domm ist, des ist so:
Selber spürt mr nex drvo',
Ond so hot en älle Toil
D Dommheit uf de Gasse foil.

Osre Gscheite onterdesse',
Die hent meistens s Maul vergesse',
Ond se bhaltet lediglich
Lieber ihrn Verstand fer sich.

Andre Menscha hent faif Senna,
Mir Schwoba hent bloß viere
Ond kommet so guat aus drmit
Wia selle mit de ihre.

Gucka, haira, spüra, schmacka —
Maih brauchts et, jo währle,
Ond dear mo bei os riecha tuat,
Des ist a wüaster Kerle!

s ist wohr, ond oser alter Könich
Hots schao gsait: Dr Schwob schwätzt wenich.
Ond wenn r schwätzt, druf kö't mr wetta,
Sait r zairsta „noi“ ond „eta“.

Oigasenniche Kerle send se,
Donderschlächtiche Dickköpf hent se,
Om koi Welt et nochgea tent se,
Mit am Kopf durch dMauer went se.

Mit Grobheit
Kommst et weit,
Do ist dr Schwob stärker;
Ond schempfa
Des ka'-n-ear ärger.

Mit guate Wörtla,
Schlückla ond Stückla
Ka' mr os Schwoba
Om da Fenger wickla.

Schwäbisch

E Spatz des ist koi Distelfenk,
Ond doch e Musikant.
E jeder pfeift halt, wie-n-rs ka',
So sengts em ganze Land.

Es schwätzet d Leut em Boyrische
Ond wear aus Sachse-n-ist,
Wie jedem en Gottesname halt
Dr Schnabel gwachse-n-ist.

Drom sieh-n-i ao beileib et ei',
Ond we-mr no so spott,
Morom daß i as gwachsner Schwob
Et richtich schwäble sott?

Dr Albbauer

Obadruf en schwarza Deckel,
Dronter dont en brauna Möckel,
A Blohemed statt ma Rock,
Leaderhosa vom a Bock,
Lange Stiefel onta dra'
Ond dren denn a Biederma'
Ond a Jauner halb ond halb:
Descht a Bauer von dr Alb.

Dr Bäck

A Mensch mit hondert Kilo Gwicht,
Ds ganz Johr a verschlofes Gsicht,
Hemed, Hosa ond no d Gstalt
Mit ma Reama zemagschnallt,
Etz no d Fäust en d Hosasäck:
Hemmelstuagert, descht a Bäck!

Dr Schuaster

I hao ebbes haire klopfe,
I moi s sei e Schuaster,
Ond es schmack noch Pech ond Leader:
Richtich, etzet huast r!

Et so glatt ond et so ghoblet,
Et viel Hoor, ond die verstroblet,
D Nase haoch, ond uf dr Spitz
Hot bei Tag e Brill ihrn Sitz.

En dr Amtsmontur, em Hemed,
Hose, Schurz ond Schlappe,
D Stirn in schwere Falte boge,
Sitzt r uf em Rappe.

Näht ond naglet, flickt ond fleckt ond
Riestert, schafft ond schuftet,
Dreht de Droht ond wichst de Borst ond
Huast ond priist ond duftet.

Schillt mit oim Aug über d Brille
Außer noch de Spatze,
Lot koin Mensche o'passiert ond
Bschnarchelt Hond ond Katze.

Haut de Lehrbua dronter einer,
Schempflet mit de Kender,
Schmeißt sei'm Weib de Loiste nocher
Oder macht Kolender.

Ois ens ander ist r halt e
Lohle [1] und e Fuchte [2],
No so gscheit as ander Leut ond
Oineweag e Buchte [3]!

[1] langsamer Mensch
[2] fahriger Mensch
[3] Spottname für den Schuster

Morom dr Mäurersgottlieb sterba muaß

Dr Mäurersgottlieb leit em Nest
Ond aoxt ond gorkst vor lauter Jäst,
r klagt em Hals ond uf dr Brust,
Noch nex hots maih da Mäurer glust,
r mag koin Schnaps, koin Bachstoikäs,
r raucht et, schnupft et, was ist des?

Sei' Weib, sei' guata Katharee,
Dui kocht ehm en Kamillatee,
A Hefelpflaster hots deam Ma'
Uf d Sohla na'glegt, helf was ka'!
Ond hots ehm mit ma Schal verbonda,
Se glaubt, des zieg dean Waih noch onta.

s hilft nex, des Pflaster ist fer d Katz,
Etz muaß dr Dokter uf da Platz.
O Katharee, descht dei Verderba,
Etz muaß dei guater Gottlieb sterba!

Dr Dokter, der hots bald entdeckt
Ond gmerkt, mo do dr Butza steckt:
r sait, des Bluat sei zdick vom Sitza,
Do ghair „Bewegung" hear ond Schwitza!

Gottsnama hots probiert dear Ma'
Ond ist natürlich gstorba dra'!

Etz, wenn i so-n-a Dommheit sieh,
Do wur i falsch, des ärgert mi!
Des woiß doch jeder Schualerbua:

A Mäurer braucht sei' saubra Ruah,
Ond vor „Bewegeng“ ond vorm Schwitza
Do muaß mo jeda Mäurer schütza!

Soviel sott ao na Dokter wissa,
Kotz Kreuzmilljonasackermost!
Wem-mr en Mäurer brengt zom Schwitza,
Daß des da Mäurer ds Leaba kost!

Dr Büttel

Schulteß, des ka' jeder wer'a,
Wenn r d Stemma zemabrengt;
Herrentgega zom a Büttel
Paßt et jeder o'bedengt:
Zom a Büttel brauchst en Ma',
Dear mo bolisch saufa ka';
Grob muaß r sei' wia Bohnastraoh,
En Bart wie-a Kehrwisch muaß r hao;
Haofärtich muaß r toa ond gschwolla,
Ond mit de Auge muaß r rolla,
Daß mr vor Respekt
Verschreckt.

Aus dr guata-n-alta Zeit

Dr Lehrer sait: „Jetz kommt das Ei
Vom Kolombombus an die Reih',
Des nemmet mr glei morga.

Wenn i des deutlich zeiga soll,
Muaß mir a jeds a Körble voll
Frischglegte Oier bsorga.

Weam seine Leut grad koine hent,
Weil d Henna no et lega tent,
Do will is et verzwenge.
Drfür ka' des no allafalls
Jo ebbes Butter oder Schmalz
Ond ebbes Speck mitbrenga."

Kamerade

Dr Heiner sitzt em Stadtrot d'en,
Dr Frieder dear hätts au em Senn.
Drom schwätzt r mit ehm: „Gvatterma',
Guck so ond so, wie fang i s a'?"
Dr Stadtrot stroft ehn: „Gel, tua kuahl!
Glaubst du, du däfst uf so-e-n-Ehr spitze?
Du bist jo Letzt gwea en dr Schual!
I sieh de heut no neab mr sitze!"

Schiller

Se send so beienander gsätze
Ond teant vo schwäbsche Dichter schwätze,
Dr oi lobt do, dr ander det,
E jeder hot sein Liebleng ghet
Ond schmust ehm übern Schellekönich;

Es hätt bal' Händel gea, s fehlt wenich.
Bloß über des do send se äll
Sich oinich gwea uf älle Fäll:
Dr Schiller sei e Dichter gwea,
So häbs en Deutschland et viel gea,
Ond s wür e Frog sei', ob no je
So oiner wieder ufstaoh te!
„O!" hot dr Herr Broviser [1] gsait,
„Hätt i no maih dr Zeit!"

[1] Lehrgehilfe an einer Volksschule

Letz kuriert

s-ist em e kalte Wenter gwea,
ond weit ond broit hat mr nix gseah
als Eis ond Schnaee ond Schnaee ond Eis,
de ganz Welt glitzert silberweiß,
e Schleifets ist e jeder Bach,
e Eiszapf hangt von jedem Dach.

Do fahrt, aeh Gott de Tag no geit,
e Bäuerle vo Thomasreut
e Halbmeß Holz nach Eßleng nei'.
Sei' Bua lauft henterem Schlitte drei'.
Wie schö ist so e Fahrt em Wald:
koa Laut, als wenn dr Bauer knallt!
Ond Reh ond Hase laufet mit,
mr sieht koa Spur, mr haört koan Tritt —
vielleicht aus Heckewerk ond Kraut
en leise frühe Vogellaut!

Wenn d-aber naus kommst us em Wald,
do goht dr Wend sibirisch kalt;
mei' Gäule, schao e-n-alter Knoch,
blost Dampf us jedem Naseloch,
Dr Bua strampft hente drei' em Schnaee,
r-spürt vor Waeh koan Zaehe maeh,
d-Händ horniglet, ond en d-Aohre
ach Gott! wie hat's dean Buabe gfraore!
Es lauft ehm dr kalt Schauder na,
ond s-goht ehm bald am Heule ra.

Do sait sei' Vatter: „Schwoig di, Bua!
Heut kriegst e Wurst ond Senf drzua!"
E Wurst? descht besser als Arznei!
Dr Bua schuibt d-Händ ens Wammes nei.
r-knüpft sei' Tränesäckle zua
ond stiefelt weiter Eßleng zua.

Dr Alt hat zwoi Paar Hose-n-a',
bei deam ka' d-Kälte net so na';
ond wenn! Em Schurwald, will i sa',
ka' oaner hoiß ond kalt vertra!
Do leabt e hagebuaches Gschlecht,
hoiß ist do guat ond kalt ist recht!

Wie s-taget, kommet se en d-Stadt —
verfrore, hongrig, müad ond matt.
Se stoahnt am Märkt e Stonder vier,
dr Baurebua verzwaazlet schier . . .
Dr Wend bloost kalt aus älle Eck . . .
No, schließlich kauft dr Kirchebäck
om wenig Geld ond Brot ond Wurst
ond Most - „Wieviel?" - „Halt für de Durst!" -
Halt für de Durst! Dr Geizig denkt,
wie ear die zwee oms Trenke brengt.

Dr Bauer fahrt en Kirchgaß na
ond ladet dort sein Wage-n-a',
r-tuat sein Gaul zom Löwirt nom
ond hängt ehm s-Fuattersäckle rom,
no sait-r: „Jetz isch gwonne, Bua;
jetz gohts dr Bäckestube zua!
b-acht, do isch warm! Jetz no mit mir!"
Dr Kirchebäck stoht an dr Tür

ond füahrt die zwee — jetz do schlag drei'! —
en e eiskalte Stube nei' —
r-stellt de Mostkruag uf de Tisch:
„So!" sait dr Bäck, „dr Most ist frisch!"

Dr Bauer tuat, als haör r-s net,
hockt nom, wie wenn-r Zens brocht hätt:
„Do henn isch kalt, daß Gott erbarm!
Bua", sait-r, „trenk, no wurd drs warm."
Se trenket aus — se schänket ei',
Des Holz därf net so billig sei'!
Em Handom ist dr Mostkruag leer:
„Bäck!" hoißts, „Bäck, auf, de zwoite her!"

Dr Bäck holt ruf, des merkt-r jetz,
de kalt Behandleng sei de letz!
Drom macht-r au', so schnell r-ka',
a herzhafts Fuier em Ofe-n-a',
ond wie-s no warm ist, kommt-r rei' —
dr Jong schänkt grad de Stompe ei':
„Bäck!" sait-r, „Most hear, kannst drs denke!
Narr jetz isch warm, jetz ka' mr trenke!"

„Jo!" sait dr Alt, „s-wär aus dr Weis';
bis z-Obed hat mei' Holz sein Preis!"

Dr Bauer ond sei' Bock

Dr Teufel trau de baise Goister,
De Hexa ond de Hexamoister!
Guat ist guat! Uf jeda Fall
Ghairt a schwarzer Bock en Stall.
Isch glei koi Nutz, isch ao koi Schada
Ond d Kender hent en Kamerada.
r braucht koi Wart, r braucht koi Pfleag,
Des Böckle goht sein oigna Weag,
Em Haus rom ond em Schuiratenna,
Em Hof, em Stall, em Garta drenna:
Halt mo-n-r denkt, daß ebbes gei,
Do ist dear näschich Bock drbei.

Aber en dr Kirbewocha
Wurd dr Bock vom Baura gstocha.
Zom a reachta Kirbe-Essa
Do ghairt Brotes ond Salot
Ond drzua a Krüagle räsa
Most, daß ds Essa besser goht,
Ond uf des na' ebbes mürbe
Kuacha, des paßt en dr Kirbe.

As Böckles Haut lauft nächsta Sommer
Als geala Leaderhosa omer.

Beim Beichta

Dr Gregor goht äll Johr amol zur Beicht
Ond macht sei' Gwissa leicht.
Sei's Zoiches ist der Gregor Metzger,
A saubrer Mensch,
Raotbacket, gsond, wia s wenich fendsch,
Ond wohl propper! Sell muaß mr saga:
Sei' Leib, so rond wie-a Schwartamaga
Ond a'tao mit ma weißa Schurz,
Stellt ebbes für.
So stoht r en dr Ladatür.

Hait kommt r en seim Brotesfrack,
d Näht fatzet henta schier ond vorna d Knöpf,
O Heidasack!
Ond wia-n-r etz zom Hairle [1] einerkommt,
Do hot r seine Senda außerkromt
Ond beicht, was halt so, wem-mr denkt,
A Metzger em a Jährle zemabrengt
Mit Baurabscheißa, Fluacha, Lüaga,
Beim Wurstla ond beim Floischauswiega
Ond sonst privatom no! - s ist schier a Graus:
En ganza Sack voll Senda leert r aus.

Dr Pfarr wurd falsch, s ist weiß Gott! ao koi
Wonder,
Wenn onter seine Schof send sotte Schofböck
dronter.

[1] kath. Pfarrer

Wia d Send, so d Buaß:
Dr Gregor muaß
A Wallfahrt toa
Alloa
Ond z Fuaß.

Des will em Gore et en Kopf,
r lauft so schleacht, dr sendich Tropf.

„Herr Pfarrer", sait r, „jeda Buaß
Ist reacht, mo-n-i et laufa muaß.
Fer mi paßt s et, ond s ka' et sei',
Descht reacht fer d Leut vom Albverei'."

Zua z arg

„Schla me s Blechle! Des ist zua z arg!"
Hot dr Schuahlui gsait,
„Etz henk i de Knuireama
An Nagel!" hot r gsait.

„Kommt do so-n-e Schlurger ei-re,
Moit partu, r müaß
Stuagerter Stiefel hao ond hot doch
Gableberger Füaß!"

Dr Taotagräber

Dr Taotagräber Hurlebaus,
Dear ist a Freund vom Zecha.
Der Löwirt sperrt ehm da Kredit,
Dear ist a Freund vom Blecha.

„O", sait dr Hurle, „schenk no ei',
Bei miar bleibt neamer stecka,
I hao no fer a Mark dreihondert
Alte Leut em Flecka."

Härte Schala

Mr muaß viel verleaba, bis mr
D Rührmilch nemme beißa ka':
Lustichs wenich, Traurichs maihnder,
Guats kommt selta, ds Bais kommt aihnder,
Ds Herz wurd härt, mr gwöht se dra'.

I hao amol zo Nochber ghet
Da Gotthilf ond sei' Lisabeth.
Was da Gotthilf tuat verdriaßa,
Muoß drhoim sei' Lisbeth büaßa,
Ond was d Lisbeth hot verdrossa,
Hot dr Gotthilf noche bossa:

Sait ear jo, no sait sui noi,
Sait ear ois, no sait sui zwoi,
Will ear Spatza, kocht se Gmüas,
Mag ears sauer, macht se s süaß.

Was ear hebt, lot sui et fahra,
Ziegt ear ufe, ziegt sui ara,
Will ear kusse, tuat sui trutza
Ond sait, des Gschleck könns et verputza.

Ond ear tuat ao, was sui verdrieaßt:
Et „Helfgott!“ sait r, wenn se nieaßt.
Bacht se Küachla, will r Kuttla,
Hot se Kuttla, tuat r bruttla,
Brengt se s kalt, no will rs hoiß,
Was dear will, dr Gugug woiß!
Will sui guat sei', buit ear Trutz,
Sait sui Katz, no sait ear kutz [1]!
Stoht sui uf, no sitzt ear na':
Ist des et a wüaster Ma'?

So leabet se a Johres zeah,
Do hots zmol a-n-Ändreng gea.
Dr Gotthilf kriegt en kalta Stieber, [2]
Wurd krank ond stirbt am hitzcha Fieber.

Etz denkt mer so: Dui Lisabeth
Hat nex as Zank ond O'fried ghet.
Dui wurd etz fraoh sei! ond mit Reacht!
Wear so denkt, dear kennt d Menschheit schleacht!
Noi, d Lisbeth lauft vor lauter Jomer
Wia na verscheuchta Henna omer.

Mei' Gschicht ist aus.
Was lernt mer draus?

[1] Scheuchruf für Katzen
[2] Erkältung

A jeder Vogel sengt sei' Lied,
Grob oder fei', des leit em Gmüat.
Ond d Lieb hot, descht a-n-alta Gschicht,
A Sonntichs- ond a Wertichsgsicht.
So mag ds oi Krieg ond ds ander Frieda:
Gottsnama! D Gschmäcker send verschieda.

Adam ond Eva

Descht e Tatsach, die zwoi hant
s Paradies verspielt mitnand.

Dodrvo'tweag jederma'
Henkt ehn etz e Mäule a'.

Aber we-mrs richtich nemmt,
Hots vo A'fang a' et gstemmt:

Oder send des au Zuaständ,
Wenn d Erzengel Säbel hänt?

Oder geit des koi bais Bluat,
We-mr s Sach verbiete tuat?

Ond macht des de Sack et voll,
Wenn dr Ädem solle soll?

Also wär fer Spott ond Schand
Gar koi Ursach vorderhand.

Ohnedies ond wellewea
Ließt i deane Leut nex gscheah,

Weils mrs hätt en deane Sache
Könne et viel besser mache!

Adam als Oigebraötler

Dr Adam lauft durs Paradies,
r bsieht koin Acker ond koi Wies,
r macht tuschur Kolender:
Wa hot r ao, wa sennt r?
r sieht dean blooe Morge net,
r haört die liebe Vögel et,
Guckt hentersche ond sennt ond sennt:
I glaub am End, dear Kerles spennt!
Des sieht mr ohne Brille,
Dear Bobbel, dear fangt Grille!

Em Paradies, hotts heidenei,
Do müaßts doch zom Prestiere sei'!
r hot doch älles, was no git,
Ond därf no sage: „Maul, wa witt?"

Des Deng wär älles reacht ond nett,
Wenn ear en Kamerade hätt!
So aber hot r s Griis,
r ist alloi em Paradies!
Drom sennt r ond drom spennt r
Ond macht tuschur Kolender!

Etz wie-n-r über Feld ond Wies
So omerstriehlt em Paradies
Ond äwel fer se anerbrommt
Ond schließlich naus ans Törle kommt,
Do sieht r außer Etter
E Menschekend,
Hotts Element!
Des streckt sei' Nas durs Gätter!

D Ev

Wer isch? wer isch? E Mädle isch,
E Mädle gsond ond frisch!
I schätz wohl taused Woche-n-alt
Ond gsond as wie-ne-Fisch!

E Gsichtle hots wie Äpfelbluast
Ond Lippe wie-n-e Kirsch
Ond Auge wie Vergißmeinnicht
Ond sprenge ka's wie Hirsch!

Ond rond isch wie-n-e Wärgelholz
Ond gwachse wie-n-e Wied,
Ond Zöpf hängts na, des ist e Stolz,
Ond ächt isch, was mr gsieht!

Es hot e gscheckets Leible a',
Es hot en blooe Rock
Ond uf em Kopf e Bändelhaub
Ond ausseah tuats wie Dock!

Ond onter weiße Hemedsärmel
Sieht mr Ärm, i bitt!
Butterbälle tät mr staoße,
Wenns des Mädle litt!

Aber d Äugle glitzeret,
Ond s Mäule goht so flenk,
Des bäbberet ond zwitzeret
As wie-n-e Distelfenk!

Dr Ädem luagt ond guckt ond horcht,
Dr Ädem dear ist weg!
Dr Ädem dear macht Auge na'
So lang as wie-n-e Schneck!

E Dischkursch

Dr Ädem dear guckt wie et gscheit,
Tuat d Kapp ra ond buit iahre d Zeit
Ond sait: „Etz du kommst mr grad reacht!
Mädle, weam ghaörst?"

„Meim Vatter!" sait ds Mädle
Ond dreht ehm e Mäule!

„Etz muaß i domm froge:
Mo kommst ao hear?"

„Von drhoimte wie d Kender!
Von drhoimte!" sait s Mädle.

„Etz du tätst mr gfalle!
Host ao schao en Schatz?"

„So frogt mr d Baure-n-aus!"
Hot s Mädle gsait.

„Kommst et e weng ei're?
I schüttel dr Pflome?"

„Wenn d brav bist!“ sait s Mädle,
„Bloß wenn de ganz brav bist!“

„Ha jo!“ sait dr Ädem,
„Wa wur i denn! freile!“

Heiretstag

Wie's halt so goht! — So isch noh komme,
Daß dr Ädem d Eva hot gnomme,
Ond dr Herrgott e-n-Übrichs hot tao
Ond deana zwoi s Paradies hot zuaschreibe lao
Samt Wald ond Wiese-n-ond Feld
Ond Haus ond Schuire-n-ond Geld. —
Bloß no zwe Äpfelböm,
Die bleibet ehm!

Em Glück

Etz hent se's guat ghet!
Sach hent se gmuag ghet!
Die send drei' nei' gsesse!
s Best hent se bloß gesse.

Em Sommer

Solang dr Sommer daure tuat,
Ist älles schö' ond guat.
Do ka' mr omerschwanze
Ond über d Wiese tanze,
E weng ens Korn neiflitze,
Hehlenge zemesitze,
Gucke, wie d Schwälmle flieget,
Luage, wie d Wolke zieget,
Ond über d Gräbe sprenge
Ond mit de Vögel senge
Ond lustich sei' ond lache
Oder e Schläfle mache!

Em Herbst

Oms Volksfest rom, o jegerle,
Do hot sichs Blättle gwendt,
Es herbstelet, jo wägerle,
Ond d Freud hot etz e-n End.

Dr We'd wuahlt henter Berg ond Haöh
De schwarze Wolke-n-uf,
Ond überall aus Bach ond Saee
Kommt groer Neabel ruf.

Ond sachte roist se Blatt om Blatt,
Dr We'd stuibt ao sein Toil,
Ond d Böm hent etz statt Wadelbire
Beasareisich foil.

Dr Storch ist furt ond d Schwälmle gant
Ond d Bleamle sterbet a,
Ond d Spatze send etz Herr em Land,
Ond s Wetterglas goht ra.

E trüabs Kapitel

Etz kommt e trüabs Kapitel,
Mit Langeweil hebts a',
Am End erscheint dr Büttel
Ond schaßget Weib ond Ma'.

Dr Ädem leit em Kanapee
Ond trenkt e Schüssele Malzkaffee
Ond ißt de letzte mürbe
Kuache von dr Kirbe.

Sei' Eva hockt am Lädemle
Ond bruttlet übers Ädemle:
„De ganze Tag", saits, „hockt dear Kog
Em Kanapee, des ist e Plog!
Dear hot koi Spur von Lieb em Leib,
I be doch e verlasses Weib!
Ond mo mr na'guckt, überall
Ist älles trüab ond still ond kahl!
Mr sieht koi Bleamle uf dr Wies,
Koi Vogel sengt em Paradies,
Mr haört nex as de ganze Tag
Em Mühlrad sei Geleier,
Mr sieht nex, wie mr gucke mag,

As Neabelweibles Schleier!
's fehlt nemme viel maeh, bis i heul,
Weil i no stirb vor Langeweil!
Gel, Schätzle", sait se, „gel, stohst uf
Ond holst mr etz dean Äpfel ruf!"

Glüstene

„Es goht et!" hot dr Ädem gsait,
„Etz laß doch mit dr hotte!
Die Äpfel ghaöret ander Leut,
Ond zuadem isch verbotte!

Mir hent ganz gwiiß doch Äpfel gmuag,
Ond was fer guate schöne!
Guck, Goldparmäner, Fleiner, Luige
Lieget uf dr Behne!"

„I will", sait d Ev, „vo s Vatters Bom,
Weils die so'st neane geit!
Ond d Schlangebäs hot gerstig gsait,
Von deane wer' mr gscheit!

Wenn du vo deane esse tätst,
Dir köt des ao nex schade,
Et daß drs goht, wenn vierzge wurst,
Wie deane Leut in Bade!"

Dr Ädem haört geduldich zua
Ond lot sei' Eva zerfe;
Am End kriegt ao-en-Ädem gmuag,
Des Gschempf goht ehm uf d Nerve.

Ond schließlich hot s'ehn omerkriegt
Mit taused Weiberliste:
„Gottsname!“ sait r, „tua was d witt!
Gang na ond buiß dein Glüste!“

Ond d Eva lacht, ond d Eva tanzt,
Ond d Eva sprengt wie bsesse,
Se brengt en Schurz voll ruf, die hent
Se mitenander gesse!

's End vom Lied

Dr Herrgott ist drhoimte gwea
Ond hot s Evale sprenge seah;
Ond weil se hehleng ond mit List
Ehm henter seine Äpfel ist,
Kriegt ear en Zorn, r kommt ond sait:
„Was ist des fer e Schändlichkeit?
Du Lompedock! Was fallt dir ei'?
Laß du mir meine Äpfel sei'!“

De-n-Ädem hot dui Red vertrüst,
Ond nobel, wie-n-r eabe-n-ist,
Hot ear uf sei' Kapp älles gnomme
Ond ist em Herrgott gar z grob komme!
Ond s End vom Lied: dear jaicht em Zorn
De Kerles naus en Busch ond Dorn
Ond schreit ehm noche: „Männdle, bacht,
Wenn d schaffe muaßt, daß d Schwarte kracht,
No wearnd dir d Glüstene vergaoh,
No loscht du meine Äpfel staoh!

Du Mädlesvisler, du Spältlesgucker,
Du Schmellehupfer [1], du host de Schucker!
Du kommst mr gschickt, du Kerles, du
dommer!"
r saits ond schuibt de Riegel omer.
Ond schreit em Engel Gabrel ruf
Ond sait: „Paß uf des Törle uf!
Daß d s woißt, dr Ädemle, dear Tropf,
Hot nex maeh hen verlaore!
Ond wenn r rei'steigt, setzst ehm no
De Kopf glei zwische d Aohre!"

Etz stoht dr Ädem mit sei'm Evle
Dusse vor em Höfle.

Du Latsche!

Em Ädem bleibt vor lauter Schrecke
Sei' Widerred em Hals d'en stecke,
Ond d Eva ist ganz niedergschla,
Stoht na' ond henkt e Pfleatsche ra
Ond sait: „So, etzet hosch, du Latsche!
Du füahrst oin schö drei' nei' en d Patsche!
Du machst domms Zuigs, etz hockst em Käs!
Des host etz vo deam Äpfelgfräß!
Wenn du 's et glitte hättst as Ma',
Die Äpfel hinget heut no dra'!

[1] Spottname, urspr. für den Stangenschießer des Geometers

Wa woiß denn i, i be doch fremd,
Wie ihrs mit uire Äpfel hent?
Mi trifft koi Schuld, i be no fraoh,
Daß i e saubers Brusttuach hao!
Hättst du mi anders b'richt, i wett,
Daß i dean Bom et a'guckt hätt!
I däf bloß wieder etz am End
Dei' Narrheit büaße! descht e Send!"

Em Ädem stoht bei deam Gegrill
Verstand ond Maul mitnander still!

Ond etz?

Etz muaß se s beim Adam weise,
Was r fer e Kerles ist:
Ob r sei e Semseläufer
Oder herzhaft wie-n-e Christ.

Wenn r et wie Matzebächer
Wichsebürstebendersma'
Mit em Karre will hausiere,
Muaß r etz a' d Ärbet na'.

Also wurd 'r, s gschieht ehm sauer,
Also wurd r halt e Bauer!

Herr ond Kneacht

Vo Jörgetag bis Barthlemai
Do muaß dr Bauer dra' glaube;
r hot koin Feierobed maeh,
Oft kommt ehm d Nacht uf d Haube.

Aber wenn em Schuiretenne
Dr letzt Garbewag ist henne,
Schuibt r d Händ in d Hosetasche,
Loßt se schö' dr Zeit,
Schäffelt rom, was halt em Wenter
Bei de Baure z schaffet geit:
Böm ausputze, Wengert reude,
Schaubband mache, Wide schneide,
Reche flicke, Welschkorn brockle,
Kraut ei'hoble, omerdockle,
D Konkel hebe, Nüß ufklopfe,
Jamol fer d Schual d Mädle zopfe,
Most rufhole, Spächtel mache
Ond em Christtag helfe bache,
Äwerg lieche, d Gasse putze,
Seine Buabe d Aohre stutze,
Gratte mache oder Bease
Ond am Sonntich d Predicht lease.

Schaffe tuat r, was grad geit;
Ond wenn ds Weib em Kembett leit,
Muaß dr Ma' halt Fuier mache,
D Stuabe feage, a'lao, bache,
Wäsche, flicke, d Stiefel schmiere,
D Suppe schmälze, Butter rüahre!

August Lämmle

Hot r noh sei' Sach em Blei,
Kocht r sei're Ev en Brei,
Hocket noch em Feierobed
E weng naus fers Häusle,
Spielt mit seine Kenderle
Gribbelgrabbelmäusle.

Aus ist s Liedle

Etzet ist mei' Liedle aus,
Etzetle isch guat;
s freut oin doch, wenn hentenaus
Älles stemme tuat.

Wenn i weitermache wött,
Käm no des ond sell,
Glück ond O'glück. — Des brauchts et,
Des ist gleich bei äll.

Soviel hent aus s Adams Los
Mir etz profitiert:
D Dommheit schad em Mensche bloß,
Wenn r s repetiert.

Es taget

D-Nacht veraltet ... s-ist, als sei-se
spitteldürftig ond verbraucht,
kaum-no, daß-se kleine weiße
Wölkle aus-de Wiese haucht.

Was-am Åbed ufe gstiege,
Wichtelesvolk ond Kirchhofspuk,
mueß verhocke ond versiige ...
älles nemmt-dr Bode zruck.

D-Zeit håt Gwalt ... s-will nix maeh batte,
was zom Nachtvolk ghaört, vertlauft,
ond-dr Wald treibt seine Schatte
wie-e Schåfherd übern Trauft.

Obeddorf

Dr Tag lauft uf dr Hefe,
es obelet em Haag,
dr Grabb zuiht hoam en d-Wälder,
dr Keidel [1] fluigt en Schlag.

Dr Schäfer fahrt en Pfärrich,
dr Bauer mit de Roß
die machet Feierobed au ...
es ist ehn gar koa Boß.

[1] Tauber

Ond d-Eeme flieget en iehrn Korb
ond d-Schwälmle en iehr Nest . . .
we-mr fer d-Naacht e Selde [1] hot,
dees ist doch s-ällerbest.

Dr Frosch quakt en dr Lache,
etz hot se-s endlich gschickt:
tagsüber hent ehn d-Spatze
mit ihrem Gschroi verstickt.

Dr Göckel mit de Henne
hockt zeitig uf dr Stang;
ganz zletzte quaddlet d-Gäs drhear
ond schnaaderet no lang.

Ond d-Kender suachet d-Stube,
dr Naachtgrabb sei so letz!
Am Bronne hent zwua Weiber
ihrn letzte Obedschwätz.

Dr Taag lauft uf dr Hefe . . .
mr sieht sein Abschied gern:
es stoht em Hemmel drobe
jo schao dr Obedstern.

[1] Bleibe (eigentl. Hof des Kleinbauern)

Es abenet . . .

Es abenet . . . dr Tag ist alt,
ond d-Schatte graset us-em Wald.

Vom Turm läut d-Auvemärgeglock [1].
Dr Neabel wiibt am Bronnestock [2].

Dr Wald wurd schwarz ond d-Welt wurd klei' . . .
dr Åbed pfetscht sei' Spielzeug ei' . . .

Dr Nachtgrabb streicht om Hof ond Haus
ond löscht die liebe Bloame aus.

Ond leisele-leis, en tuechene Schueh
kommt d-Nacht ond macht de Lade zue.

Es abenet . . . s-letzt Spiel verhoscht,
dr Luft verkuehlt, dr Lärm verhallt . . .
dr Berg wurd fei'ster, d-Sonn vergloscht . . .
e Liebeslied kommt her vom Wald.

Jetz rieglet hehlenge ond sacht,
als ging-r uf-e Liebschaft aus,
dr Åbedstern sein Lade-n-uf
ond hängt sei' klei's Laternle naus.

[1] Avemaria-Läuten
[2] die aufrechte Röhre, aus der das Wasser in das Brunnenbecken läuft

Ond ae-b mr guckt ond o'verdankt
hangt schao' mit Stern dr Hemmel vool . . .
ond mitte-drenne ståht dr Mond,
mr siehts-em a', es ist-ehm wohl:

Jetz isch då onte endlich still . . .
e Tag mit äll seim Gwalt ond List
ist wieder rom . . . s-ist währle guet,
daß jedem so sei' Zeit gsetzt ist.

Jetzt kommt-de still ond lusem Zeit [1]
für Håierles [2] - ond Liebesleut . . .
ond was net zue-n-ehm komme ka'
bei Tag, fangt etz sei' Leabe-n-a.

Dr Ähne liest halb-laut, halb-still
de Seage aus dr Hauspostill . . .
nå löscht-r s-Liecht, ond Hof ond Haus
grueht für de nuie Morge-n-aus.

Dr Wächter macht em Dorf sein Gang . . .
wie tröst sei' Schritt, wie stillt sei' Gsang
mei' o'ruigs Herz! . . . Was doch e Nacht
e Wichtigs oft so nixig macht!

[1] freie Zeit, Muße (vgl. fr. loisir)
[2] kath. Pfarrer

Nachtwächterlied

Das Lied eines schwäbischen Nachtwächters

Hört, ihr Christen, laßt euch sagen,
unsre Glock hat neun geschlagen!
D Nacht deckt de' Tag en äller Ruah
mit iahrem schwarze' Mantel zua.
Verzaget et, am Hemmelshaus
do hängt dr Herrgott d Sternle' raus
wohl um die neune!

Hört, ihr Christen, laßt euch sagen,
unsre Glock hat zehn geschlagen!
De weiße Neabel ganget aus,
Nachtvögel flieget übers Haus,
die Sünde lauert vor der Tür:
horch, Mädle, schuib dein Riegel für
wohl um die zehne!

Hört, ihr Christen, laßt euch sagen,
unsre Glock hat elf geschlagen!
Des Menschen Herz erfreut der Wein —
s muaß heut et äller tronke' sein!
s ist an dr Zeit, Wirt, lösch etz aus
ond schmeiß de letzte Hocker naus
wohl um die elfe!

Hört, ihr Christen, laßt euch sagen,
unsre Glock hat zwölf geschlagen!
as Muotes Heer [1] bricht etzet laos,
de baöse Goister fahret aus:
Mensche'kend, stirb et en Sende',
wenn d em Grab dei' Ruh witt fende'
wohl um die zwölfe!

[1] Wodans Heer, das wilde Heer

Hört, ihr Christen, laßt euch sagen,
unsre Glock hat eins geschlagen!
Behüat üs Gott, en o'sre Tag
vor Klaue'seuch ond Hagelschlag,
vor Krieg ond Pest ond teurer Zeit,
vor Mäurer ond vor Zemmerleut
wohl um die eins!

Hört, ihr Christen, laßt euch sagen,
unsre Glock hat zwei geschlagen!
Losnet, was dr Pfarrer spricht:
Fluachet et em Taobe'dicht!
Weagem Fluache'-n ond Krambole'
muaß dr Teufel manchen hole'
wohl um die zwei!

Hört, ihr Christen, laßt euch sagen,
unsre Glock hat drei geschlagen!
Schenk o's e' reachte'-n Obrichkeit
ond guate Nochber jederzeit!
Mit Stuier, Schulde', Zai's ond Frone'
wollst o's, lieber Herr, verschone'
wohl um die drei!

Hört, ihr Christen, laßt euch sagen,
unsre Glock hat vier geschlagen!
D Nacht verschlupft en Busch ond Haag.
Ond übern Berg rei' luagt dr Tag.
Am Hemmel löschet d Sternle' aus.
Herr, führ uns einst ins Himmelshaus
wohl um die viere!

Sonntig

D-Welt ist voole Senn ond Wonder,
älles håt e-n-Art ond Schick:
aber von deam ganze Plonder
ist-dr Sonntig s-Moisterstück!

Schao am Samstig gåht em Baure
s-Herz wie-e toige Nudel-uf,
ond-r steckt jetz statt-seim saure
Weartigsgsiicht e-n-anders nuf.

Etz wurd putzt ond gfeagt — dr-Bode,
d-Stiege, vor ond henterem Haus!
D-Muetter richt' de Sonntigbråte,
d-Ahne holt-de Bloamestrauß.

Etz ist z-mål-e Tausedleabe,
älles gåht en andre Trott —
mårom? Weil-dr Samstig eabe
so-en guete Nåchber håt.

En sei'-s Vatters Hemmelbettlad
schlåft dr Bauer em Sonntig zue.
We-mr gschafft håt d-Woch durch, braucht-mr
uf-de Sonntig Schlåf ond Rueh.

Aber kaum-daß taget, kräht-dr
Gicker — jetzet ist sei' Zeit!
Dear woiß nix vom Sonntig, weil-ehm
neamer e frisch Hemmed geit.

„Gigerigi!“ Dr-Bauer leit-ufs
ander Aohr — „dear Tausedsa!“ brommt-r,
„Weib, glei morge hängst deam
Kerles de Kolender na!“

Aerst wenn d-Sonn zom Kammerlädles-
Spältle ei'-r-e spitze tuet,
ståht-dr Bauer uf am Sonntig —
o, wie gschmackt-ehm d-Rueh so guet.

An de Weartig håt-mr d-Luus net,
ond-es ståht oam au' net a',
daß mr nåch-de Wolke luege
ond uf d-Vögel losne ka'.

Aber wenn am Sonntigmorge
d-Schwälmle gäukelet oms Haus,
en-de weiße Hemmedärmel
guckt-mr gern zom Feaster naus.

D-Eeme somset, s-Kätzle putzt-se,
s-Gschirr prachtiert vom Häfebritt —
älles will drzue verhelfe,
daß-en reachte Sonntig git.

Ond es deucht oam, d-Sonn tüe scheine
heller als an andre Tag,
d-Rose tüet raöter blüehe,
dr-Fenk probier-en nuie Schlag.

Ond mr häb dean alte Hemmel
nie so blåå ond lustig gseah,
ond sonst sei doch d-Welt net gar so
voole Freud ond Wonder gwea!

Matheis bricht Eis

Em Blättle stohts ond em Kolender,
Mr häbe no vier Wocha Wenter,
Ond draußa pfeift duldideldom
Dr Märzaluft oms Hauseck rom
Ond rass'let über d Ziegeldächer
Ond blost en älle Ofalöcher
Ond fahrt em Jäst da Rauchfang na
Ond schmeißt die Würst ond Schonka ra
Ond drillt da Wetterfahna rom
Ond haut da Behnelada nom
Ond hat an älle Türa gnoddlet
Ond schier em Kern da Most verschoddlet!
Do gohts so wild ond hantich hear,
Als ob as Muotes Heer [1] laos wär,
Des gilfzt ond heult ond tuat ond brommt,
Etz merkts a Blends: dr Früahleng kommt!
Dear Kog [2], dear Wed hot über Nacht
De ganz Welt ds-Onterst-z-Überst gmacht!

[1] Wodans Heer, das wilde Heer
[2] grober, ungeschlachter Mensch

Christtag

Christtag . . . obs wohl-e Wörtle geit,
må so viel Lieb ond Freud dren leit?
Guck, we-mr älles z-seme holt
an Menscheglück ond Ehr ond Gold:
es schloifet schwarze Schatte älle drei.
Beim Christtag ist koi Loid drbei.

Ond wenn-oam s-Leabe überståht
ond d-Nacht oam bis-an Hals-ruf gåht,
ond we-mr schier-gar nemme weiter ka',
dr Christtag zendt e Liechtle a'.

Am Altjahr-Abed

s-gåht abe mit em alte Jåhr,
sei' Zeit ist rom, es wurd jetz wåhr:
es-ist, als-ob sei' Liecht ganz sacht
versiig — ond dusse lueret d-Nacht.

Ja, d-Nacht wurd Moister jetz. Mit Gwalt
druckt-se en Tag rei', grad-als-wöll
se älles Liecht ond Leabe bald
verschlucke en iehr schwarze Höll!
Ond hente-drei' ond überhand
bricht s-Nachtvolk wie-dr Türk ens Land:

Es sturmt-ond-schnuibt mit grobe Gspäß
ond schüttet Schnaee em Übermeß,
verrieglet Bronne, Hülb ond Bach,
sitzt-gar mit dicke Gwülk ufs-Dach,
verstickt-em Neabel Hof-ond-Haus —
koa Rauch ka' maeh zom Rauchfang naus!
Koa Sonne sieht-mr maeh, koan Stern,
koa Färble maeh. Mr hätts so gern!

Sturm mit! sturm mit ond tue-di om,
daß dier s-nui Jåhr net o'gäb komm:
obs guet wurd oder henter-se-für,
s-leit net am Jåhr, es-leit an dir.

Schwänke und Geschichten

Was an Schwänken und Geschichten
herrenlos herumgeflogen,
hab' ich, ohne viel zu dichten,
keck auf meine Schnur gezogen ...
habe, was sich einst begeben,
was ein guter Kopf geschmiedet,
Erbe aus der Väter Leben
vor Vergessenheit behütet.

Wer geradezu es ausspricht,
was er von den Menschen hält,
hat die ganz gewisse Aussicht,
daß er damit lästig fällt.

Schreibt man aber in Geschichten,
was aus Narrheit so passiert,
läßt sich jeder gern berichten,
wie ein andrer sich blamiert.

Lieber Freund und teurer Meister!
prüfe da geflissentlich:
Dichter sind schalkhafte Geister,
sind imstand und meinen dich!

Das Wurmlinger Weible

Eine Bäuerin von Wurmlingen bei Tuttlingen hatte ihre Tochter besucht, die drüben im Badischen verheiratet war. Natürlich reiste sie in ihrer schönen alten Tracht, schon der Tochter zulieb, die sich über jede Stimme der Heimat freute. Die Tracht machte Eindruck.

Auf der Heimreise gab es ein Gespräch mit dem badischen Schaffner. Dabei kam es zu einer Neckerei:

„Saget, Weib, isch wohr, daß d Schwobe mit vierzig Johr gscheit wearnd?"

„Jo. Sell ist wohr."

„Ja, ond Ihr? Send Ihr au gscheit worre?"

„Freile jo, freile!"

„No werdet also älle Schwoba gscheit mit vierzig?"

„Aelle net."

„Was isch no mit de selle?"

„De selle wearnd Kondukteer em Baddische."

Auf der Weiterreise stieg in Immendingen einer zu in einem ganz fremdländischen Aufzug, einer mit krausen schwarzen Haaren, dunkler Gesichtsfarbe und großen silbernen Ringen in den Ohren.

Er setzte sich der Wurmlinger Bäuerin gegenüber. Sie musterte ihn. Selbstverständlich kam es zu einem Gespräch:

„Send Ihr von hie?"

„Nein."

Der Zug fuhr weiter und hielt in Tuttlingen. Die Bäuerin war mit ihrer Musterung fertig:

„Ihr send au net von Tuttlenge?"

„Nein."

„Drom!"

Als sie in Wurmlingen aus dem Zug stieg, stand an der Sperre der Landjäger.
Nun hatten ihr Tochter und Tochtermann eine Kromet mit heimgegeben: da sie eben erst gemahlen hatten, ein Säckle Mehl. — Das war in den bösen Jahren das beste Geschenk. Die Obrigkeit aber hatte den freien Verkehr mit Lebensmitteln verboten; und so stand nun der Landjäger an der Sperre und kontrollierte das Gepäck der Reisenden.
Dabei ergab sich zwischen ihm und dem Wurmlinger Weible folgendes Gespräch:
„Was hont r en Uirem Säckle?"
„Meahl!"
„Wenn Ihr Meahl dren hent, mueß i Uich des Säckle abnemme! . . . Also! Was hent Ihr en Uirem Säckle?"
„Koa Meahl!"
„No isch en Oardneng. Weiter! Dr Nächst!"

Der Bauer und das sächsische Fräulein

Auf dem Bahnhof in Stuttgart stieg in den Konstanzer Schnellzug ein Bauer ein.
Er hatte ein gutes glattrasiertes Gesicht, er trug einen runden Hut und dörfliche Kleidung.
In der einen Hand hatte er eine Reisetasche, auf der ein Hund eingestickt war, und in der andern Hand einen grünbaumwollenen messingbeschlagenen etwas ungeschickt zusammengewickelten Regenschirm.
Es war zur Reisezeit; der Zug war dicht besetzt, und man hörte aus dem Wagen viele fremde Laute.
Darüber wurde der Bauer scheu, und er drückte sich verlegen in eine Ecke.

Ihm gegenüber saß junge Weiblichkeit, die sich an seinem Anblick erheiterte. Eine davon, Mädchen oder Frau, die etwas blaß und ungesund aussah, fing die Unterhaltung an:
„Sie sind wohl aus Württemberch, guter Mann?“ sagte sie.
„Jo, i be bei Tuttlenge dahoam; wenn Se wisset, mo des ist.“
„Bei Duddlenga? Das ist wohl da, wo die sieben Schwaben zu Hause sind?“
„Sell wüßt i net. Aber's wurd scho so sei, Schwobe se-mr, sell ist wohr. — Ond, we-mr froge därf: Mo send Ihr her, Jongferle oder Fraule oder was r send?“
„Wir sind aus Sachsen, wo die schönen Mädchen auf den Bäumen wachsen!“
„So, uf de Bööm? Do müasset Ihr aber, em Aussehe noch, ganz als de o'reif ab em Boom gfalle sei!“

Mit Unterschied!

Am Neuen Schloß in Stuttgart schaffen Leute in der Fron: Maurer, Steinhauer, Zimmerleut, Handlanger, Speisbuben, wie's kommt: Langsame und Besinnliche, „Bodenständige“ und „Tagloiner“; geschwitzt hat keiner. Kommt der König vorbei, sieht das Wesen und fragt den Balier, einen alten Stuttgarter:
„Sag Er, sind das lauter Landeskinder?“
„Mit Onterschied, Majestät, mit Onterschied!“ sagte der Balier, „s hot au ebbes Häslicher dronter!“

Schwäbische Vorgesetzte

Im alten Justizministerium in Stuttgart, das mit seiner Vorderfront über den Karlsplatz hinüber schaut zur Planie, führte der Hausmeister die Ordnung, in die auch Exzellenz Justizminister eingeordnet war.
Einmal, als seine Kanzlei stark überheizt war, öffnete er das Fenster hinaus zum Karlsplatz. Der Hausmeister kam herein, den Ofen nachzusehen. Unwirsch schloß er den Fensterflügel und sagte: „D Planie heiz' i net!"

Der stolze Spitäler

Man hat sich bis gegen den Schluß des 19. Jahrhunderts von Staats wegen wenig um die soziale Fürsorge gekümmert, überließ sie vielmehr der Kirche und der öffentlichen und privaten Wohltätigkeit. So war im Haushalt jeder Stadtfrau und jeder Bäuerin ein Posten eingesetzt für bekannte und unbekannte Bedürftige. In den Städten gab es dazu den „Spittel", wo arbeitsunfähig oder besitzlos gewordene Leute versorgt wurden. Die Versorgung war nicht üppig; die Spitäler versuchten es daher, gelegentlich oder regelmäßig zum Mittagessen an einem Bürgertisch anzukommen.
So hatte es der „geschickte Jakob" von Schramberg durch alte Beziehungen als Holzspälter, Botengänger, Pelzmärte, Neujahrsgratulant, als Viehtreiber und Kegelbub fertig gebracht, daß er am Sonntag im Goldenen Stern, am Montag beim Jäckle-Metzger, am Dienstag im Junghansen-Haus, am Mittwoch bei Schweizers zum Essen eingeladen war, und so noch in andern Häusern die Woche

durch und das ganze Jahr. Es wurde da auf den Gast auch Rücksicht genommen, wie man es in so einem altwürttembergischen Städtchen jedem Gast gegenüber tut; auch wollte man gegen die anderen Kosthäuser des Jakob nicht zurückstehen.
So ging das Jahr herum. Der Jakob lief seinen Kreis ab wie der Kalender. Als aber Weihnachten vorbei war und das neue Jahr angefangen hatte, wo er am Mittwoch bei Schweizers weitermachen sollte, wartete man vergeblich auf ihn. Wo ist er?
„Ist-r krank?" fragte die Frau Schweizer die alte Junghansin.
„Nei", sagte die Junghansin, „krank ist-r nit."
„Ja, was hät-r ou? Warum kommt-r nit? Ißt-r im Spital?"
„Ha, nei', im Spittel ißt-r nit, da sind ihm d-Suppe z-dünn!"
„Ja, warum ist-dr dänn am Mitte nit komme?"
„Ha, weißt, r-ist beleidigt!"
„Was? Beleidigt? Ja, um Gottswille, warum denn?"
„Ha, weißt, r-hätt gseit, jetzt häb-r doch s-ganz Jahr bi Schwiizers z-Mittag gesse und kei mool gfehlt, und hätt nit emol e Christkindle kriegt!"

Am Kärwementich

Der Kirchweihmontag ist ein Bauernfeiertag, an dem keine Feldarbeit getan wird. Aber es hatte nun der wochenlange Herbstregen aufgehört, der Weizen war noch nicht im Boden, der Altknecht fuhr also am Montag freiwillig auf den Acker, ihn zur Saat vorzubereiten. Die

Bäuerin gab ihm in einem Knüpftuch etwas vom „Kärweploz“ [1] mit.
Als es Zeit war zum „Untern“, setzte er sich auf den Pfluggrindel, knüpfte das Tuch auf und zählte. Er war nicht zufrieden. „Mir“, sagte er, „geit mr 13 Stücklich mit, und die daham fresse, soviel se meiche!“

Die neue Schüssel

In Eßlingen der Schuhmachermeister Jeremias Haberstroh war ein Mann vom Fach. Er hielt gemeiniglich einen Gesellen oder zwei und zwei Lehrbuben. Und wenn diese nach drei Jahren ausgelernt hatten, merkte man es nicht bloß an den strebsamen Ohren, daß sie ein zünftiger Meister in der Hand gehabt und gut gezogen hatte.
Was aus der Werkstatt von Jeremias Haberstroh hervorging, war meisterhafte Ware, ob's nun zierliche Pantöffelchen waren für des Herrn Stadtschultheißen sein Töchterlein aus Ziegenbock, oder ob's ein Paar derbe Ernstfallstiefel waren, mit Eisen und Doppelsohlen aus Rind, für den Herrn Wachtmeister.
Drum genoß der Meister Jeremias auch die Wertschätzung und den Zuspruch aus Stadt und Land, und wenn er unter der Türe stand seines Hauses beim Wolfstor in der Küfergasse des Morgens im kreuzweis geknüpften Schurz, sich mit der Hand durch die Haare fuhr und nach dem Wetter guckte, so ging niemand vorbei ohne einen Ständerling und ohne ein wenig zu plaudern, z. B. „Schön guten Morgen, Herr Haberstroh, wie ist's mit dem Wetter? Ich möcht heute mittag aufhängen, ich hab eine

[1] flacher Kirchweihkuchen

Wasch!“ oder: „Servus, Meister, haben Sie's schon gehört? Das Schweinefleisch hat schon wieder aufgeschlagen um einen Kreuzer!“ oder: „Denken Sie nur, Herr Nachbar, in der Bubenschul haben sie einen neuen Schulmeister, mein Willi hat einen Hintern heimgebracht grün und blau!“

So redet man mit Meister Haberstroh, denn er verkehrt mit reich und arm, mit vornehm und gering als mit seinesgleichen.

Es gibt aber auch in ganz Esslingen keinen besseren Platz zum Plaudern als vor des Meisters Jeremiesen Haus in der Küfergasse beim Wolfstor. Stehen nicht die Häuser selber so eng beieinander und stecken die Köpfe zusammen, als wollten sie Neuigkeiten austauschen? Ist nicht in der Küfergasse ein Leben wie in einem Ameisenhaufen, und geht's nicht beim Wolfstor aus und ein wie in einem Taubenschlag? Wohnt doch der Esslinger Stadtbot da und ladet in die großen Wagen mit den mächtigen Plandächern ein und aus Kisten und Fässer und Ballen und Säcke und Schachteln und Schächtelein, und Schubkarren und Handwagen rasseln von früh bis spät, und Rosse stampfen, und Fuhrleute schreien, und es geht zu wie im Krieg. Und weiter vorn hämmert der Schmied, und auf dem Ottilienplatz klopft der Küfer, und Hunde bellen und Metzgerwagen fahren im Galopp durch.

Und zwischen all dem Lärm steht ruhig der Meister Jeremias, und es entgeht ihm nichts. Er nimmt ein Prischen und sagt: „Frau Nachbarin“, sagt er, „dem Willi kann's nichts schaden, wenn ihm einer den Verstand ein bißle von hinten nach vorne treibt. Ich tät mich an Ihrer Stell bei dem Lehrer schön bedanken. Da ist kein Streich verloren weder der, wo vorbeigeht!“ So redet der Meister Jeremias Haberstroh.

Und er kann ruhig ein bißle auf der Gasse stehen und plaudern: in einem Hauswesen, dem er vorsteht, da herrscht Ordnung, auch wenn er einmal nicht da ist. Denn er hat eine rechte Frau und einen tüchtigen Gesellen.

Ja, richtig, und von diesem Gesellen wollte ich eigentlich erzählen, und ist mir die Einleitung nun etwas zu lang geworden. Da ist aber bloß der Meister Haberstroh daran schuldig und die Küfergasse in Esslingen, für die ich eine besondere Liebe im Herzen habe. Die Geschichte erzähle ich aber trotzdem.

Also: Beim Schuhmachermeister Jeremias Haberstroh in der Küfergasse in Esslingen hielt der Meister auf gute Arbeit und die Frau Meisterin auf gutes Essen. Und es blieben die Gesellen dort länger als sonstwo und gehörten zur Familie und konnten sich etwas erlauben. Wenn das Essen aufgetragen wurde, z. B. Sauerkraut und Geräuchertes in einer großen irdenen Schüssel mit Blumen am Rand, so lag oben auf dem Kraut das Fleisch für jeden zugeschnitten. Und da, wo an der braunen Schüssel ein grünes Ringlein war, dahin legte die Meisterin das Stücklein für den Meister, das war ausgesucht, und größer als die anderen, und war dies ganz in der Ordnung. Die Magd aber mußte die Schüssel immer so stellen, daß das Ringlein nach des Meisters Platz guckte.

Eines Tages aber, als die Meisterin eine neue Magd hatte, nämlich ein Kätherle von Krummenacker, das war noch ein bißle links, zerbrach die Schüssel beim Ausreiben kurz vor dem Essen, und das Kätherle sagte, sie habe schon vorher einen Sprung gehabt. Also holte die Frau Meisterin geschwind beim Häfner eine neue, die war grün und hatte außen herum einen braunen Strich. Und als es nun pressierte mit dem Essen, richtete zwar die Meisterin das

Fleisch richtig und wie sonst und sagte zur Magd: „Etz, tapfer hinein, sie warten!", aber drinnen stellte die Kathrine die Schüssel verkehrt, denn sie hatte kein Ringlein, und des Meisters Fleisch lag an des Gesellen Platz; es war ein „Knöchle".

Das sah der Gesell mit Wohlgefallen, und es ward ihm damit ein alter Wunsch erfüllt. Aber der Meister sah die Sache mit andern Augen an und dachte: „Wie mach ich's?" Denn er war ein nobler Mann.

„Frau", sagte er, „was seh ich! Hast eine neue Schüssel! Ei, guck auch", und hob die Schüssel in die Höhe, als wollte er sie näher betrachten, „eine grüne diesmal mit einem braunen Läufle! Da schmeckt das Kraut noch einmal so fein!" Und damit drehte er, sie betrachtend, die Schüssel sachte in der Luft und setzte sie so ab, daß das Knöchle an seinem, nämlich des Meisters Platz lag.

Der Gesell aber war nicht umsonst seit Jahr und Tag beim Meister Jeremias Haberstroh, und er war nicht links wie das Kätherle von Krummenacker. „So was!" sagte er, „da schau, eine feine Schüssel!" und hob sie auf, wie um den schönen braunen Lauf besser zu sehen, „was hat die gekostet? So, drei Batzen? Da ist sie nicht zu teuer, das ist sie wert!" Und damit drehte er, sie betrachtend, die Schüssel sachte in der Luft und setzte sie so ab, daß das Knöchle an seinem, nämlich des Gesellen Platz lag.

Und so blieb es, und der Geselle hat diesmal das Knöchle gegessen, und der Meister hat's ihm gegönnt und sich selber über den gelungenen Streich gefreut.

Um vier Uhr aber sagte er zur Meisterin: „Ich geh heut ein bißle hinüber zum Lechleitner in Blumenstrauß, das Kraut bläht mich so!" und hat dort ein Knöchle gegessen als Ersatz.

Ein heiteres Stück

Passiert ist es in einer schwäbischen Stadt. Das große Haus am Markt gehörte dem tüchtigen Metzgermeister, den seine Kundschaft zum Dank in den Stadtrat gewählt hatte ... Und so war auch der Metzgerbursch ein Pfundskerl, geschickt beim Kauf, beliebt im Laden, die rechte Hand des Meisters beim Schlachten wie beim Wursten.

Als er merkte, daß er so beliebt war, fing er an, heimlich von den abfallenden Knochen an einen Händler zu verkaufen, zuerst ein Viertel, dann ein Drittel, dann die Hälfte.

Als er die Hälfte für sich auf die Seite tat, untersagte es ihm der Meister, ebenso höflich wie knapp ..., ohne daß er es ihn weiter merken ließ.

„Es ist ihm nicht ernst!" dachte der Bursch. Und da er den einträglichen Nebenerwerb nicht entbehren wollte, tat er bald wieder wie zuvor. Der Meister aber, der nun aufpaßte, entließ ihn ohne Kündigung und ohne Zeugnis ...

Nach drei Wochen kam er wieder.

„Meister", sagte er, „ich krieg keinen Platz, ohne Zeugnis stellt mich kein rechter Meister ein!"

„Das glaub' ich dir gern!" sagte der Meister, „ich war ja auch wohl zufrieden mit dir, und wir haben dich nur ungern gehen heißen! Aber ich kann dir kein Zeugnis schreiben, ohne die böse Geschichte mit den Knochen darin zu erwähnen!"

„Ach, Meister", bat der Bursch, „ich weiß, ich weiß! Aber Ihr könntet doch in dem Zeugnis es so sagen: Er versteht sich aufs Vieh, er kann selbständig arbeiten, er war beliebt bei der Kundschaft, er ist ein rechter Metzger und Wurster ... und er war ehrlich bis auf die Knochen!"

Der kleine David

Im Sonntagswinkel des Württemberger Landes, im Remstal, lebte vor hundert Jahren ein Spielmann, hieß David Pfeffer und war von Stetten. Das war ein armer Tropf an Geld und Gut, aber ein König an Mutterwitz und Fröhlichkeit. Und was ihm durch den Sinn gegangen und über Herz und Zunge gesprungen, das jagt noch heute die Trübsal aus dem Haus und das Lachen und die Fröhlichkeit aus dem Winkel.

Stetten liegt geradeherunter vom Himmel, aber ein wenig nebendraußen, zwischen Wald und Weinbergen und kostbaren Wiesen; es hat einen Bach mit Regenbogenforellen, ein paar gute Wirtshäuser, viel fleißiges Manns- und Weibervolk, Korn und Wein und Bohnen und Kraut und besonders gutes Obst: der Pfeffer sagte, er habe einmal aus zwei Stettemer Luiken einen ganzen Eimer Most gemacht; und eigentlich hätts noch besser ausgegeben, wenn er das Wasser nicht so gespart hätte.

Es ist ein gutes Land dort herum und ein herzhaftes. Die alte Gräfin hat den würzigen Weißwein aus der Kaffeeschale getrunken und mit mürbem Anisbrot ausgetunkt. Sie nannte den Wein daher ihr „Brotwasser". Er heißt heut noch so, und wo ein Wirt ein Faß davon im Anstich hat, wird seine Stube nicht leer.

In einem solchen Land und Ort ist es kein Wunder, wenn man gerne singt, und wo der Spielmann da ist, so gerne tanzt und springt. David Pfeffer aber war selber der Spielmann, darum war er auch die Heiterkeit selber. Es ist freilich allerlei Schelmerei mitunterlaufen.

David Pfeffer als Soldat

Der junge Pfeffer wurde, da er ein stattlicher Mann war, während der französischen Revolution zur Landmiliz ausgehoben und mußte mit zum Grenzschutz an den Rhein. Man hat aber damals das Kriegführen noch nicht übertrieben. Die deutschen Soldaten standen hüben am Ufer und die Franzosen standen drüben. Und es wurde mehr mit dem Schnabel gefochten als mit dem Sabel, wie manchmal schon bei den homerischen Helden vor Troja. Aber einmal, da der Pfeffer als Wachtposten am Ufer stand und neugierig und arglos hinüberguckte nach dem Straßburger Münster, das ihm stattlicher vorkam als alle Kirchen im Remstal, da schoß ein Franzos bösartigerweise ein wenig herüber nach ihm, und ein zweiter und dritter taten mit, so daß dem Pfeffer schließlich die blauen Bohnen um den Kopf flogen, wie die Bremsen im Heuet. Der David aber hielt nichts von jener Tapferkeit, bei der man das Leben verlieren kann: „Ho!“ dachte er, „ich will euch kriegen!“ und schlug sich ein wenig seitwärts hinter einen Baum, nämlich hinter den „Grünen Baum“, was ein gutes Gasthaus war, wo man einen Elsässer trank, der fast so schmeckte wie das „Brotwasser“, das daheim in Stetten an der Sommerhalde wächst.

Der Hauptmann aber, als er wegen der Schießerei nachsah und seinen Soldaten nicht auf seiner Wache, sondern in solcher sicheren Deckung sah, herrschte ihn nicht wenig an, warum er, ohne abgelöst zu sein, seinen Posten verlassen habe?

Und es sagte der David Pfeffer von Stetten: „Herr Hauptmann“, sagte er, „standet Ihr emol do nom! Da könnt eim jo ’s größt O’glück passiere! Die Kerle schießet jo mit Fleiß noch eim!“

„Es soll einer nicht Juh! schreien drum, eh er übern Zaun ist“

Ein Remstäler Wingerter, der von Herzen fromm war, wenn es ihm schlecht ging, war über Feld. Und da ein starkes Gewitter kam, mußte er Schutz suchen in einem Wirtshaus.

Da trank er eins, und noch eins, und schließlich eins über den Durst. Und er trank sich im Weine Kraft, und als er heimging, war ein angenehmes Selbstbewußtsein in ihm. Er ging aber, seiner guten Frau wegen, über Felder und Wiesen geradeswegs dem Dorfe zu, wobei er einen kleinen Bach überschreiten mußte.

Der Bach aber war vom Gewitterregen angeschwollen, und wozu man sonst einen Schritt gebraucht hätte, dazu brauchte man nun einen kecken Sprung.

Der Wingerter war in einiger Not, und er wandte sich daher wie immer in einer solchen Lage an den lieben Heiland in einem Gebetsseufzer um Hilfe. Und darauf probierte er es mit einem Anlauf und sprang hinüber wie ein Junger.

Und als er nun wie ein Junger hinübergesprungen war und festen Boden unter den Füßen spürte, da bekam er Achtung vor der eigenen Leistung. Und es kam ihm Sorge und Gebet recht unnötig vor, und er sagte: „s hätts au ohne dees tao!“

Aber indem er das sagte, rutschte er in dem feuchten Uferboden aus und fiel rücklings in den Bach, aus dem er mühsam und tropfnaß das Ufer erkletterte. „Oh“, klagte er, indem er sich das Wasser aus den Kleidern drückte, „oh, lieber Heiland, verstohst doch au gar koi Gspäßle!“

Von einem Vater, der seine Kinder ermahnt

Er hieß Sebulon und war seinem Wesen nach eigentlich ein guter, ehrlicher Mann; hatte nur zu wenig Geld, es zu beweisen. Er hatte ein Weib, das sich wohl zu ihm schickte, und ein ganzes Pfeifenspiel Kinder; daß er die Hände nicht aus dem Ärmel bringen konnte, wenn es zur Arbeit ging, das war sein Unglück.

So einer hat wenig Freunde, und es will niemand mit ihm verwandt sein. Hilft ihm Gott nicht, die Menschen tun's gewiß nicht; muß selber sehen, wie er weiterkomme.

Also ging er des Abends aus, wo er sich nicht wegen seiner ungeflickten Kleider schämen mußte; er ging aus, um zu sehen, ob nicht wär' irgendwo für ihn ein Tischlein gedeckt.

Auf einem solchen Weg begegnete ihm eine Graugans, die hatte sich verspätet und war geblendet vom Dunkel. Arme Leut' aber sehen auch bei Nacht und sind hilfsbereit gegen der Reichen Kinder, Hunde und Gäns. „Langer Krag", sagte er, „komm, ich will dich eintun!" Und er nahm die Gans fürsorglich unter seinen Rock und brachte sie auf einem sicheren Weg nach Hause.

Es war sein eigenes Haus, das hatte keinen Gänsestall — war auch nicht nötig wegen der kurzen Viertelstund, solang die Gans noch lebte. Sebulon hat sie dann sorgfältig in feuchten Lehm gepackt und am Spieß gebraten. So braucht man keine Kachel und behält den Duft schön beisammen; alle Jäger braten die Gänse so.

Als aber die Gans nicht heimkam in ihren angestammten Stall, da ging die Hausfrau, die sie aufgezogen und gemästet, aus, sie zu suchen, und fand sie nit. Und die Nachbarn sagten: „Der Sebulon ist durch die Gaß gangen, bei dem, wenn man fragen tät, könnt man am End was erfahren!"

Die Frau kam heim und sagte es dem Mann. Der ging, spähte in die Gassen und horchte in die Höfe, ob er nicht gigaken höre.

Aber gebratene Gäns sagen nit „Gigak!" Der gute Sebulon und seine Frau samt den sieben Kindern saßen daheim um den Abendtisch, und es hatte ein jedes ein faustgroßes Stück von der gebratenen Graugans in Arbeit; und es herrschte ein schöner Friede in der Familie. Und wie es nun so friedlich war und so stille, da hörte der Hausvater, wie draußen die Gartentür aufgemacht wurde und einer heranschlich ans Fenster. Da hob er seinen Finger zum Mund und sagte: „Kinder!!! Betet brav ‚Aller Augen', und esset dann still euren Habermus! Ist es schon kein Gänsebraten, wie die reichen Leut' haben, so macht er doch satt. Und was ich euch sage: bleibet ehrlich! Lasset den Reichen ihr Obst in Ruh und ihre Gäns', daß ich nicht muß Klagen hören über euch!" Und er redete laut, daß man es draußen hören konnte auf der Gasse.

Und der Mann vor dem Fenster hörte es. Und er ging heim und sagte zu seiner Frau: „Frau!" sagte er, „wir haben dem guten Sebulon Unrecht getan! Sie sitzen daheim um den Tisch und essen schwarzen Haberbrei, und der Vater ermahnt seine Kinder, daß sie nicht sollen Obst und Gäns' stehlen! Schick' ihnen doch morgen einen großen Laib und eine dicke Wurst; man muß den Armen spenden, daß sie ehrlich bleiben!"

Grün Holz

In einem Dorf auf dem Schurwald ist kürzlich folgendes passiert: Der Schreiner-Jakob, der auch ein wenig auf die Jagd ging, und sein Nachbar, ein Kleinhäusler und gelernter Besenmacher, hatten ihre Haustüren und ihre Holzbeigen nebeneinander. Das heißt, beim Freund Besenbinder war der Holzplatz da, es fehlte nur das Holz und die Beige; aber beim Jäger-Jakob stand schon die ausgewachsene Beige da, die war gar schön gesetzt.

Es bemerkte aber der Jäger-Jakob, daß seine Beige abnahm, ohne daß er etwas dazu tat, und da er seine Leute kannte, so sagte er zu seinem Nachbar: „Das ist eine Sache mit meinem Holz, es wird all Tag weniger!"

„So, weniger wird's?" sagte der, „weißt, es ist noch grün, da schwindet es gern, das mußt du als Schreiner doch wissen!"

„So meinst du, das sei vom Schwinden?" sagte der Schreiner-Jakob und ging in seine Stube, um die Sache weiter zu überdenken.

Als es dunkel wurde, holte er die schönsten Klötze, die oben auf der Beige lagen, in die Stube, bohrte am Kopfstück ein tiefes Loch hinein, füllte das Loch aus seinem Pulverhorn auf, setzte einen Zapfen drauf und verschloß es dann, daß man schier nichts sehen konnte. Dann legte er die Scheitle wieder oben auf die Beige.

Es stand nur zwei oder drei Tage an, da tat es beim Nachbar Besenbinder einen Knall, daß alles zusammenlief. Der Jäger-Jakob ging auch hin. In der Stube des Nachbarn sah es bös aus: der Ofen lag in Stücken in der Stube, der Ruß hing in Fetzen an den Wänden und an der Decke, vermischt mit gesottenen Kartoffeln, die in der Bratröhre standen, als der Ofen verknallte.

Die Besenbinderin jammerte, und der Besenbinder sagte, der Ofen müsse verhext sein.
„Verhext", sagte der Jäger-Jakob, „verhext, das glaub ich nicht, aber ich glaube, daß Ihr grünes Holz geschürt habt, und das hat den Ofen zerrissen!"

Die Bilanz

In einem Städtlein an der badischen Grenze waren zwei Brüder zuerst Handwerker gewesen und dann Unternehmer geworden und hatten dabei viel Geld verdient, daß ihnen der Kamm schwoll und sie nicht mehr wußten, woher sie kamen und wer sie waren.
Reichtum will sich zeigen, Geld will gelten. Also hatten sie immer ein paar um sich, die von ihnen abhängig waren oder denen sie, um den Zustand der Überlegenheit zu erreichen, etwas zukommen ließen, z. B. abends im Wirtshaus. Aber weil sie grobe Leute waren, so geschah das in unschöner und überheblicher Weise, mit allerlei Flegeleien und dummen Witzen.
In dem Städtlein war einer, ein Schulkamerad der beiden, der Schuhmacher Christian, der auch das Nachtwächteramt ausübte, ein kluger und witziger Kerl. Und da sie gerne lustige Gesellschaft hatten, so luden sie ihn oft ein und hielten ihn auch frei. Und er erzählte seine Geschichten, und er war der einzige, der ihnen gegenüber kein Blatt vor den Mund nahm.
Einmal, als sie wieder ihren groben Abend gehabt hatten, dachten sie's auch ihm zu geben. Sie fingen von der gemeinsamen Schulzeit an, wie weit sie es gebracht, und wie weit der Christian. Und schließlich sagte einer:

„Was tätest du jetzt au, Christian, wenn du unser Geld hättest. Bsinn di emol!"
„Do brauch i mi gar net bsinne", sagte der Christian, „des kann i so sage: zu euch zwei Kerle nemme na'sitze, des tät i!"

Von der vertauschten Geiß

Die alte Pembergerin führte ihrem Buben, dem Schorle, das Hauswesen. Man kann auch sagen, daß er nach zwei anderen Versuchen wieder bei seiner Mutter untergestanden sei. Zum erstenmal, als er von der Schwabenfremde, von Frankfurt, heimkam. Die Wanderschaft hatte einschließlich der Aus- und Heimreise sechs Wochen gedauert. Das war nun bald zwanzig Jahre her, aber der Schorle hat seither immer daran zu erzählen gehabt. — Nachher probierte er es mit dem Heiraten. Auch dieses Unternehmen dauerte nicht länger als sechs Wochen. Und es war gut, daß es nicht länger dauerte. Nun kam er zum zweitenmal heim. Sein Bedarf an abenteuerlichen Lebensschicksalen war damit gedeckt.
Eigentlich hieß er Schorsch, Schorsch Pemberger. Schorle nannte ihn seine Mutter aus Zärtlichkeit. Und so hieß ihn auch das ganze Dorf. Einer, der nach sechs Wochen von der Fremde heimkommt und nach einer verunglückten Ehe zur Mutter zieht, wird aus einem Schorle kein Schorsch.
Sie lebten einträchtig zusammen. Mutter und Sohn, das ist ein klares Verhältnis. Da sind keine heimlichen Vergangenheiten und keine fremden Absichten. Sie war froh, daß er wieder heimkam; und er war froh, wieder bei der Mutter zu sein. „Sie könne' drauße' nit so koche' wie

du!“ sagte er. Und er sagte es der Mutter immer wieder, nicht nur bei den Linsen, nein, auch bei der geschmälzten Wassersuppe. Eine Mutter hört das gerne; und es war damit der sichere Grund für ein gedeihliches Zusammenleben gelegt. Wenn jemand das Gespräch auf eine neue Heirat brachte, sagte die Pembergerin: „Bloß nix Hitzig's! 's ist e Frag, was besser ist — der Ehestall ist e Hennestall: die, wo auße sind, drucket nei', und die, wo drinne sind, drucket naus! Und überhaupt: der Schorle, wenn er wieder heirat', ist gar net wert, daß ihm sei' Frau gstorben ist!“

Der Schorle ging in den Wochenlohn zu den Bauern in Untermünkheim; und die Pembergerin ging in den Taglohn zu den Bäuerinnen. Und sie brachten Mehl und Schmalz heim und Eier und Kartoffeln. So hatten sie immer einen rechten Vorrat auf den Winter und auch bald Geld auf der Sparkasse. Und sie hatten ein eigenes Häusle, wo im Sommer auf dem First die Dachwurz blühte, und hinter dem Haus einen Grasgarten mit Apfel- und Zwetschgenbäumen. Das Gras war dunkelgrün und fett, und der Wiesenbocksbart und das Schaumkraut und die Salbeiblumen blühten um das Haus her und dufteten so würzig wie im Paradies.

Von dem Gras und von dem Heu hätte man wohl eine Geiß verhalten können ... Ja, eine fette Geißmilch und an Ostern einen Gitzbraten, das hätte die alte Pembergerin gerne gehabt! Sie wollte immer ein wenig hoch hinaus ...

„Schorle“, sagte sie eines Tages zu ihrem Buben, „Schorle, in Steinbach ist eine überzählige junge Geiß ausgeschrieben!“

„In Steinbach?“ fragte der Schorle, „ist das nicht weit hinter Hall?“

„Weit?" sagte die Alte, „weit!! Das ist nicht weit für einen wie du! Da hast du schon ganz andere Sprünge gemacht! Du schiebst einen Doppelweck in die Tasche, und auf dem Heimweg kehrst du in Gelbingen beim Vetter Firnkorn ein. Für die Geiß geb ich dir in einem Säckle ein Welschkornmehl mit: wenn die Geiß das schmeckt, dann lauft sie wie ein Hundle hinter dir drein! Und beim Vetter Firnkorn trinkst du einen Schoppen und vesperst eine Leberwurst!"

Im Plänemachen sind die Frauen den Männern weit voraus. Ehe Schorle sich alles bedacht, war er schon auf dem Weg nach Steinbach. Das Säckle mit dem Welschkornmehl und den Doppelweck hatte er im Brotbeutel. Er marschierte tapfer zu und war schon vor Mittag am Ziel. Und, um es gleich zu sagen, er kaufte die Geiß. Es war ein gattiges Tierle, glänzendschwarz vom Bart bis zu den Klauen, mit einem rosafarbenen Schnäuzle und einem lustigen weißen Schwänzle.

„Wie heißt sie?" fragte der Schorle. „Olga!" sagte das Weib. „Das ist ein schöner Name, der geht drein, der ist im Preis nicht miteingerechnet!"

Als Schorle die Geiß bezahlt und am Strick hatte, mekkerte sie freudig. Du liebe Zeit: sie war überzählig — und wenn der Futterkorb zu ihr kam, war er immer leer. Hungrige Geschöpfe haben geschwinde Augen und scharfe Nasen: die Geiß schmeckte das Welschkornmehl in Schorles Tasche, die ihm an einem Riemen um die Schulter hing. Und sie schnupperte mit dem rosafarbenen Schnäuzle an dem Brotsack. Aber ihr neuer Herr sagte: „Bloß nix Hitzig's. In Gelbingen wird gevespert!"

Er freute sich nun recht an seiner Geiß. Zutraulichkeit weckt Liebe. Und er stellte sich vor, wie unterhaltend es sein werde, wenn die Geiß hinter dem Hause das fette

Gras abweide und bei Nacht in dem kleinen Stall unter der Stube meckere. „Sollst es gut haben bei uns, Olgale!" sagte er und zog frohgemut Gelbingen zu. Die Olga trabte fromm hinter ihm drein, als ahne sie die Herrlichkeiten und die gute Pflege, die ihrer warteten.

Das Firnkornwirtshaus liegt an der Straße. Schorle band seine Geiß an den Ring der Stalltüre und hängte das offene Säckle mit dem Welschkornmehl an die Futterkrippe, wo die Fuhrleute ihren Rossen den Haber aufschütten. Dann ging er in die Stube.

Der Wirt kam ihm entgegen, ein freundlicher Mann, rotbackig mit einem gestickten runden Käpple auf dem Kopf und einem weißen Schurz um den wohlgerundeten Bauch, wie sich die alten Gastwirte im Hällischen zu tragen pflegten. Er brachte das Bier, das einen appetitlichen Schaum entwickelte; er stellte Salz und Pfeffer auf den Tisch; und er beredete mit dem Gast das Woher und Wohin, das Wer und Was, das Drum und Dran, bis die Wurst geholt war.

Ein rechter Wirt muß das tun. Es gehört zu seinem Gewerb'. Zu ihm kommen Gäste aus aller Welt, nicht nur aus dem Hällischen und dem Hohenlohischen, auch aus Altwürttemberg und noch weiter her. Der eine fragt um einen Reisewagen, der andere nach dem Herrn Amtmann, der dritte nach dem Schweinepreis vom letzten Crailsheimer Saumarkt; der braucht einen anstelligen Knecht, dieser ein Paar gutgewöhnte Schaffochsen, jener sucht einen Lehrbuben, der auch Hausarbeit übernimmt; und ein ganz Schlauer nimmt den Wirt heimlich beiseit, um zu erfahren, wo der Mann wohne, der Geld ausleihe ohne Pfand.

Der Gast kommt herein, er hängt Stock und Hut an den

Rechen und setzt sich. Er bestellt einen Schoppen, er bestellt auch einen Käs und paßt auf eine gute Gelegenheit. Dann fragt er den Wirt. Der Wirt weiß Bescheid. Und wenn er nicht Bescheid weiß, dann ist er kein Wirt! Die Auskunft kost nix, sie gehört zur Zeche wie der Senf zur Wurst.

Ein rechter Wirt ist ein Buch für alle. Er kennt die Bauern und die Handwerker und die Herrenleut'; er kennt ihr Geld und ihre Geltung; er kennt Gesinnung und Verwandtschaft, Handel und Wandel, er weiß das Gestrige und das Heutige, er weiß auch das Morgige; aber dieses sagt er nicht . . .

Woher weiß er das alles? Er weiß es von seinen Gästen! Diese erzählen es ihm. Er fragt sie nicht aus, sie sagen es ihm selber. Er ist freundlich zu jedem, und schon beim zweiten Glas fangen sie an, ihm ihr Herz auszuleeren. Er ist der Mann, der zuhören kann. Und der Gast ist froh, daß da einer ist, der ihn anhört, gläubig anhört und ihm nicht dreinspricht. Ach, er hat ja so selten Gelegenheit, sich auszusprechen!

Auch der Schorle sagt alles, das Häusle mit dem Grasgarten, die Frankfurter Reis', die verunglückte Heirat, die Untermünkheimer Neuigkeiten und den Handel mit der Geiß. Er bestellt auch einen Gruß von der Mutter. Und sie reden von der Verwandtschaft. Der Schorle ist müd von dem Marsch; es tut ihm gut, nun ein bißle zu schwätzen. Und es tut ihm noch mehr gut, daß der Vetter Firnkorn ihn so freundlich aufgenommen hat und gelten läßt. Aber dieser ist ein Schelm, wie alle Wirte sind.

Der Schorle sitzt am runden Tisch. Er trinkt ein braunes Bier und erzählt. Der Wirt steht am Fenster und hört zu. Und während er zuhört, schaut er ein wenig hinaus: er darf den Überblick über die Straße nicht verlieren! Und er sieht die Geiß, wie sie ihr rosafarbenes Schnäuzle in das Welschkornmehl steckt. „Ei der Tausend!" denkt er, „die Geiß sieht haarscharf aus wie mein junger Bock, grad so schwarz mit einem weißen Schwanz!" Und wie er das verwundert feststellt, ist in Gedanken schon eine Schelmerei fertig.

Wirte müssen schnell sein in Gedanken und rasch in Entschlüssen. Es dauert nicht länger, als bis der Schorle der endlich aufgetischten Leberwurst die Haut abgezogen hat, da hat schon der Vetter Firnkorn die Geiß in seinen Stall gezogen und den Bock dafür an den Strick gebunden. Der wollte nichts von dem Welschkornmehl: er war nicht überzählig; er war ein Herrenbock und legte sich vornehm und behaglich in die Sonne.

Und ebenso behaglich saß der Wirt nun wieder bei seinem Gast. Er lobte die Geiß; und er lobte den Schorle, daß er ein so geschicktes Tierle gekauft habe; er lobte die Untermünkheimer im allgemeinen, wie sie ausnahmsweis geschickte und brave Leute seien; und er lobte die Base Pemberger im besonderen. „Vergiß deine Rede nicht!" sagte er zu Schorle, und er ging und holte noch ein Glas Wein von seinem eigenen und schenkte dem Vetter ein. Und er machte ihm eine billige Zeche, er begleitete ihn vors Haus, band das Seil ab, gab's dem Schorle in die Hand und verabschiedete ihn freundlich. Und der Schorle ging Untermünkheim zu.

Der Bock lief willig hinter ihm her. Den Schorle störte es nicht, daß seine vermeintliche Olga bald ein scharfes Temperament entwickelte, Sprünge machte und es auch mit einem kleinen Boxkampf probierte. „Ei", sagte der heitere Zecher, „der Olga ist das Welschkornmehl in den Kopf gestiegen wie mir dem Herrn Vetter sein Wein!" Und also zottelten sie miteinander heim.

Der Mond lag schon hell auf der Waldenburg, als die beiden nach Untermünkheim kamen. Die Pembergerin stand unter der Haustüre, und da es spät war, brachten sie das müde Tier gleich in den Stall. Da war eine gute Streu gemacht, Heu steckte in der Raufe, und eine Zukkerrübe lag im Trog. „Morgen“, sagte die Pembergerin, „morgen will ich deine Geiß ansehen!“

Der gute Schorle mußte ihr aber bei der Abendsuppe noch rasch alles erzählen, welchen Weg er gegangen, durch welche Ortschaften er gekommen, den Geißenhandel, dann die Einkehr bei Vetter Firnkorn mit allem, was dieser gesagt. Und sie lobten den Vetter und waren stolz auf die Verwandtschaft. Dann gingen sie schlafen. Sie legten sich befriedigt ins Bett.

Ein lange gehegter Wunsch war erfüllt. Es störte das gute Weib nicht, daß es drunten im Stall meckerte, gar nicht geißenhaft zahm meckerte, sondern recht bockmäßig und widerspenstig. „Ich habe nun eine Geiß“, dachte das Weib, „bald werde ich Milch haben. Und an Ostern werde ich einen Gitzbraten essen, fett und saftig!“ Darüber schlief sie ein; und im Traum stand sie in ihrer kleinen Küche am Herd und köchelte und brozzelte . . .

Die Sonne schien schon durchs Kammerfenster, als die Pembergerin erwachte. Sie erwachte aber nicht am Tageslicht. Nein, sie erwachte an einem heftigen Lärm, der von unten aus dem Stall kam. Was machte die Geiß für einen Umtrieb?!

Die Pembergerin warf ein Kleid über und ging hinunter. Das Tier stand mit den Vorderfüßen im Trog. Und als Mutter Pemberger näher trat, sprang ihr der schwarze Teufel mit dem Kopf gegen die Brust! Da sah die Frau, daß die Geiß ein Bock war, ein wilder, grober, bösartiger Bock!

Sie rief dem Schorle.
Heftig rief sie ...
Und es gab eine Aussprache ...
Die erste derartige Aussprache ...
Der Schorle behauptete steif und fest, daß er eine Geiß gekauft habe, wogegen die Mutter Pemberger feststellte, daß ein Bock im Stall stehe, ein höllischer schwarzer Bock mit einem weißen Schwanz.

Der kluge Leser weiß nun selber, wie es weiter geht. Er weiß, daß der gedemütigte Schorle gleich in aller Frühe mit seinem Bock nach Steinbach marschiert, daß er in Gelbingen beim Vetter Firnkorn Halt macht, wo er erwartet und freundlich aufgenommen wird, und daß der Wirt, solange der Schorle seiner Leberwurst die Haut abzieht, den Bock wieder gegen die Olgageiß vertauscht.
In Steinbach gab es zunächst eine Verstimmung, als der Schorle behauptete, daß man ihm eine Geiß verkauft und einen Bock an das Seil gebunden habe! Die Leute sagten, er sei wohl nicht recht im Kopf, und stellten fest, daß er eine Geiß, die Geiß Olga mit dem rosafarbenen Schnäuzle an der Hand habe!
Also zog er mit seiner Geiß zum zweitenmal ab, nicht ohne sich bei jedem Kilometerstein ihrer Geißenhaftigkeit zu versichern. Er ging aber nicht mehr über Gelbingen, er ging über Eltershofen heim. Wenn er auch die Hexerei nicht durchschaute, so glaubte er doch zu wissen, daß der Vetter Firnkorn im Spiele gewesen sei!
Diesmal brachte er die Geiß heim. Und es erfüllten sich alle die schönen Wünsche und Träume, welche die Pembergerin gehabt.

Vorlaut

Es ist ein guter alter Brauch in schwäbischen Dörfern, daß um Himmelfahrt, wenn sich die Bäume neu belauben und Hang und Ebene sich mit hellen grünen Saaten anblümen, ein Bittgang durch den Esch [1] gemacht und um den Segen des Himmels und die Abwendung von Unwetter und Schaden gebetet wird.

Wer im Industrieland daheim ist, der begreift diese vertrauende Frömmigkeit der Bauern vielleicht nicht. Wer aber Sonne und Wind und Erde und Himmel als Bundesgenossen und Arbeitskameraden braucht und unmittelbar die Allmacht der Natur, wofür er uraltem menschlichem Brauche gemäß Allmacht Gottes setzt, zu spüren bekommt, der wird von selbst zu einer kindlichen Frömmigkeit geführt. Es ist darum die Religiosität der in der Natur lebenden und in und mit ihr arbeitenden Menschen anders als bei denen, die in der Werkstatt und in der Schreibstube ihr Tagwerk tun, für dessen Art und Ertrag gleichgültig ist Sommer oder Winter, gut oder bös Wetter.

Die Bauersleute nehmen diesen Bittgang ernst, sehr ernst. Sie sind mit ganzer Andacht dabei; denn es geht ja um ihre eigene Sache, um ihren Nutzen und Schaden! Da ist das Frommsein leichter, und es geht das Gebet inbrünstiger aus dem Herzen als bei einem gewöhnlichen sonntäglichen Gottesdienst.

Der Geistliche ging wie immer im Ornat voraus, die Gemeinde wechselte ab mit Gesang und Gebet.

[1] Esch ursprünglich der Teil der Markung, der bei der Dreifelderwirtschaft mit Brotfrucht angeblümt ist

Unter den Betenden tat sich ein geringer Seldner [1], der in jedem Feld nur einen oder auch anderthalb Morgen Ackers zu bauen und der göttlichen Fürsorge zu empfehlen hatte, durch besonderen Eifer hervor. —
Es ist nun im Bauerntum immer so gewesen, daß das Maß des Besitzes auch das Maß des Ansehens bestimmt und die Geltung innerhalb der Gemeinde ordnet. Und es tritt diese Geltung des einzelnen auch in seinem Gehabe und in der Art des Redens hervor.
Als drum der Kleinhäusler sich lauter hervortat, als ihm seiner örtlich-menschlichen Bedeutung nach zukam, erregte er das Mißfallen der Roßbauern; und es wies ihn auch bald einer zurecht mit den Worten: „No net so laut! Du host jo en Lebtag, als wenn du en Baurehof zum Versichere häbest. Disemle [2], wenn du tätst, möcht se für deine Äckerle grad schicke!"

Wie der Jakob von Lehr seinen Weizen verkauft

Es war wenige Tage vor Martini, wo der Zins fällig war. Jakob zählte sein Geld, es fehlten mehr als 50 Gulden ... Sollte er Geld aufnehmen beim Nachbarn? Nein, war er schuldig, so würde sich gewiß das schöne persönliche Verhältnis ändern. Nein ... Was sonst?
Zwei Möglichkeiten zu Geld gab es: er verkaufte den Schimmel und er verkaufte den Scheffel Weizen, den er zu Sonntagsbrot auf die Seite getan hatte.
Er lud den Sack auf und spannte den Schimmel an. Und

[1] Kleinbauer
[2] leise reden, wispern

er fuhr nach Ulm „auf die Schrann“, den Weizen zu verkaufen. Er stellte den Schimmel im „Weißen Roß“ ein, stellte den Wagen in die Reihe der anderen Fuhrwerke und trug den Sack in die Halle . . ., er wog wohl mehr als zwei Zentner.

In der Halle knüpfte er den Sack auf und schlug den Sackzwilch zurück: es war ein Prachtsweizen, großkörnig und leuchtend wie Gold. Und er wartete auf einen Käufer.

Der Bäckermeister Pfleiderer vom Hafenbad kam herein, ging von Sack zu Sack, griff in die Körner und ließ sie sich durch die Finger laufen. Er kam zu Jakob und tat wie vor. Es ergab sich dann dieses Gespräch:

„Naß reinkomme’, was?“

„Freile, bei dem Wetter.“

„Der best’ ist obe’, der schlecht’ unte’?“

„Wie mrs halt so macht, Herr Pfleiderer“ . . . denn sie kannten einander.

„Viel Gerste drunter?“

„Mehr wär z’viel!“ sagte der Jakob und verzog keine Miene.

„Ond mit der Sprenzkanne drüber gfahre’ beim Einfasse’!?“

„Mr hilft sich halt, so gut mr kann!“

„Den besten Weizen von der Ernt hast natürlich für dich daheim behalten?!“

„So hat’s scho’ mei’ Vater selig gmacht“, sagte der Jakob und schaute freundlich zu dem Bäckermeister hinüber.

„Sind in Lehr älle Baure’ so schlitzohrige Donnder wie du?“ fragte jetzt der Pfleiderer.

„Freile, freile“, sagte der Jakob, „da ist kei’ Unterschied! Wenn unser Pfarrer verreist ist, schicket mir au’ de Herrgott in Urlaub!“ — Als die zwei sich so ausgesprochen hatten, sagte der Pfleiderer vom Hafenbad:

„Jetzt, du bist scho' der ärgst Kalfakter [1], wo in bockslederne Hose auf der Alb rumlauft! Ich hab dir dein schöne' Weize', de' schönste' auf der ganze' Schrann, runtergsetzt und schlecht gmacht ..., und du widersprichst net und läßt dir den Unsinn gfalle'!"
„Ja, wisset Se, Herr Pfleiderer", sagte der Jakob, „i hab Euch bloß wölle' helfe' Weize' kaufe' ..."
Also kaufte der vom Hafenbad des Jakobs Weizen zum Höchstpreis und lud ihn noch zu einem herzhaften Bäckermeistervesper ins „Weiße Roß" ein.

„Nun bin ich der Narr!" sagte der Längerer

Die Früh-und-spät-Marie von der Grabengasse kam in das Längererhaus, machte die Stubentür auf, streckte den Kopf hinein und klopfte an: „Jetzt weiß ich nicht", sagte sie, „hat der Schuhmacher schon ‚Herein!' gerufen oder nicht — ich hör so schlecht!" Und damit stand sie schon in der Stube.
„Nein", sagte der Meister, „ich hab nicht ‚Herein!' gerufen! Was willst du?" Und er dachte, ihr nun doch einmal den Marsch zu blasen, denn sie war die lästerlichste Schwätzerin in der ganzen Stadt.
„Drum", sagte sie, „bin ich gestern abend droben gewesen in meinem Güetle und hab wöllen grad heim, weil die Sonn ist schon am Untergehen gewesen, ich denk: mach daß heimkommst, die Nacht ist niemands Freund — wer kommt da? Wer meinet Ihr, daß da kommt? Ich hab gmeint, ich trau meinen Augen nicht — kommt da nicht der alt Wannewetsch? Freilich kommt da der alt

[1] verschmitzter, durchtriebener Mensch

Wannewetsch, ich hab ihn deutlich gesehen in seinem braunen Spenzer und dem gelben Schillee und dem schwarzen Zipfelkäpple, das er Tag und Nacht aufhat! Ich denk: was will der alt Wannewetsch, wenn die Sonn schon untergeht, in der Burghalde? Er hat doch kein Stückle da! Er kommt das Wingertstäffele herauf und hüstelt so, wie er so hüstelt, und bleibt stehen. Wo meint Ihr, daß er stehen bleibt? Grad vor Eurem Gartentürle bleibt er stehen! Was tut er? Er nimmt einen Schlüssel aus der Westentasche und schließt auf . . ."

„Einen Augenblick!" sagte der Längerer, „einen Augenblick, Marie, ich hab was vergessen und muß schnell meinem Lehrbuben etwas sagen — vergiß deine Red nicht!" Und er geht rasch hinüber in die Werkstatt und sagt zu seinem Lehrbuben: „Heinerle!" sagt er, „lauf, was du kannst, hinüber zum alten Wannewetsch und hol ihn her! Aber gleich muß er kommen, wie er geht und steht! Bring ihn her, und dann wartet ihr vor der Stubentür, bis ich aufmach!"

Der Heinerle lauft weg, und der Meister geht in die Stube zurück: „Jetzt", sagte er, „jetzt, Marie, verzähl' weiter — also der alt Wannewetsch hat mein Gartentürle aufgeschlossen?!"

„Ja, denkt nur, Nachbar, schließt er nicht das Türle auf — woher hat er den Schlüssel? und geht hinein! Ich denk noch: Was tut der alte Krattler zwische' Tag und Dunkel in 's-Schuhmacher Längerers Garte'? mit em-e' Grättle am Arm? Mi hats net verlitte', i bin hinterm Baum vor und hab guckt!"

Sie machte eine Kunstpause. Sie will die Spannung verstärken! Der Schuhmacher drängt sie nicht, er denkt: „Wenn nur der Wannewetsch auch gewiß daheim ist!" Schon macht sie weiter:

„Ja, und was hab ich sehe' müsse'? Er geht in Euer Beereland nei' ... er geht nüber zum Salat ... Salat braucht er kein, das hat er selber ... er geht au' an de Rettich vorbei ... wart, denk i, der geht hinter 's-Schuhmacher Längerers Geißhirtle'! ... Nei', hinter d' Geißhirtle' geht er net ... er geht nüber zu de Zwiebel! Er stellt sei' Grättle auf de' Bode' ond reißt ein Zwiebel om de' andere' raus ..."
Der Schuhmacher atmet auf, er hört, wie der Lehrbub mit em alte' Wannewetsch d' Stieg raufkommt und wie se an der Tür stande' bleibet ... Die Früh-und-spät-Marie merkt nix ... „ein Zwiebel om de' andre' rupft-r raus und füllt sei' Grättle ..."
Da macht der Längerer-Schuhmacher d' Tür auf: „Komm rei', Nachber", sagte er, „da d-Marie verzählt grad von dir, du häbest gestern abend en meim Burghalde'gärtle Zwiebel gholt ..."
„Nix hab i verzählt!" sagt die Früh-und-spät-Marie, „nix hab i gsagt! Ihr lasset ein' ja net ausrede'! Ich hab wolle' bloß verzähle', was mirs heut nacht träumt hat! Und des wird mr au' verzähle dürfe'!" — Damit raffte sie ihren Beutel zusammen, und weg war sie.
„Jetzt bin ich der Narr!" sagte der Längerer.

„Natürlich du!"

Der Nagelschmied von Asch, der ein nüchterner Mann war, wenn er nichts getrunken hatte, lebte mit seiner Trauten, seiner Engel [1], im hellen Frieden, wenn er mit

[1] Angelika

ihr eins war. Und nur, wenn er mit ihr uneins war, gab's Streit.
In solchen Fällen stritt die Engel mit den Waffen, die den Frauen zur Verfügung stehen, mit sanften Worten, mit Seufzern und Tränen. Der Nagelschmied aber brauchte harte Reden, Spott und Bosheit.
Als sie wieder einmal uneins waren und die Traute den beliebten Seufzer tat: „Ach, wenn ich nur im Himmel wär!", da sagte der Nagelschmied: „Und ich im Wirtshaus!", denn er war ein roher Mann.
Da fuhr die Engel auf, als hätt' sie ein Hornauß [1] gestochen: „Natürlich du", sagte sie, „du willst immer das Beste!"

Der Spiegel

Ein Maurer, wenn nicht von Böhmenkirch, dann vielleicht doch von Weißenstein, ging jedes Jahr einmal zur Beichte, nämlich an Ostern.
Er hatte dann einen sogenannten „Jährling", d. h. einen genudelten Sack voll Sünden, Unterlassungen und Schwachheiten zu beichten.
So treu war sein Gedächtnis nun aber nicht, und doch wollte er auch nichts vergessen. Er fragte drum sein Weib als sein anderes Gewissen, und sie sagte ihm auch einiges.
Darüber kam es zum Streit, zuerst mit Worten, dann mit Taten. Und als er sie schlug, da kam erst recht vollends alles heraus: das Hinterste und Letzte sagte sie ihm, so daß er nun Stoff genug hatte für eine Beichte, ja, mit einer Auswahl auskam.

[1] eine Hornisse

Von zwei alten Liebesleuten

Der Jakob und die Barbara hatten sich in ihrer Jugend lieb gehabt. Sehr lieb. Und sie hätten zu gern zusammengespannt fürs ganze Leben.

Aber, wie's halt so geht, es kam etwas dazwischen, und es heiratete das eine dahin, das andere dorthin. Und über dem Leid und Glück des Lebens verblaßte die Jugendliebe zu einer milden schönen Erinnerung.

Nun waren sie beide alte gebrechliche Leutlein, ausgeschirrt von dem Joch der Arbeit und vom Spiel des Lebens, und Wünsche und Hoffnungen lagen hinter ihnen.

Wenn sie an schönen Tagen ein wenig an die Sonne gingen und sich begegneten, so redeten sie eins zusammen und freuten sich der vergangenen Zeit. Und es ging dabei nicht ab ohne Neckerei, und es war wieder das alte liebe lustige Spiel der Liebe, ein Messen und Wägen der Kräfte.

Und als so eines Tages der Jakob seine Barbara daherkommen sah, so alt und runzelig, so wackelig und zitterig, da sagte er: „I, ei dr Taused, mei Bäbele-Bäbele, was ist des: äwel jönger ond oi Nette wie Kleiheppach! Bist halt äwel no de Säuberst!"

Aber das Bäbele wußte gut, wie es der alte Freund meinte. Sie musterte ihren Jakob vom Kopf bis zu den Füßen und sagte: „Des könnt i von dir net sage, Jakob!"

„Net sage?" sagte der Jakob, „net sage? Morom et sage? Guet ka'sch sage: därscht no grad so lüege wie-n-i!"

Der Schillerwein

Ein braver Weingärtner hatte, als er alt wurde und das Geld nicht mehr so spannte, ein Fäßlein von seinem Schillerwein eingelegt. Und es war zwischen ihm und seinem Weib ausgemacht, wenn einmal etwas ganz Besonderes sei, dann wollten sie das Fäßlein anstechen.
Sie verschoben es aber vom Christtag auf Ostern, von Ostern auf Pfingsten und von da auf die Sichelhenket. Und das Weib sagte: „Er wird immer milder."
Aber nach Pfingsten wurde der Mann krank, schwer krank. Der Doktor kam, es half nichts, es ging zu Ende, die Uhr war abgelaufen.
Und als nun der brave Wingerter fühlte, daß sein letztes Stündlein komme, da lüstete es ihn doch, noch ein Gutes zu genießen, und er sagte: „Weib, wie meinst, etz wär's doch Zeit, daß mr tätet onsern Schiller a'steche? I hätt ebbe so en Gluste!"
Aber das gute Weib trocknete ihm den Schweiß von der Stirn und sagte: „Bhilf de voll, Johannesle, bhilf de voll nom!"

Sie war nicht rachsüchtig

Zu dem Pfarrer kam einer mit einem schönen Frauenzimmer, verlangte, von ihm getraut zu werden. Der Pfarrer ging mit dem Paar in die Kirche, verlas das Gebet und die schönen Worte über Mann und Frau in der Heiligen Schrift. Dann fragte er, wie es in der Vorschrift steht, ob sich die beiden Brautleute wöllten für das Leben verbinden und einander zur Ehe nehmen.

Ich weiß nicht, ob die zwei schon sehr lange versprochen waren, so daß die Braut ungeduldig geworden, oder ob sie eben ein rasches Frauenzimmer war, das im Sinn hatte, nun die Sache in die Hand zu nehmen — kurz, sie sagte flink und gewissermaßen für beide „Ja!" Diese vorlaute Eile mochte dem Bräutigam verdächtig vorkommen, vielleicht hatte er schon einige unliebe Erfahrungen gemacht, er überlegte es sich nochmals und sagte „Nein!" So war es also nichts, und die beiden gingen heim, jedes für sich mit seinen Zeugen. —

Nun ist aber der Schwab kein Unmensch; es reute ihn sein Zornkopf, auch hätte er gerne das Unrecht wieder eingerenkt und wäre gerne wieder gut gewesen mit der Braut und ihren Angehörigen. Aber die abgelehnte Braut ließ ihm sagen, daß sie nur verzeihen könne, wenn sie ihm die Sache heimbezahlt habe: er müsse also mit ihr nochmals vor den Altar und dort die Ehe mit ihr begehren, daß auch sie „Nein!" sagen könne.

Der Schwab gab es zu. Sie kamen also wieder zu dem Pfarrer in die nämliche Kirche mit ihren Zeugen. Der Geistliche verlas das Gebet und die schönen Worte über Mann und Frau in der Heiligen Schrift. Dann fragte er, wie es Vorschrift war, ob sich die beiden Brautleute wöllten verbinden und einander zur Ehe nehmen.

Diesmal wartete die Braut, bis er „Ja" gesagt hatte. Und als er „Ja" gesagt hatte, sagte sie ebenfalls „Ja!", ebenso bescheiden wie bestimmt, denn sie war nun eben einmal eine gescheite Frau und gar nicht rachsüchtig.

Also war die Ehe geschlossen, und sie gingen miteinander heim und hielten das Fest und die Hochzeit. Und sie wußte es in Zukunft so einzurichten, daß er das Ja aussprach — es ging freilich, wie überall, auch so nach ihrem Willen.

Die Geschichte mit den sieben Hennen. Eine Idylle

Nun komm' mit, lieber Leser, in die bunte vielgestaltige Welt zwischen Neckar und Rhein, wo die Landschaft den herben Wechsel zwischen Tag und Nacht darzustellen scheint und wo auch die Menschen in besonderer Weise jenem wunderlichen Spiel von Licht und Schatten, Torheit und Weisheit anheimgegeben sind.
Da liegt der Sonnenhof, der seinen Namen davon hat, weil er als einziger seiner Art und als Schmuck der Landschaft gelten kann. Da sind Felder und Wiesen, Obstgärten und Weinhalden, da ist Wohlstand in Scheuer und Stall, Stube und Kammer, immer in der Art, daß er in seinem wesentlichen Teil auf dem Fleiß und der Tüchtigkeit der Menschen steht und ohne diese sich in Kümmerlichkeit verwandelt.

Die Bäuerin hatte sich in den Lehnstuhl am Ofen gesetzt, darin ihr Vater in seinen alten Tagen so oft gesessen und von wo aus er hinübergeschlummert war in die Stille.
Immer, wenn sie sich über Lebenswichtiges entscheiden mußte und zu einem festen Entschluß kommen wollte, setzte sie sich auf des Vaters Platz. Und es kam ihr dann vor, als sei er bei ihr und helfe ihr. Die Toten sind ja so gerne helfend bei uns, wenn wir sie nur gelten lassen und um Rat fragen.
Es ging ja das den alten Sonnenhofer auch an, sehr ging es ihn an, wen der Uli heiratete! Das mußte mit ihm besprochen werden! Mit ihm, dem doch alles zugehörig gewesen, die entwässerten Äcker und die bewässerten Wiesen, die geräumigen Scheuern, die gesunden Ställe, die hellen Stuben und die Gärten voll Obst! Wenn sie es recht überlegte, aßen sie und ihr Uli auch jetzt noch,

lange nach seinem Tod, Brot und Apfel aus seiner schwieligen Hand.
In seinem Sinne hatte sie das Erbe verwaltet. Es war nicht leicht gewesen, als sie ihren Mann schon im ersten Jahr der Ehe verlor. Es war nicht leicht für sie gewesen! Benommen von dem Schmerz hatte sie jeden Tag ihre Arbeit getan. Um sich zu vergessen, hatte sie von früh bis spät geschafft, wie man bei uns sagt.
Nach einer Zeit merkte sie dann doch, daß es vorwärts ging, daß sie Meister wurde, daß es ihr gelingen werde, Uli sein Erbe unverringert zu erhalten.
Sie war ihrer Aufgabe mit unbeirrbarer und unablässiger Geduld nachgegangen! Frauen besitzen die Leidenschaft der Hingabe und die Tugenden der Selbstlosigkeit und des Verzichts auf persönlichen Ehrgeiz, ja, auf persönliches Leben, mehr als die Männer.

Was sind zwanzig oder fünfundzwanzig Jahre in einem Bauernhof? Ein Augenblick in der Geschichte der Landschaft, ein Nichts vor der ewigen Welt der Sterne!
Aber es sind darin Augenblicke, die entscheidend sind; wo Ackerbau und Weinbau, Saat und Ernte eine andere Gestalt annehmen müssen, wo die Überlieferung verlassen werden muß, wenn sie nicht sinnlos werden, wenn es nicht abwärts gehen soll!
Eine solche Zeit war gekommen. Nun mußten neue Kräfte ans Werk. Uli mußte den Hof übernehmen.
Und dazu brauchte Uli eine Frau.
Nicht daß seine Mutter erst jetzt daran gedacht hätte! Nein, Frauen spinnen zeitig ihre Pläne, sie überlegen lange. Und sie prüfen mit geschmeidigem Verstande und mit liebendem Herzen, das sie vorwärts treibt oder sie warnt!

Und wenn sie dann soweit sind, wenn es Zeit wird zum Handeln, sind sie fix und fertig, entschlossen und zur Tat bereit. Alle Zweifel sind dann ausgelöscht. Sie sind dann den Männern voraus und gewinnen das Spiel.

Das Margretli wäre ihr als Söhnerin lieb gewesen. Wenn sie an Ulis Zukunft dachte, war das Margretli immer dabei! Sie war rein und köstlich an Leib und Seele! Und ihre Sippe war zuverlässig und gesund durch und durch! Darauf hält man im Bauerntum.

Wer Weizen zieht und Obst und Vieh, geht auf Sicherheit aus. Mißratene Sprößlinge zeigen die geheimen Schäden des Blutes an.

Margretlis Vater war Bauer drüben im Pfannenhammer. Wenn die Sonne aufging, sah man vom Sonnenhof aus die Fenster seines Hauses glänzen. Aber der Schnee lag im Pfannenhammer länger als auf dem Sonnenhof, und es wurde dort keiner reich.

Da war das Margretli aufgewachsen. Korn von mageren Äckern gibt auf fettem Boden gute Ernten.

Ja, das Margretli gab eine Frau für Uli. Er sollte die Beste haben.

Und sie war die Beste.

Ulis Vater und der Bauer vom Pfannenhammer waren Kriegskameraden gewesen. So wurde dieser Ulis Pate. Die Kinder waren schier wie Geschwister. Aber daß er das Margretli heiraten könnte, das war dem Uli noch gar nicht in den Kopf gekommen! Er hatte sie gern, sehr gern! Aber seine Träume gingen hinüber über die Berge. Sein Glück hatte ein fremdes Gewand an.

Als er seiner Mutter davon erzählte, sagte sie: „Laß dir eine backen vom Zuckerbäcker, dann kriegst du etwas Süßes! Oder soll ich dir eine suchen?“

„Um Gottes willen nur das nicht!“ sagte er. „Wenn sie von dir käme, könnte ich nicht nein sagen, ob sie mir gefiele oder nicht!“
Warum lächelte die Mutter? Er wurde rot über das ganze Gesicht: hat sie einen Zweifel? Glaubt sie, daß er selber nicht Manns genug sei, eine rechte Frau zu finden? Nein, das konnte er nicht auf sich sitzen lassen!

Uli war einer jener herben jungen Männer, die mit ganzem Ernst an Liebe und Heirat denken, die Frauen gegenüber scheu sind und zurückhaltend als vor etwas Hohem und Heiligem! Was Liebe sei, die Vorstellung davon haben sie von der Mutter: aus dem mütterlichen Herzen empfängt das Gewissen seine Weisung, erhält es Antwort auf seine Fragen. Zum Herzen der Mutter flüchtet alle ihre Not, auch wenn die Gute schon längst tot ist. — Ein Mann, der eine gute Mutter hat, kann sich nicht leicht an eine ungute Frau verlieren.
Darum lächle nur, Mutter! Der Uli wird es dir schon zeigen, daß er nicht so ganz weltfremd und unerfahren ist! Er hat die Augen immer gut aufgemacht auf dem Markt und bei den Hochzeiten, wo junge Maidlen waren. Und er weiß ein paar Bauernhöfe mit Töchtern, von denen man spricht und die von den Burschen hoch gerühmt werden!
Er wird es nun nicht mehr länger hinausziehen. Er wird nun einige Besuche machen, wie zufällig vor dem Haus anhalten, nach einem feilen Roß oder einem Rind fragen; und wenn er dann ins Gespräch kommt, wird er in den Stall hineinschauen und in die Stube; und wenn er die Tochter sieht, wie es bei ihr daheim ist, und wie sie selber ist mit Vater und Mutter und mit den Geschwistern, mit den Dienstleuten, in ihren Hauskleidern, in ihrem

Gehabe, wie sie selbst ist ohne Aufputz und Maske und Absichten, dann — — — nun ja, dann wird er wohl die Rechte finden!

Wir sehen, in der Theorie versteht der Uli das Heiraten vortrefflich!

Er sagte das alles seiner Mutter. Und sie freute sich des besonnenen Sohnes. Und sie lobte seine Absicht.

Ach, wenn es doch gelänge! Sie sehnte sich darnach, Enkelkinder um ihre Knie spielen zu sehen, sie zu herzen und zu hotten!

Von dem Margretli und ihren Plänen sagte sie kein Wörtle. Sie verschloß ihre Wünsche im innersten Herzen, um sie gewiß zu erreichen! Frauen reden nicht von ihren Absichten: aber sie denken daran Tag und Nacht, und sie handeln darnach.

Aber ganz konnte sie es doch nicht verschweigen: „Wenn du auf dem Heimweg über den Pfannenhammer fahrst, dann frag, wie es ihnen geht, und sag viele Grüße.“

Wie alles, was Uli unternahm, förderte er nun auch seine Heiratsabsichten mit ganzem Eifer, ohne daß er mit jemand als mit der Mutter darüber geredet hätte. Bei Tisch vor den Dienstleuten sprach er davon, daß er wegen eines jungen Rosses auf den Markt fahren wolle, worauf die Mutter ihm riet, dann doch auch gleich die Verwandten im Schwarzwald zu besuchen. Ja, das wollte er tun.

Er fuhr am Donnerstag. Unsere Bauern fangen wichtige Dinge am Donnerstag an. Roß und Wagen waren sauber gerichtet, nicht festlich, nur so, wie ein wohlhabender junger Bauer zu Markt fährt und zum Besuch.

Als schon alles zur Fahrt bereit war, brachte die Mutter einen verdeckten Korb und schob diesen unter den Sitz des Wagens: „Es sind sieben Hennen drin, falls du Gelegenheit hast zum Tauschen, eine weiße und eine rote und eine schwarze und eine scheckige und eine gesperberte und eine federfüßige und eine gehäubelte. Ich wünsch dir viel Glück.“ Sie drückte ihm die Hand mit großer Innigkeit, und die Tränen liefen ihr über die Wangen.

Ja, sie war nun ihrer Sache doch nicht so ganz sicher! Gar nicht sicher war sie des Spiels, das sie doch eingeleitet hatte!

Uli sah ihr verwundert nach, wie sie ins Haus ging. Was bedeuteten die Tränen der sonst so heiteren Mutter?

„Kannst ruhig sein, Mutter“, sagte er für sich hin, „kannst ganz ruhig sein! Was nicht zu dir paßt, das paßt auch nicht zu mir!“ Und er knallte herzhaft mit der Peitsche und fuhr rasch zum Hof hinaus.

Nie ist das Land schöner als in der Vorreife der Früchte. Da liegt der sonnige Glanz der Jugend über der Erde. Die Vögel, die nie eine gute Stunde versäumen, haben schon mit dem Sommerfest begonnen. Lerchenlieder fallen vom Himmel, die Luft ist erfüllt vom Duft der Blüten und Kräuter, und das Land leuchtet in regenbogenfarbenem Glanz.

Uli ließ sich nicht überwältigen von der festlichen Natur. Wohl erhöhte und bestätigte sie ihm das hohe Bild vom Leben, das er in sich trug. Aber um so stärker bemerkte er Mängel und Schwächen menschlichen Tuns und Lassens, Unschönes und Mißbräuchliches. Nachlässigkeiten und Nichtigkeiten an Gärten und Äckern, an Häusern und Scheunen. Und er verglich, was er sah, mit der Ordnung und Sauberkeit daheim, mit dem wohlgebauten Feld und dem schmucken Haus.

„Das soll mir nicht passieren!“ sagte er für sich hin und schloß die Lippen fest zusammen.
Sauberkeit und Ordnung lernen Söhne und Töchter in der Jugend, oder sie lernens nie. Uli wurde aufmerksam auf Dinge, auf die er früher nicht geachtet hatte, die ihm selbstverständlich gewesen waren. Und er wiederholte sich das Gelöbnis: „Ja, Mutter, was nicht zu dir paßt, das paßt auch nicht zu mir.“

Am Nachmittag kam Uli am Eulenhof vorbei, wo er hineinschauen wollte. Das Haus lag an der Straße, im Garten gegenüber hängte eine Frau Wäsche auf.
„Liebe Frau“, sagte er und hielt mit den Rossen vor dem Haus, „liebe Frau, ist der Bauer daheim?“
„Ich bin nicht die liebe Frau“, sagte sie barsch, „ich bin die Bäuerin! Was wollt Ihr?“
„Ich hab auf dem Lichtmeßmarkt an Eueren Bauern ein junges Rind verkauft“, sagte Uli heiter, „und da ich gerade vorbeifahre, wollte ich fragen, wie es einschlägt. Ich bin der Sonnenhofer.“
Er kam nicht weiter: „Der Sonnenhofer? Das hätt der Herr Vetter gleich sagen sollen!“ sagte sie freudig und ließ das Wäschestück, das sie in der Hand hatte, vom Seil ins Gras fallen. Und sie kam schnell herbei und rief, solange sie Uli die Hand gab, in den Hof hinein:
„Michel!“ rief sie, „Michel, spann aus und gib den Rossen einen Haber!“ Und sie bat ihn, hereinzukommen: „Nehmt fürlieb!“ sagte sie und lief voraus und jagte die Magd in den Hühnerstall, frische Eier zu holen! Und sie rief den Bauern: „Komm heraus, der Sohn vom Sonnenhof ist da, will dich grüßen, fahrt wie ein Hennenkrämer durchs Land, nicht umsonst!“ Und sie riß die Küchentür auf: „Leni!“ rief sie, „Lenikind, schnell! Richt

dich, strähl dich, putz dich, mach dich schön! Der junge Sonnenhofer ist da, schaut um eine Frau um! Schnell zieh' dich an, das rote Leibchen und den grünen Rock!"
Und das Lenchen lief und putzte sich.

Einsweilen saß Uli in der Stube. Man hatte ihn oben an den Tisch gesetzt, und der Bauer saß bei ihm. Die Bäuerin hatte die Eier gebacken, was das Zeichen äußersten Wohlwollens ist und einem schüchternen jungen Manne gegenüber Aufmunterung und Zusage bedeutet. Die Pfanne stand auf der Schieferplatte des Tisches, der Weißlaib lag daneben. Die Bäuerin sprach dem Uli zu, und sie lobte die Eier.

Uli aß. Und während er aß, fragte sie ihn nach dem Anwesen daheim, der Größe des Hofs, dem Stand der Früchte, der Aussicht auf den Herbst und wieviel Rosse und Ochsen und wieviel Milch und Butter — sie fragte nach allem, was gilt und Geld bringt. Uli gab bescheiden Auskunft und fand Wohlgefallen, mehr als Wohlgefallen. Der Ton der Bäuerin wurde immer vertraulicher, und die Stimmung wurde herzlich.

Und dann kam das Lenchen herein, geputzt wie zum Tanz. Das rote Leibchen und der grüne Rock standen gut zu Gesicht, Haar und Gestalt. Und sie tat vertraut und machte glitzerige Augen — der Uli war schon ein hübscher Bursche! Und sie setzte sich zu ihm auf die Bank. Und sie schlug die Beine übereinander, daß man das hübsche Knie sah.

Ja, sie war schmuck und fein, ein ungewöhnliches Mädchen!

Aber der Vater, der sich nicht geputzt hatte, saß am Tisch in einem lieblos geflickten baumwollenen Hemd, und am Ärmel seines Rocks waren Fransen. Und als er weiterreden wollte von bäuerlichen Dingen, nahm ihm seine Frau das Wort aus dem Mund und sagte: „Das will der Herr Vetter jetzt nicht wissen. Geh in Stall und sieh, ob die Rosse ihr Futter haben!"

Und der Bauer ging in Stall. Und Uli dachte: „So, so ist das!? — So würde mir's auch gehen."

Mutter und Tochter sprachen dann durcheinander, dies und sell, wie zuchtlose Weiber reden. Sie erzählten den Tratsch der ganzen Gegend, kamen auch auf die Maidlen der Nachbarschaft, ließen an keiner einen guten Faden, wie sich da ein junger Mann heutzutage vorsehen müsse! Und die Mutter lobte ihre Tochter, und Lenchen zog den Rock über das Knie.

Ja, sie gaben sich wirklich alle Mühe um ihn. Es fehlte an nichts. Ach, sie wußten ja nicht, wie sie mit jedem Wort, das sie sagten, den Uli von sich wegstießen! — Und die Eier waren mit altem Schmalz gebacken, und das Weißbrot hatte einen Faden. Uli dachte an seine Mutter. Und je mehr er an sie dachte, desto freundlicher wurde er. Und er sagte auch einiges Gefällige, wie man zu Menschen redet, die man nicht ernst nimmt.

Und dann brachte er sein Anliegen vor mit den Hennen, daß die Mutter gerne tauschen möchte gegen eine aus gutem Stamm. Und er holte die scheckige herein und gab sie der Bäuerin. Diese streichelte das Huhn und sagte, das Lenchen werde ihm zum Jakobimarkt eine aus ihrem Stall bringen, eine gute Legerin.

Der Uli bedankte sich, gab dem Knecht ein ungewöhnlich gutes Trinkgeld, war unentwegt freundlich und bescheiden, nahm Abschied und fuhr davon. Sie winkten ihm nach.

Der Besuch hatte eine Stunde gedauert.

Unser Freund stellte die Rosse bei einem bekannten Bauern ein, um noch einmal in der ihm so vertrauten

Touristenherberge des vielbesuchten Tales zu übernachten. Es gab da kleine holzgetäfelte Kammern mit Bettlade, Strohsack und Leintuch, hartem Kopfpolster und in blaugewürfelten Drell eingezogenem Teppich. Man schlief da so gut, wie Adam geschlafen haben mag, als ihm Gott die Rippe aus dem Leibe nahm, um daraus die Eva zu machen. — Er mag wohl nachher nie mehr so gut geschlafen haben!

Junge Männer unter sich sind heiterste und zufriedenste Gesellschaft: da ist Kühle und keine Schwüle; da ist Mut und Übermut, aber kein Hochmut; da lacht der Mund wie bei Knaben, und dahinter steht ein ernstes männliches Herz! Es ist keine Zeit im Leben, die so das Niedrige verachtet und sich ganz dem Edlen zuneigt! Nirgends ist eine schönere Welt als in den Seelen der heranreifenden Jugend.

Da noch einmal dabei zu sein, da ganz von dem Erlebnis im Eulenhof freizuwerden und sein Herz aufzufrischen für die kommenden Tage — das mögen wir dem guten Uli wohl gönnen.

Mit Tagesanbruch stand das lebensfrohe Mannsvolk am Trog des laufenden Brunnens, um in dem bergkühlen Wasser Kopf und Hals und Brust zu baden, unter Fremden, die wie Freunde waren! Und es ist nicht zu zählen, wieviel Stücke von dem kernigen Schwarzbrot nachher zu dem duftenden Kaffee gegessen wurden!

Uli wollte heute zum Seppelibauern fahren, auf einen der großen Höfe im Hochschwarzwald. Schon vor Ähnis Zeit hatten die Sonnenhofer den Seppelibauern das Obst geliefert und von diesen das Holz gekauft. Es gab da unvorstellbare Wälder mit hundertjährigen Tannen. Da wuchs auf den Sommerhalden das gesunde Bauholz und in den Winterhalden das harzreiche Brennholz.

Uli fuhr in den Seppelihof ein, als man drunten im Tal Mittag läutete: „Elfe, Weib koch! Elfe, Weib koch!“ Der Glockengruß klang Uli wie ein lieber Gruß. Nun werden die Frauen daheim in Garten und Feld den Spaten und den Rechen und das Setzholz aus der Hand legen und heimeilen, das Mittagsmahl zu rüsten.

Und als ob auch seine Rosse den Ruf verstanden hätten, liefen sie dem Brunnen zu, der aus drei Röhren sein silbernes Wasser in die drei großen Brunnentröge ausströmte, unerschöpflich, als sei er aus dem Meere gespeist. Uli ließ die Rosse trinken. Sie wissen selber, wenn es genug ist. Er holte die Futterkrippe von der Stalltüre, schüttelte den mit Haber gemischten Häckerling auf, nahm den Hungrigen die Zäume aus den Mäulern, machte die Stränge los und legte den Erhitzten die warmen Decken über, die im Sitztrüchle immer für eine solche Rast bereitlagen. Dann wusch er sich die Hände, beschaute sich im Spiegel des Wassers und schickte sich an, in das Haus zu gehen.

Es war einsam hier, sehr einsam. Keine Menschenseele ließ sich auf dem Hof blicken. Der Hund stand vor seiner Hütte und sah Uli zu. Er bellte nicht und er grüßte nicht. — Man läßt die Dinge an sich herankommen, man geht ihnen nicht entgegen, nicht freundlich und nicht feindlich.

Der Hof umgab das ganze Haus. Und was für ein Haus! Es schien Uli, als habe sich hier ein ganzer Wald von Stämmen niedergelassen, breit und behaglich wie ein satter Ochse. Um das Haus herum war Holz aller Art aufgestapelt, weiter hinaus lagen Felder und Viehweiden, es war nicht zu sagen, ob hier fünfzig Rinder grasten oder hundert.

Als Uli gegen das Haus schritt, kam er gerade dazu, wie ein alter, ärmlich gekleideter Mann heraustreten wollte. Und er hörte, daß ihn eine Mädchenstimme aufhielt: „Da, Jäcklevetter", sagte sie, „ist noch ein Tabak fürs Pfifli. Und kommet bald wieder. Ihr müßt immer gleich kommen, wenn Ihr was brauchet. Es ist immer für Euch hingerichtet!"

Uli wartete, bis der Mann weggegangen war, dann trat er in den dunklen Ern, den Vorplatz für Küche und Kammer und Stuben. Hier war alles aus Holz, aus schweren Balken und Dielen, vom Alter glänzend wie geschliffener Stein.

Die Küchentür stand offen, auf dem Herd brodelte Schmalz. Es war eine gar wohl ausgestattete Küche, darin es nur so glänzte von blankem Kupfer und Zinn! Auf dem Küchentisch wurde Teig ausgewellt. Drei Frauen waren um das Essen beschäftigt, alle drei einander ähnlich an Tracht und Haltung und Gestalt. Die älteste trat unter die Tür.

Uli grüßte, sagte seinen Namen und fragte nach dem Seppelibur.

„Grüß Gott", sagte die Frau und sah ihn prüfend an. Ihr Gesicht wurde heiter: „Dann bist du der Uli?"

„Ja", sagte dieser freudig und ergriff die dargebotene Hand: „Und Ihr seid die Ahne?"

„Freile, freile, mein Bub", sagte die Gute und strich ihm die Haare aus der Stirn, als wolle sie ihn genauer betrachten. „Wie gehts der Mutter?" Und ohne die Antwort abzuwarten, rief sie in die Küche: „Anne! Anneli! tapfer kommet, der Uli ist da vom Sonnenhof!"

Anne, die Seppelibäurin, kam, und es kam das Anneli, fast so groß wie Uli und erblüht wie eine Waldblume. Sie begrüßten ihn wie einen alten Bekannten, sagten, der

Seppelibur sei schon vor Tag ins Tal gefahren mit Holz und werde nicht vor Abend zurück sein.
„Aber", sagte lächelnd die Bäuerin, „das ist jetzt gerade recht! Wir hätten sonst doch nichts von dir gehabt."
Und sie sagten ihm, daß er zum Mittagessen dableiben müsse, es gebe Küchle und Selleriesalat. Ob er das wohl möge, da er es daheim doch sicher wohl besser gewohnt sei? Und was es mit seinen Rossen sei? Und dies und sell und voll Aufmerksamkeit und Güte und Fürsorge.
Was Uli wolle, warum er hergekommen sei, darum fragte niemand. Es genügte, daß er da war. Die Ahne schickte Tochter und Enkelin mit Uli in die Stube, sagte, sie wolle nun das Essen vollends allein richten, es sei nicht das erstemal. Und das Kochen sei die Freude der Alten, besonders, wenn man einen so lieben Gast habe.

Es wurden unvergeßliche und frohe Stunden mit den herzhaften Menschen vom Seppelihof.
Alles war so schlicht und so natürlich; und doch war etwas Festliches dabei, wie der Tisch gerichtet wurde, dann das Essen, und wie die Ahne das alte Tischgebet des Hauses sprach! Uli hat es nachher aus dem Gedächtnis aufgeschrieben, um es der Mutter als Reisegeschenk mitheimzubringen. Es hieß etwa so:

Laß uns, lieber Gott, beim Essen
deine Güte nicht vergessen,
nicht vergessen, wieviel Gaben
täglich wir empfangen haben!
Du, der Du die Vögel nährst,
segne, was Du uns bescherst,
segne unsrer Mühe Schweiß,
lohne unsrer Hände Fleiß!

Schütz' und hüte gleichermaßen
alle Fuhrleut auf der Straßen,
alle Kranken in der Kammer,
alle, die in Not und Jammer!
Schließ dem Feind des Hauses Tür,
bleibe bei uns für und für!
Herr, um Deinen guten Geist
laß uns bitten allermeist!
Laß uns bitten allermeist,
Herr, um Deinen guten Geist! Amen.

Es kam zu sehr lebhaften Gesprächen. Man wußte voneinander nur Gutes und hatte nur Wertschätzung füreinander. So mußten keine Redensarten gemacht und keine leeren Höflichkeiten gesagt werden. — Wo man drei oder vier Geschlechter Holz und Obst und Wein voneinander gekauft hat und immer wieder kauft, weil man es sonst nirgends besser haben kann, da vertraut man und wird man vertraut. Solche Bekanntschaften sind ein nicht zu schätzender Reichtum; sich dessen bewußt zu werden, ist wie ein Geschenk.

Dem Obst- und Weinbauern Uli war es beglückend, in ein solches Waldbauernhaus hineinzuschauen, wo man sich so gut wie ganz aus dem Eigenen versorgte, wo man eine Sau im Rauch hatte und eine im Salz und ein halb Dutzend oder mehr im Stall; wo man eigene Milch, eigenes Mehl, eigene Wolle und eigenes Leder hatte; wo im Winter gesponnen und gewoben wurde und geschustert und geschneidert für alle!

Die Stube war weiträumig; durch die hellen Fenster sah man über die Wälder hinweg die weißen Gipfel der Hochalpen. Der Wand entlang gingen die breiten Holzbänke, und unter der Decke hin lief das Bordbrett, das mit dem schönsten Zinn bestückt war, das Uli je gesehen. Beim Ofen stand fast regungslos eine getigerte Katze, die aussah wie der gestiefelte Kater im Märchen. Und der Stube hätte wirklich etwas gefehlt, wenn sie nicht dagewesen wäre.

Auch für die Frauen war es nicht weniger beglückend, von der Arbeit und dem Leben auf dem Sonnenhof zu hören, von den Hoffnungen und den Sorgen um Obst und Wein, von den Tücken des Wetters, von dem die Wälderburen so gut wie verschont waren.

Wohl jeder Bauer mag gern einmal von fremdem Leben und Schicksal hören und das eigene daran messen, um seiner wieder froh zu werden. Nicht daß ihn das Fremde an sich lockte! Denn er weiß, er mag hingehen, wohin er will, Saat und Ernte und Schweiß und Schwielen werden gleich bleiben.

Man gab und erhielt knappe und sachliche Auskunft. Bei aller Zurückhaltung, die das Wesen der bäuerlichen Menschen ausmacht, waren doch Mutter und Großmutter und Enkelin ganz bei der Sache. Bei den Einsamen ist die Fähigkeit des Hörens und die Kraft der Aufmerksamkeit auf das höchste entwickelt. Frage und Antwort zeigte die Vertrautheit mit jeglicher Arbeit in Haus und Hof und den klaren Verstand für Vorteil und Nachteil. Wissende brauchen zu Wissenden nicht viel zu reden, um zu verstehen und verstanden zu werden.

Uli merkte mit Verwunderung, daß er hier in eine ganz neue Welt hineingekommen sei, und zwar eine heimlich reiche, in ihrer Art bedeutende und stolze Welt, wohl wert, mit der seinigen gemessen zu werden! Mit Staunen sah er die Fülle des Lebens hinter dieser einsamen Stille. Er sah die Schönheit solcher alter Überlieferung, den

Reichtum und die edle Würde des Waldbauernhofes, die Sicherheit und den prunklosen Stolz der Menschen des Hochwaldes.

Seine Heimat sprudelte wie rassiger Wein, die Landschaft beblümte sich im Frühjahr mit den üppigsten Farben und verabschiedete sich im Herbst mit einem buntfröhlichen Fest.

Dafür war hier das Gleichmaß des Jahres und der Jahre; hier war eine stille Größe, die sich dem stumpfen Auge verbarg und nur dem Liebenden erschloß.

Und Mutter und Tochter, Alter und Jugend, das war hier kein Wesensunterschied und kein Wertunterschied, das war ein zärtliches Nachwachsen und Anschmiegen, eine Gemeinschaft aus sich selbst, ohne Absichten und geheime Risse. Die so törichten Spiele und Widerspiele zwischen Altem und Neuem, Überliefertem und Modischem, die so viele Kräfte verbrauchen und so viel Torheit und Streit und Schaden stiften, gab es hier gar nicht. Das Ausprobierte, der Väter guter Brauch und die Sitte des Hauses war Alten und Jungen das liebliche Gesetz und die schöne Ordnung des Lebens. Das war der unbedingt gültige Befehl, nach dem sich alle richteten.

Uli bestellte Bauholz, wie sich's die Mutter zu einem eigenen kleinen Haus gewünscht hatte. Dann erhob er sich. Die anfangs feindliche Katze schmiegte sich schnurrend um seine Füße, was die Frauen lächelnd und mit Wohlgefallen bemerkten. Gilt doch die Zutraulichkeit, welche die Haustiere einem Gast zeigen, als sicherer Beweis, daß man es mit einem guten Menschen zu tun habe.

Als sich Uli schon bedankt hatte und verabschieden wollte, fiel ihm der Hennenwunsch der Mutter ein. Und er brachte diesen mit heiteren Worten vor.

„Das ist schad“, sagte die Seppelibäuerin, „daß wir da

nicht gefällig sein können. Die Hühner haben in den Waldhöfen keinen guten Platz. Der Winter ist lang, und im Sommer kommt der Fuchs und der Marder. Ich will aber die Henne Eurer Mutter gerne annehmen als einen Gruß und ihr dafür eine von meinen jungen Katzen schicken!"

Also ließ der gute Uli die rote Henne da und nahm dafür in einem Sack einenNachkömmling der getigerten Katze mit.

Wieder war er in einem Brauthaus gewesen. Es war ihm leicht und doch auch recht schwer ums Herz. Das Heiraten, das merkte er jetzt, war kein Marktgeschäft. Menschen lassen sich nicht so einfach aus ihrer Welt herausnehmen und in eine andere versetzen, wie man einen Obstbaum versetzt oder ein Roß in einen anderen Stall stellt. Ja, und selbst hier ist es schon recht schwer, das Richtige zu treffen!

Das Sepp-Anneli war gewiß ein gutes Mädchen, ihre Sippe eine der besten im Land, das Hauswesen überaus gediegen und von bester Bäuerlichkeit. Und Mutter und Großmutter waren wohlbeschaffene Frauen, besonnen und gutherzig. So würde das Anneli auch werden, so umsichtig und so mütterlich, von solch schlichtem feinem Wesen! Und sie würde sich auch mit Ulis Mutter vertragen haben, o gewiß!

Aber in den Sonnenhof paßte sie nicht. Und zu ihm paßte sie — paßte sie zu ihm? Und paßte er zu ihr? Ihre Welt war das Wälderhaus mit seiner Einsamkeit, der Schweigsamkeit der Natur, dem Gleichmaß der Zeit und des Lebens. Auch war in diesen Menschen des Waldes eine andere Frömmigkeit, welche dem heiteren Gottesglauben Ulis und seiner sonnigen Heimat fremd war.

Nein, das schöne Anneli paßte nicht auf den Sonnenhof.

Uli war gewiß, daß weder Mutter noch Tochter seinen Besuch in dem Sinne einer Brautschau aufgefaßt hatten. Nein, daran dachte man bei den Seppelileuten nicht.

Gilt der Freitag in den altgläubigen Waldhöfen als der glückbringende Tag, wo man Gutes erwartet und gerne willig ist, Gutes zu tun, wo man den Gast mit ganz besonderem Vertrauen aufnimmt und sich leicht entschließt, Zukünftiges einzuleiten und zu beginnen, so ist er in den überlieferungsfremden Talorten der unfrohe Tag, wo die Unholde ihr Wesen treiben und sich allerlei Böses einzuschleichen versucht. Dieser dunkle Glaube ist tiefer als jeder religiöse Wille und mächtiger als jede vernünftige Überlegung.
Als Uli vom Seppelihof zur Stadt fuhr, wo andern Tags ein Roßmarkt gehalten wurde, kam er unterwegs in ein solches Haus.
Man berichtet nicht gerne über solche Abgründe der menschlichen Seele, die alle schönen Beziehungen belasten. Aber man muß es hier tun, um Ulis willen, der nun einmal seinen Weg durchlaufen soll, wobei es unsre Aufgabe ist, getreu zu berichten, über welche Erlebnisse und Erfahrungen er schließlich doch noch zu der ihm zugehörigen Frau kommt.
In der Kameradschaft unseres Freundes war manches von einem sagenhaften Bauern Thomas Fürst gesprochen worden, den man den Immenfürsten nannte, und von seiner Tochter als einer begehrenswerten Erbin, deren Zurückhaltung jede Annäherung erschwere.

Da Uli nicht vor Abend in der Stadt sein, auch seiner Mutter eine rechte „Kromet“ von der Reise mitbringen wollte, machte er den Umweg über den Weiler, wo der Immenfürst zu Hause war.

Uli kam in ein nach dem herben einförmigen Wald beglückend liebliches Tal mit heiterstem Klima, wo Obst und Wein zu köstlicher Würze ausreifen und die Bienen vom Märzen bis spät in den Herbst hinein aus Hecke und Baum und Wiese und Heide und dem honigenden Tannenwalde Tracht um Tracht eintragen.

Bienenzüchter lieben die Stille, sind Einspänner. Der alte Thomas war es besonders. Er war „wunderlich", nämlich nicht wie andere Leut, und lebte ganz mit seinen Bienen und den Wundern ihrer Lebensordnung. Das Hauswesen besorgte seine Schwester Justine, die auch die Tochter Peterle aufgezogen, ganz in ihrem Geiste erzogen hatte. Sie war, es ist hart es zu sagen, eine recht greuliche Person, angefüllt mit einem Wust abergläubiger Vorstellungen und Verdächte, dazu unzutunlich und menschenscheu gegenüber jedermann. Nur wenn es an den Honigverkauf ging oder um einen Profit, war sie umgänglich und äußerst geschickt.

Nun passieren nacheinander einige Dinge, die dem guten Uli unverständlich waren, wie sie es vielleicht auch dem Leser sein werden!

Als Uli die Hausstaffel betrat, lag vor der Türe ein Besen. Der ordnungsliebende Uli hob ihn auf und lehnte ihn an die Wand. — Guter Mensch, nun bist du verdächtig! — Die Stube war altjüngferlich eingerichtet, mit vielem kleinem Zierzeug. Auf dem Ofen stand ein Palmkätzchenbuschen; der heilige Name hing in großer Schrift an der Wand; darüber hing das Himmelfahrtskränzlein aus weißen und roten Mausöhrlein; über der Türe fehlte nicht das bannende C.M.B.

Tante und Nichte hatten ihre Strickzeuge in Händen.

Uli verstand nichts von diesem Abwehrzauber. Er verstand auch nicht, warum die Jungfer Justine so wenig höflich war und das Peterle so scheu! Doch bekam er rasch seinen Honig in einer schönen Geschenkdose. Und als er den recht hohen Preis bereitwillig auf den Tisch legte, entstand doch noch ein freundliches Gespräch.

Uli hatte beim Hereinfahren hinter dem Haus einen wohlbestallten Hühnerhof gesehen, und unter dem Eindruck der aufgewachten Freundlichkeit brachte er den Wunsch der Mutter vor, ging auch gleich hinaus und holte aus dem Korb die schwarze Henne herein.

Uli erschrak über die bösen Gesichter und wie nun die Tante Justine lebendig wurde, einen Rupfensack holte, das Huhn hineinstieß, den Sack hinaustrug, mit einem jungen Gockel erschien, diesen dem Uli in die Hand drückte und ihn verabschiedete. Mit einem Ruck schloß sich hinter ihm die Haustüre.

Er hatte schon die Zügel in der Hand, wegzufahren, als er sah, daß der Handgaul über den Strang getreten war. Während er die Einspannung in Ordnung brachte, hörte er aus dem Hof hinterm Haus ein Geschrei, wie Hühner schreien, wenn es ihnen an den Kragen geht. Und als er näher trat, sah er, wie die böse Justine sein schönes rassiges Huhn über den Spaltblock hielt und ihm Peterle mit dem Beil den Kopf abschlug!!

Ganz niedergeschlagen von dem Erlebnis fuhr Uli zur Stadt. Er blieb in dem vertrauten Gasthofe über Nacht, wo die Sonnenhofer seit alters ihre Einkehr hatten. Er versorgte seine Rosse, versorgte die Hennen, fütterte auch den Gockel, gab der Katze Milch und ließ sie von der Wirtin in einen Korb stecken. Denn er hatte vor allem Lebenden eine große Ehrfurcht. Er liebte, was lebte, weil er liebte, daß es lebte. Die Tiere waren ihm wie anvertrautes Gut.

Am Samstag war der Roßmarkt. Ein solcher Tag ist ein Fest für ein Bauernherz. Auch Uli wurde es wohl nach den zwei vollen Tagen.
Rosse sind etwas Sauberes und Ehrliches, wenn man's versteht. Wer's nicht versteht, dem kann man einen Schelmen andrehen. Und es ist dann beim Pferdekauf wie beim Heiraten:

> Hat man den Gaul und die Frau im Haus,
> kommen die Fehler und Tücken heraus!

Ja, es sind da ganz seltsame Parallelen.
Ein Bauer, der's versteht, kauft kein Rind und kein Roß aus einem Stall, wo besser gefüttert wird als er es vermag. Uli kaufte einen rauhhaarigen Zweijährigen, sehnig in den Beinen, gut im Schritt und kurz am Leib, dem er zugesehen hatte, wie er dem Nachbargaul das Stroh aus dem Schwanz fraß. „Du sollst mir glatt werden!" sagte er, „dich werden wir herausfuttern! Und du sollst mir an der Hochzeit im Silbergeschirr gehen!"
Er saß dann am Nachmittag und am Abend lange mit den Bauern zusammen im Gasthaus, hörte ihre Gäbeleien und Späße, ihre Erfahrungen, ihre Weisheiten und auch ihre Torheiten, die der zum Markt gehörige Wein aufgeriegelt hatte. Und Uli wurde dabei wieder heiter in seinem Gemüt und sicher in seinem Wesen.
Immer muß man, wenn man mit dem Seelischen Schwierigkeiten hat, einen Werktag der Arbeit oder ein Stück bunten Lebens dazwischenschieben. Man muß mit dem Grübeln und Hinterdenken aufhören und mit einer Tätigkeit anfangen. Dann werden die Sinne hell, der Kopf wird klar und das Herz wird fest. Es ist gar nicht auszurechnen, welcher Segen von einer herzhaften praktischen

Arbeit und dem mitreißenden Lebensstrom ausgeht, wie dem wunderbare Heilmittel zufließen, der sich zu regen und zu schicken weiß.

So fuhr nun Uli am Sonntagmorgen mit frischen Sinnen und einer schönen Heiterkeit des Herzens in den sonnigen Tag hinein. Den gekauften Gaul und die eingetauschte Katze hatte er auf den Sonnenhof vorausgeschickt. Das Ziel seiner Fahrt war ein Schloßgut, dessen Pächter als Obstzüchter und Rübenbauer einen Namen hatte.
In ein solches Gut hineinzuschauen, Feld und Gärten zu sehen und auch das Wohnen und Leben dieser herrenbäuerlichen Menschen, auch dazu die schöne Tochter kennen zu lernen, deuchte unserem jungen Freunde so reizvoll wie wichtig. Und in der gehobenen seelischen Verfassung fand er die Sicherheit, getraute er sich den Besuch wohl zu. Ja, er dachte heimlich, sich als Sohn des Sonnenhofes da wohl vergleichen zu können!
Es schickte sich, daß der Tierarzt der Stadt, der auch in Ulis Haus aus- und einging, und von diesem unterwegs zum Mitfahren eingeladen worden war, auf dem Schloßgut zu tun hatte.
Und da er Ulis ledigen Stand, seine Verhältnisse daheim und das Ziel dieser Fahrt miteinander erwog, und da ihm das festliche Wesen des Jünglings auffiel, so machte er sich als einer, der das Gras wachsen hört, einen Vers darauf, welcher der Wirklichkeit im Grunde gar nicht so ferne stand. — Und wie manche Menschen es lieben, Schicksal zu spielen und ihre Hand an jeden Hebel zu legen, so übernahm dieser in seinem Herzen überaus wohlmeinende Mann, spaßeshalber, wie er nachher sagte, die Rolle des Glückmachers.
Daraus ergab sich eine urkomische und dabei doch recht

unheimliche Verwicklung, aus der sich Uli ohne seinen lächerlichen Hennenhandel wohl nicht ohne Verstimmung zu lösen vermocht hätte. Aber es ist ein Gesetz, daß eine lächerliche Angelegenheit am besten und raschesten durch eine andere Lächerlichkeit wieder ins Gleichgewicht gebracht werden kann!

Uli hatte den Wagen im Hof abgestellt und die Pferde abgesträngt. Dann übernahm der Doktor Tierarzt wie selbstverständlich die Führung.

Sie traten durch eine schön geschnitzte Haustüre zu ebener Erde in einen langen, mit Sandsteinplatten belegten Ern, von dem aus eine schmale Türe in eine mit hellen Fenstern ausgestattete Stube führte. Vor einem der Fenster an einem kleinen Tisch saßen zwei städtisch gekleidete Frauen, Mutter und Tochter, wie man gleich sah — zwei anmutige Gestalten.

Der Doktor Tierarzt blieb mit seinem Gast an der Türe stehen, machte, indem er den Hut schwenkte, eine Verbeugung und sprach in ehrfurchtsvoller Haltung, aber im Ton der lustigen Person im Theater, daß er heute die Freude habe, den Sohn eines ihm altbefreundeten Hauses einzuführen, dem rühmliche Worte zu spenden gar nicht nötig sei!

Nun sei, um es gleich zu sagen, Ulrich Sonnenhofer in das Alter gekommen, wo er sich nach einer Frau umsehen dürfe. Der weithin bekannte gute Ruf des schloßpächterlichen Hauses habe ihn hergeführt, um zu fragen, ob er nicht hier möchte sein Glück finden! Denn es würde ihm und seinem schönen Hofe wohl anstehen, sagte er, die schöne Tochter der Frau Schloßgutspächterin zu seiner geliebten Hausfrau zu gewinnen!

Der gute Uli, der hinter dem Doktor stand, so daß es wirklich aussah, als sei dieser sein Vormann und Beauf-

tragter, erschrak über die Wendung der Dinge! Doch konnte er zunächst das Schicksal, das einmal im Gange war, nicht aufhalten. Und als er einen Versuch dazu machte, schob ihn der Sprecher zurück, um nur um so kühner auf sein Ziel loszugehen! Er redete weiter und brachte auch eine richtige runde Werbung vor und schloß mit den Worten: „Nun, Frau Schloßgutpächterin, scheint es mir für Sie und die ehrenwerte schöne Jungfer Tochter nicht schwer zu sein, zu entscheiden bei soviel Vortrefflichem, was der Herr vom Sonnenhof zu bieten hat!"
War Uli betroffen, so war es die Frau noch mehr. Und sie war dazu auch zornig, fand sich aber rasch in die Lage. Sonnenhof hin, Sonnenhof her: das war doch keine Art! Sie so zu überfallen! Nein, überrumpeln ließ sie sich nicht! Da wußte sie doch zu gut, was sie sich schuldig war! Sie hatte aus dem Umgang mit der adeligen Gutsherrschaft etwas von deren Würde übernommen. Ihre Gesichtszüge wurden streng, und sie sah mißbilligend zu ihrer Tochter hinüber, ob die nicht vielleicht im geheimen da etwas angebandelt hatte?
Sie setzte die Brille auf, erhob sich und sagte kühl:
„Der Antrag ehrt uns natürlich sehr. Ich kann es auch verstehen, daß der Herr Sonnenhofer sich gerne eine Frau aus einem guten Hause holen möchte. Aber man kommt zu einer Brautwerbung nicht auf einem Bernerwägele, mit dem man zu Markt fährt und Kälber und Säue einkauft! Und man kommt nicht, ohne sich vorher vergewissert zu haben, daß der Besuch und der Antrag angenehm und erwünscht ist. Ich habe nichts gegen den Herrn Sonnenhofbauern, ich wünsche ihm alles Glück und eine Frau aus seinem Stand! Aber meine Tochter ist für eine solche Aufgabe nicht vorgebildet, auch ist sie schon so gut wie — — —"

Da trat Uli neben den Tierarzt, der bereits gemerkt hatte, in welch unangenehme Lage er sich, den jungen Bauern und die Frauen hineingeschwätzt hatte. Uli verbeugte sich in seiner ländlich schlichten Art und sagte lächelnd:

„Frau Schloßgutpächterin", sagte er, „der Onkel Tierarzt hat seinen Spaß gehabt mit mir und mit Ihnen. Er wird mir gewiß bezeugen, daß er erst unterwegs und ganz zufällig bei mir aufgestiegen ist, und daß zwischen uns von solchen Absichten überhaupt nicht gesprochen wurde, daß er ganz ohne meinen oder meiner Mutter Auftrag geredet hat! Es täte mir leid, wenn die Frau Mutter und das schöne junge Maidli sollten über mich verärgert sein! Ich komme nicht zur Werbung einer Braut, das würde meine Mutter für mich tun und in einem Haus, wo wir willkommen sind! Aber sie hat zu mir gesagt: ‚Wenn du auf den Markt fährst, sieh doch unterwegs, ob du nicht könntest aus guten Stämmen frische Hühner mitheimbringen.' Deswegen komme ich her, und ich möchte darum gefragt haben und im Tausch eine von den unsrigen dalassen, wenn es der Frau Schloßpächterin möchte gefällig sein!"

Ohne die Antwort abzuwarten, ging er hinaus. Man sah durchs Fenster, wie er den Korb unter der Sitzbank hervorzog und eine Henne herausnahm. Es war die federfüßige, die sich zahm und mit einem leisen zärtlichen Gurren in seinen Arm schmiegte.

Einstweilen hatte drin der Doktor Tierarzt ein Geständnis abgelegt und sich zu seiner Eigenmächtigkeit bekannt, auch gesagt, wie ganz unschuldig Uli an der Sache sei.

Die Frau Schloßgutpächterin, die wohl spürte, daß sie bei ihrer Antwort zu weit gegangen, aber gelernt hatte, heikle Dinge in guter Haltung zu meistern, kam mit ihrer Tochter heraus und lud Uli zu einer Tasse Kaffee ein, was dieser gerne annahm. Er ließ die Federfüßige auf den Boden gleiten, wo sie schnell und fast elegant wie ein Schloßfräulein sich unter die gutspächterlichen Hennen mischte.

Uli ging mit ins Haus — der Doktor Tierarzt hatte sich unauffällig entfernt — und nahm, nachdem er den Kaffee getrunken, liebenswürdig höflichen Abschied.

Von der Tauschhenne war nicht mehr die Rede. Mit der gewonnenen Erfahrung war sie ja gut bezahlt. Und sicher, aber ohne jede Eile fuhr er aus dem Schloßhof ab, der Stadt zu.

Sollte er nun heimfahren zur Mutter und das Weiben lassen? Nein, das wollte er nicht. Auch hatte er ja noch drei Hennen im Korb!

Er war bis jetzt mit einem blauen Auge davongekommen. Das Maidli hätte ihm nicht schlecht gefallen, und die Mutter, die schloßherrliche Gutspächterin schier noch besser! Sie hatte sich sauber aus der Schlinge gezogen, die ihr der Doktor Tierarzt und ihr eigener Hochmut um den Hals gelegt hatten! Und das Hauswesen — alle Achtung! Ja, sie hatte schon recht, es war eine Ehre, aus ihrem Haus eine Braut zu holen!

Aber das, was sie von „Stand“ gesagt, da hatte sie sich übernommen, das hätte sie nicht sagen dürfen zum Sohn vom Sonnenhof, der frei auf eigener Scholle saß! Das hatte seinen Stolz geweckt und ihm das Stichwort gegeben zu seiner Entgegnung.

Aber eigentlich war es doch wahr, das mit dem „Stand“. Das Maidli war nicht für einen Bauernhof erzogen, wo eine Frau dabei sein muß von früh bis spät, die erste im Haus sein muß und die letzte! Selber zugreifen muß, wo es fehlt! Uli konnte sich das Maidli nicht denken mit einem Melkkübel zwischen den Knieen und einem Dreiecktuch um den Kopf. Nein, da hatte sie schon recht, die Frau Schloßgutpächterin! Wenn es auch einer guten Lebensart nicht angemessen war, das gerade so herauszusagen: da war sie ein wenig in das Schloßherrliche hineingekommen!

Aber es war ihm eine Lehre!

Als er soweit war in seiner Betrachtung, sagte er zu sich: „Überweib dich nicht, Uli, überweib dich nicht!"

Langsam und auf allerlei Umwegen und mit allerlei Einkehren fuhr er zurück in die Stadt in den Gasthof zum Hirschen, um dort nochmals zu übernachten. „Geduld!" sagte er sich, „Geduld, Uli!"

Nun wollte er erst recht sehen, wie es weiter gehe. Nun war er schon dran. Und er hatte noch drei Hennen im Korb.

Mit großer Sorgfalt überwachte er das Einstellen der Rosse. Er ließ sie striegeln und bürsten, daß ihnen der Staub der Straße und der Schweiß des Tages den Schlaf der Nacht nicht schmälere.

In der Gaststube setzte er sich an den Tisch der Hausgäste bei der Schänke und ließ sich Essen und Trinken geben. Er glaubte, es heute verdient zu haben.

Gegen Abend füllte sich die Wirtschaft mit jungem Volk vom Städtchen und aus den nahen Dörfern. Die Alten verbrachten den Sonntagabend in den Weinstuben: so war im Hirschen Raum für die Jungen.

Doch ging es still her. Man redet nicht viel in den Orten zwischen Neckar und Rhein. Man freut sich, beisammen zu sein. Und wenn man ein Übriges tun will, wenn das

Herz voll ist, wird gesungen, gesungen von dem, was ja der Jugend immer Unruhe und Glück bedeutet.

Wenn man die heimliche Welt dieser bäuerlichen und halbbäuerlichen Jugend schreiben will, muß man ihre Lieder aufschreiben. Diese balladenmäßigen Lieder werden von Geschlecht zu Geschlecht immer wieder neu und mit der gleichen Inbrunst, einer schmerzlich süßen Inbrunst gesungen und gehört. Und auch Ulis unverdorbenes Gemüt wurde ganz erfaßt vom Zauber dieses Abends:

Es ist eine Föl im Land Tirol,
so schön wie die Rose im Tau:
sie spinnt mir Gold aus Haberstroh,
die Föl wird meine Frau —

Vom Markttag her war noch ein Trupp fahrender Leute im Städtchen, die mit einem Kamel, mit Affen und Papageien, mit dressierten Hunden und Ziegen umherzogen und auf Märkten und bei Kirchweihfesten ein unsicheres Brot verdienten und darum auf allerlei Nebenerwerb angewiesen waren. Sie saßen im hinteren Teil der Stube an einem besonderen Tisch und unterhielten sich in ihrer Art ungescheut und lebhaft, wie Leute tun, die öffentlich zu leben gewohnt sind.

Uli, der ganz mit seinen eigenen Angelegenheiten beschäftigt war, hatte sich nicht um sie bekümmert, bis plötzlich, wie vom Wind hergetragen, ein zu der Vagantengruppe gehöriges junges Weib ihm gegenüber saß, sicher und selbstbewußt, als wollt' sie sagen:

„Hier bin ich! Wenn man mich nicht eingeladen hat, ist es nicht meine Schuld!"

Und sie tat ganz darnach, griff mit spitzen Fingern in

den Teller, darauf die Wirtin dem jungen Gaste Brombeeren gelegt hatte. Und sie tunkte die Frucht keck in den Zucker und schobs in den roten Mund. Dann nahm sie nach Art der Wahrsagerinnen Ulis Hand, verlangte von ihm ein Silberstück, blies drüber weg und sang ihm halb schelmisch halb feierlich im Ton des eben gehörten Bauernliedes zu:

Ei, so hör ich doch,
was die Schwalbe spricht:
Wer die Liebe sucht,
findt sie nimmer nicht!

Treue Liebe hat
weder Mein noch Dein:
sie will nicht gesucht,
will gefunden sein!

Lächelnd nahm das fremde Mädchen als Wahrsagerlohn noch eine von den süßen Beeren, änderte dann blitzschnell ihr Wesen, schlug, indem sie Zauberworte vor sich hinflüsterte, drei Kreuze in die Luft, zog mit raschem Griff ein gesperbertes Huhn unter ihrer Schürze hervor, strich dem aufkreischenden beruhigend über Kopf und Hals, so daß es sich wie schlafend in ihren Arm legte, erhob sich rasch, machte einen Knix und verschwand.
Alles war so rasch gegangen, daß Uli nicht zum Reden kam. Auch schien niemand im Saal darauf geachtet zu haben. Die jungen Leute sangen auch weiter ihre Lieder, die Künstlergruppe war durch die hintere Türe weggegangen.
Uli redete noch ein kleines mit der freundlichen Wirtin und ging dann zu Bett, ohne noch weiter an die Gauk-

lerin zu denken. Doch erschien ihm das Abenderlebnis im Traum, und er wachte darüber auf, daß er den Reim vor sich hinsagte:

Ei, so hör ich doch,
was die Schwalbe spricht:
Wer die Liebe sucht,
findt sie nimmer nicht!

Und er war nun unsicher, ob er nicht das ganze Abenteuer geträumt habe.
Als er aber einspannte, sah er, daß der Deckel des Hühnerkorbs aufgebunden war und die gesperberte Henne fehlte. Ob das rassige Huhn entlaufen oder ob es gestohlen war, das wäre nun eine Frage gewesen. Daß es die Wahrsagerin unter der Schürze gehabt, das schien dem Uli gewiß.
Er lächelte. Nun hatte ihn auch dieses fünfte Huhn ein Stück weiter gebracht. Er fuhr davon, der Seemühle zu, um den Verwandten dort einen Besuch abzustatten.

Man muß zu der wunderlich zähen Verbindung der verwandten Familien, die man hierzulande unter dem Namen Freundschaft zusammenfaßt, etwas Besonderes sagen.
Verwandtschaften sind im alten schwäbisch-alemannischen Raum unsterblich. Der Zusammenhalt blieb seit der Zeit der Landnahme, wo die Sippen nicht nur durch die Zärtlichkeit des Blutes, sondern auch räumlich und wirtschaftlich verbunden waren.
Die Freundschaft wird gepflegt bis ins siebte Glied und von da aus mit derselben Zähigkeit unbegrenzt. Jeder neue Sproß wird am Hauptspalier nachgezogen. Jeder

und Jede ist über die persönlichen Verhältnisse aller Sippenglieder wie über deren Besitz und Geltung unterrichtet. Fürstenhäuser können ihre Geschlechterreihen nicht gewissenhafter vermerken, als es diese alten Bauerngeschlechter tun.

Persönliche Tugenden und Laster unterstehen innerhalb der Freundschaft keiner Wertung oder Abwertung. Mängel werden aus dem Schatz der Sippengeltung ausgeglichen. Jeder ist verpflichtet, das Wesen und auch das Unwesen jedes anderen zu dulden und zu respektieren. Die Sippe ist das Ganze, innerhalb dessen jedes Glied an sich gleichwertig ist, seien seine Lebensäußerungen weise oder töricht, gut oder böse. Dummheiten, die einer macht, werden als innerhalb der Sippe unausbleiblich angesehen: jeder andre muß froh sein, daß die Reihe nicht an ihm war! Tadel ist innerhalb der Sippe frei, braucht aber nicht anerkannt zu werden und kann keinesfalls das verwandtschaftliche Verhältnis auslöschen. Tadel von außerhalb wird allseitig übel genommen — was geht es die andern an?!

Bei den großen Gelegenheiten darf kein Haus der Gesamtsippe fehlen! Bei Hochzeiten und bei Beerdigungen ist es Ehrensache, die Geschlossenheit der Sippe, ihre Größe und Geltung zu zeigen. Jeder hat nicht nur die Pflicht, sondern auch das Recht, dabei zu sein. Auch bitterste Feindschaften zwischen Sippengliedern treten an diesen Tagen in den Hintergrund. Feindschaften zwischen den Alten erben nicht auf die Jungen, ja die feindlichen Alten sorgen selber dafür, daß das nicht geschieht. Man braucht sich nicht zu lieben, aber man hält zusammen. Die Treue zur Sippe überwiegt jede andere Tugend, entschuldigt jeden menschlichen Fehler.

So kam Uli in ein unbekanntes Haus, aber zu bekannten Menschen. Er band die Rosse an einen der großen Ringe an der Hausmauer und trat dann rasch in die Stube.
Es war nicht nötig, den Namen zu nennen. Sie kannten ihn alle, und er kannte sie alle: die alte Müllerin, den Müller und seine Frau und die Töchter Marie, Luise und Berta.
Uli grüßte zuerst die hochbetagte Ahne, eine Frau von zähester Lebenskraft und unheimlichem Lebenswillen. Jedermann wußte, daß sie in der Mühle die große und die kleine Gewalt hatte. Auch war ihr bodenloser Geiz bekannt, man könnte sagen anerkannt: niemand gab sich den Anschein, das übelzunehmen oder zu beschönigen, auch sie selber verbarg das nicht: sie war die alte Seemüllerin; sie konnte es sich leisten, geizig zu sein — es hatte sich ja auch gelohnt!
Ihr Sohn, der Müller, der Tag und Nacht in seiner Mühle tätig war, stand ganz im Banne dieses Hausgeistes. Und es war ihm wohl dabei.
Die junge Müllerin hatte es wohl nie ernsthaft versucht, innerhalb ihrer häuslichen und ehelichen Rechte etwas anderes zu sein als ein unpersönliches, gewissermaßen anonymes Mitglied der Familie.
Die drei Töchter, wohlgebildete Geschöpfe und einander merkwürdig gleich nach Leib und Seele, schlugen ganz der Ahne nach.

Diese eröffnete das Gespräch, nachdem die herkömmlichen Fragen gestellt und beantwortet waren.
„Und was führt den Vetter her?“
„Ich bin auf dem Roßmarkt gewesen in der Amtsstadt“, sagte Uli, „und da meinte die Mutter, ich soll nach Euch schauen. Wir haben lange nichts von Euch gehört.“

Es gab eine Pause im Gespräch. So? Am Samstag ist der Uli auf dem Roßmarkt gewesen, und heute, am Montag, ist er noch unterwegs? Uli, das machst du deiner Freundschaft nicht weis! — Die ganze Müllersfamilie war sich darüber klar, daß ein junger Bauer von der Art Ulis nicht über den Sonntag ausbleibt und am Montag wieder einen Tag versäumt, um Besuch zu machen! Das Bauernleben hat viel zu strenge Formen, als daß einer so über den Strang schlagen dürfte! Nein, da steckt etwas anderes dahinter!

Natürlich hatte Uli das Recht, das zu verschweigen. Niemand redete ein Wort deswegen. Denn daß er verschwieg, was er wollte, war ja für sie gerade ein Bekenntnis dessen, was er wollte! Die ganze Müllersfamilie war sich darüber sofort klar, daß Uli auf Freiersfüßen gehe und nach einer Frau Umschau halte. Deshalb war er auch an einem so ungereimten Tag in die Seemühle gekommen, wo er sicher war, seine Leute allein zu treffen.

Man hatte nichts dagegen. Der Uli war eine Partie, sogar eine gute Partie! Und die Verwandtschaft war nicht so enge, daß sie nicht durch eine Heirat hätte noch enger werden können!

Es geschah nun alles, den Vetter Uli zu ermutigen. Natürlich wurden Eier für ihn gebacken, knusperig und appetitlich. Das köstliche Mühlebrot lag auf dem Tisch. Aus dem Keller wurde Wein geholt.

Die zwei jüngeren Töchter machten sich rasch schön — es war nicht viel nötig, nur eine andere Schürze. Man war in der Mühle wie auf dem Sonnenhof gewohnt, vom Aufstehen an proper gekleidet zu sein. Und man hielt viel zuviel von sich, um etwas anderes sein zu wollen, als das, was man war! Die Älteste machte keine Umstände: sie war bestimmt, die Mühle zu übernehmen; sie wird einen Müller heiraten, keinen Bauern.

Der Müller erzählte eine längst abgelebte Jugendgeschichte, die er mit Ulis Vater erlebt hatte, und machte manches Späßlein, was er nur tat, wenn er dabei etwas zu gewinnen hatte.

Die Ahne verließ den gewohnten Platz am Ofen, wo sie sonst Hof zu halten pflegte. Ja, sie kam zum Tisch, setzte sich vertraulich neben den jungen Vetter und meinte aufmunternd: „Greif zu, Uli, bist ja nicht bei fremden Leuten! Wenn man im rechten Haus ist, muß man unerschrocken sein.“ Und sie fragte ungescheut nach jeglichem Stand, meinte dabei natürlich den Wohlstand. Und die Töchter saßen um den Tisch, sie fragten mit und hörten eifrig zu.

Die Töchter saßen im Kreis um Uli und die Großmutter. Die Mutter ging ab und zu, buk die Eier, holte den Wein und versorgte den Gast. Von den Töchtern tat keine auch nur einen Schritt, der Mutter etwas abzunehmen. Es schien ihnen selbstverständlich, sie waren es augenscheinlich gewohnt, daß die Mutter rastlos tätig war. Uli sah ihre zerarbeiteten Hände und den müden Zug um die Augen. Sie hatte in die Mühle hineingeheiratet und wurde hier gebraucht und verbraucht wie ein Gaul. Sie hatte gelernt, sich zu fügen. Die Ahne richtete nicht ein einzigesmal das Wort an sie. Es war, als sei sie nicht ebenbürtig. Sie hatte nicht einmal einen Sohn geboren!

Die Töchter taten wie die Ahne. Um so aufmerksamer war Uli zu der unbeachteten Frau. Und als die alte Base fragte, ob man ihm das Gaststüble richten dürfe, und sagte, sie würden sich freuen, da erhob er sich rasch.

„Ich danke vielmals, gute Base“, sagte er, „aber es kann

nicht sein. Ich freue mich, daß ich der Mutter gute Nachricht von Euch bringen kann. Ich habe Eure Güte nun lange genug in Anspruch genommen — und“, sagte er schelmisch lächelnd, „nun hätt’ ichs fast über all dem Guten vergessen, was ich bei Euch genießen durfte: die gute Mutter gab mir Hennen mit und hätte gern im Tausch eine aus Eurem Stall. Nun sind freilich Müllers Hennen besseres Futter gewohnt als die unsrigen, aber da die Mutter nun einmal den Wunsch hat, bitte ich die Frau Base um einen gefälligen Tausch.“

„Das will ich besorgen“, sagte rasch Marie, die älteste, die sich seither zurückgehalten hatte, und erhob sich. Uli ging mit ihr hinaus, griff in den Korb, nahm das weiße Huhn, ein feingliedriges Geschöpf, heraus und gabs dem Bäschen.

„Geh nur in die Stube“, sagte dieses, „ich stecke dir eine von den unsrigen in den Korb.“

Uli ging, sich zu verabschieden. Man machte es nun recht kurz. Denn man war enttäuscht, man sah sich verschmäht und hätte doch gern ein anderes erlebt.

Der Müller gab dem Vetter das Geleit vor die Haustür. Die Töchter hatten sich schon in der Stube verabschiedet.

So fuhr Uli aus der Mühle weg von einer Freundschaft, wieder um ein Erlebnis reicher und in seinem Urteil reifer.

Es sollte ihm aber, was er erlebt, noch deutlicher werden! Denn als er nun unterwegs, außerhalb des Gesichtskreises der Mühle, anhielt, den Rossen ein Stück Brot und am Bach zu trinken zu geben, trieb ihn der Wunderfitz, nachzusehen, was wohl das Müllerbäschen in den Hühnerkorb gesteckt habe.

Ach, sie hatte ihre Natur nicht verleugnet: sie hatte sich

für das gereichte Vesper wohlbezahlt gemacht und ihm für das junge schöne Huhn eine alte pfipfiskranke Glukkerin in den Korb geschoben!
Uli lachte hell hinaus, als er die Bosheit sah. Und mit fröhlichem Herzen fuhr er weiter. Nun hatte er genug. Nun wollte er wieder heimfahren zu der Mutter. Auf dem Weg zum Sonnenhof lag der Pfannenhammer.

Das Leben schenkt seinen Ernten oft ganz anderes, als wir es erwarten oder erstreben. Die Brautreise war leer geblieben, aber sehr lehrreich gewesen. Hatte sie kein Ergebnis, so hatte sie doch um so mehr Erlebnis.
Uli fuhr heim. Er dachte, das alles zu hinterdenken, auszuwerten und so zu neuen Gedanken und Zielen zu kommen. Es rumorte schon in ihm. Sein unablässig tätiger Geist hatte schon begonnen, zu sichten, zu ordnen, zu werten. Klare Bilder stiegen in ihm auf, Bilder eines herzhaften künftigen Lebens und einer zu ihm passenden Lebensgefährtin.
So, an einer schönen Zukunft bauend, war Uli, ohne die Begegnung im voraus zu bedenken oder bedacht zu haben, beim Pfannenhammer angekommen. Die Rosse kannten den Weg und liefen von selbst, wie Pferde es bei einer guten Einkehr in der Gewohnheit haben, in flotterem Trabe durch die Einfahrt und hielten vor der Haustüre.
Als hätte sie den Jugendfreund erwartet, stand Margretli vor der Türe. Sichtlich voll Freude sprang sie herzu und rief Ulis Namen, zweimal rief sie ihn, hell und zart, wie ein Vogel zwitschert. Und wie ein Vogel lief sie zum Wagen, die Wangen gerötet vor Freude und mit leuchtenden Augen und gab ihm beide Hände.

Uli, was ist das? Träumst du noch von deiner Zukunft, oder ist sie hier Wirklichkeit geworden?
Ehe Uli etwas sagen konnte, war das liebe Mädchen weggelaufen, zurück ins Haus, dem Vater und der Mutter rufend: „Der Uli ist da!“
Und da kamen auch schon der Pate und die Patin, langsamer und bedächtiger als Margretli, aber erfüllt vom gleichen herzlichen Drang und in den Augen das gleiche Licht der Freude. Sie grüßten den lieben Gast, wie man einen Sohn grüßt, spannten die Pferde aus und führten sie in den Stall.
Einstweilen hatte Margretli ein Glas kühle Milch für den Uli auf den Tisch gestellt, sie hatte ihm ein Butterbrot gestrichen, Schnittlauch darauf getan und alles schicklich und appetitlich gemacht.

Nun saß Uli am Tisch. Es war wie daheim. Er sah alles mit inniger Freude — aber er sah alles nur als ein Bild, das zu Margretli gehörte. Er sah sie. Aber er sah sie nun mit ganz neuen Augen, mit wissenden, staunenden Augen!
O Uli! Deine ganze Fahrt war nur eine Fahrt auf den Pfannenhammer! Zu Margretli.
Was er gefühlt und gesucht, was er nun wußte und wollte, war hier schönere Wirklichkeit: das lieblichste Mädchen, die schickliche heitere Lebensart, das blitzsaubere Haus, die Herzlichkeit in jedem Wort und das Gute in aller Augen und Herzen.
Da war nun das Leben, wie er sichs geträumt, das zu sehen ihm eine Lust war.
Und als Vater und Mutter auf einen Augenblick hinausgegangen waren, faßte er sein Mädchen zart an der Hand:

„Margretli?" sagte er fragend und sah ihr mit der innigsten Liebe in die Augen: „Margretli??"
„Ja, Uli!" sagte sie, „lieber Uli!!"
Was brauchten sie Worte! Sie wußten, wie es mit ihnen stand, und daß sie nun miteinander gehen würden das ganze Leben.
Das liebende Mädchen legte einen Augenblick den Arm um seinen Hals und das Gesicht an seine Brust.

Nichts ist süßer als die erste Gewißheit der Liebe. Sie will sich nicht mitteilen, sie muß sich verschließen, das eigene Herz und die eigene Seele erfüllen mit dem unsagbar Schönen, dem seligen Glück.
Als die Eltern wieder da waren, verwunderten sie sich über die sonnige Verschwiegenheit der Kinder, die auf die Fragen so merkwürdig unpassende Antworten gaben. Herzlich wie die Begrüßung war der Abschied. Und wieder wunderten sich der Pate und die Patin, daß Uli und Margretli das Handgeben so lange ausdehnten und sich dabei mit so versonnenen Augen ansahen.
Erst als Uli auf dem Wagen saß, fiel ihm ein, daß er ja noch die siebente Henne im Korb hatte. „Ach", sagte er, „nun hätte ichs fast vergessen. Die Mutter hat mir eine von ihren gehäubelten Hennen für Euch mitgegeben. Sie läßt herzlich grüßen. Sie wird am Sonntag zu Euch herüberkommen." Dann nahm er die letzte seiner Hennen aus dem Korb und gabs dem Margretli, noch sagend, daß er der Mutter nachkommen werde, sie abzuholen.

Noch nie war Uli von einer Fahrt so freudig nach Haus gekommen wie diesmal. Und noch nie war ihm die Mutter so herzlich lieb gewesen wie heute! Ach, wie gut sie ihn doch kannte! Nun wußte er, warum sie ihm geraten hatte, über den Pfannenhammer zu fahren. Unheimlich schier war es für ihn, wie sie ihn kannte und seine Seele wußte! Aber dafür wollte er sie nun doch ein wenig necken: ja ein wenig mußte er ihr die Schelmerei heimgeben!

Die Mutter erkannte schon von weitem den bekannten Schritt der Pferde und das Rollen des Wagens. Sie stand unter dem Hoftor, als der Sohn hereinfuhr. Und sie sah es gleich an Ulis Gesicht, daß eine große Freude in ihm war. Doch fragte sie ihn nicht. Sie ließ ihn ausspannen und wartete auf ihn im Stüble, wo auf alle Fälle der Kaffee bereitgestellt war.

Als er sich dann versorgt hatte, konnte sie nicht mehr länger warten:

„Nun erzähle, Uli, erzähle, wie es dir ergangen ist! Erzähle alles!"

„Ja, Mutter", sagte er und tat, als sei er ganz mit seinem Kaffee beschäftigt, „ja Mutter, was soll ich erzählen? Der Gaul ist wohl gebracht worden? Er sah nicht besonders gut aus, aber ich denke, er wird sich machen!"

„Ein schauderhafter Gaul ist das!" sagte die Mutter. „Und ich will es dir nur sagen! Wie ich ihn sah, dachte ich: Mein Gott, der Uli wird mir doch keine solche Frau ins Haus bringen!"

„Der Gaul wird gut!" sagte Uli, „da kannst dich drauf verlassen! Aber mit den Hennen, liebe Mutter, da habe ich ein schlechtes Geschäft gemacht!"

„Wieso?" fragte die Mutter ängstlich, „wie ging es mit den Hennen?"

„Schlecht ging es!" sagte der Uli, „ganz schlecht ging es bei den meisten:

den Sperber nahm die Wahrsagerin,
die Federfüßige ließ ich im Schloß,

die Scheckige wird fällig auf Jakobi,
für die Schwarze bekam ich einen roten Gockel,
für die Rote bekam ich eine getigerte Katze,
für die Weiße gab die Base eine alte Gluckerin,
und die siebte, die Gehäubelte", sagte Uli und sah die Mutter schelmisch an —

„Das sind schöne Sachen! Ich versteh' kein Wort. Was ists mit der Gehäubelten?"

„Nun, die Gehäubelte", sagte Uli, „die Gehäubelte? Ja, die habe ich dem Mädchen geschenkt, das ich gern zur Frau haben möchte!"

„Uli!" rief die Mutter nun vollends erschreckt, „Uli! Zur Frau?! Wer ist es?! Red', oder ich heul!" und die Tränen hingen ihr schon um die Wangen.

Da nahm Uli seine liebe Mutter auf den Arm und trug sie wieder einmal im Stüble herum. Dann setzte er sie zärtlich in den Großvaterstuhl, halste und küßte sie und sagte:

„Es wird dir vielleicht nicht recht sein, Mutter. Aber du mußt nun schon am Sonntag hinfahren und die Eltern fragen, ob man sie mir geben will: es ist das Margretli!"

Das laute und das stille Haus

In der Silbernen Glocke zu Tripstrill saßen der Pfarrer und der Lehrer, der Förster und der Müller und ein paar andere beim Abendschoppen; und es ging lebhaft zu wie immer, wenn es etwas Gutes zu essen und trinken gibt, und es war anregend und unterhaltend wie überall, wo rechte Männer aus allerlei Stand und Beruf beieinander sind.

Man besprach den Tageslauf, das Wetter und die Aussichten auf die Weinernte, redete auch ein wenig von den lieben Nebenmenschen, aber so, daß das Körnchen Weisheit, das hinter jeder Torheit steckt, und das Gute, das als Nebenerscheinung alles Böse begleitet, herausblitzte. Darunterhinein wußte der und jener ein heiteres oder ernstes Stück zu erzählen, oder sie ritten wohl auch in ihrer Art das Roß der hohen Politik.

Und da war es für die anderen Männer immer ein Herrenfressen, wenn der Pfarrer und der Lehrer einander die Federn rupften; denn es hielt sich der eine zum Fortschritt, der andere war der alten Gewohnheit anhänglich, was mit dem Berufe zusammenhängt. Sie nahmen einander aber nichts für übel — das muß man loben, denn es ist eine Seltenheit. Also erzählte der Pfarrer einmal eine Geschichte:

„Ich habe", sagte er, „heute nacht einen absonderlichen Traum gehabt. Mir war, ich sei gestorben und meine Seele sei hinaufgeflogen in den Himmel. Da stand Petrus am Tor, und als ich mich ausgewiesen hatte, nahm man mich bei der Hand und führte mich hinein in die himmlische Stadt.

Es war aber da alles viel herrlicher als ich mir's vorgestellt: durch zwölf Tore schreitet man hindurch, und es ist immer eines größer und schöner als das andere! Drinnen hört man himmlische Musik, und Engel mit Flügeln, die wie Silber glänzen, gehen durch die Straßen. Da sind Gärten mit blühenden Blumen und springenden Brunnen, schöne Häuser stehen da, und es ist eine Lust, alles anzusehen.

Und weil ich mich nicht zurechtfand, so führte mich St. Peter herum und zeigte mir die Stadt: ich sah das Haus, wo die Apostel wohnen, und andere für die Heiligen. In den Gärten spielten Kinder, waren voll Lust und sangen frohe Lieder. Den Armen und Krüppeln ist besonders gut zugerichtet. Auch gibt es vielerlei Gelegenheit für Ernst und Kurzweil, für jeden Stand und Beruf: Wälder zum Lustwandeln, Werkstätten zum Arbeiten, Hallen, wo man schöne Musik hören und edle Bilder sehen kann, und große Säle voll kostbarer Bücher.

So durchwandelte ich den Himmel und sah, daß für alle wohl gesorgt ist, und daß jeder, was er auf Erden Gutes und Schönes getan und geliebt, im Himmel wiederfindet. Zuletzt kamen wir in eine Straße, da stand ein einzelnes Haus, darin gings gar lebhaft zu. Es war, als werde scharf geredet und hart mit Worten gefochten. — Da fragte ich Herrn Peter, was das für ein unruhiges Haus sei, darin der Friede des Himmels nicht zu wohnen scheine.

„O“, sagte Herr Petrus, „das ist nicht so schlimm, wie es aussieht. Da sind die Lehrer drinnen, die haben gerade ihren Kranz und besprechen die Einrichtungen des Himmels!“

Ein heiteres Lachen unterbrach die Erzählung des Pfarrers. Am herzhaftesten aber lachte der Lehrer, und er sagte: „Das dünkt mich nicht schlecht“, sagte er, „es ist nichts so gut, daß der Mensch nicht versuchen sollte, es noch besser zu machen!“

Es wußten aber alle, daß der Lehrer die Schelmerei nicht lange schuldig bleiben werde. Und als die Männer wieder beisammen waren und wieder die Aussichten für den Herbst, das Wetter und den Tageslauf besprochen hatten, da konnte es sich der Förster nicht versagen: „Wenn man fragen dürft, Meister“, sagte er, „hats Ihnen nicht auch geträumt?“

„Freilich, freilich hat mirs geträumt“, sagte der Lehrer und trank dem Pfarrer zu, „es ist ja eine merkwürdige Sache: was man den Abend über gedacht oder gehört, nimmt man mit hinüber in den Schlaf und erlebt im Traum kuriose Sachen. Wie drum unser Pfarrer so schön vom Himmel erzählte, ist mirs den ganzen Abend durch Kopf und Herz gegangen, und richtig hab ich auch davon geträumt, und es war, als sei ich in unseres Pfarrers Fußtapfen geschritten:

Es war auch mir, als sei ich gestorben und meine Seele sei hinaufgeflogen in Himmel. Da stand am Tor St. Peter, und als ich mich ausgewiesen und er nachgeschlagen hatte in dem Buch, hat er mich durch die zwölf Tore in die himmlische Stadt geführt und mir die Straßen und das Leben gezeigt: das Apostelhaus, das Heiligenhaus, die Gärten, darin die Apfelbäume und die Kirschen blühten wie bei uns im schönsten Mai! Dann auch die Häuser für die Märtyrer des Lebens mit den Tulipanen und Gelbveigeln in den Fenstern und das Kinderparadies mit den springenden Brunnen. Dann hab ich die himmlische Musik gehört, ich habe die Bilder und die Bücherstuben gesehen: es ist dort droben alles so schön, daß man es nicht sagen kann! Und die sind glückselig, die soweit sind.

St. Peter hat mich nachher auch hinausgeführt, wo die Lehrer wohnen. Es ist wahr, es ging sehr lebhaft her, man hörte viele Stimmen, und es wurde deutlich geredet.

Soweit hatte ich alles so ziemlich gewußt, weil ja unser Pfarrer davon erzählt hatte. Drum fragte ich den Apostel, ob er mir nicht auch noch etwas Neues zeigen könne? Da führte er mich in eine stille Gegend, hinaus vor die Stadt, wo auf grünen Matten weiße Lämmer weideten und ein glitzernder Bach zu Tale floß. In dem friedlichen Tale stand ein vornehmes Haus, das war zum Empfang bereitet mit Blumen und Kränzen. — Und ich fragte den Apostel, wem dieses Haus zugehöre.

„Ach", sagte der Gute, „damit haben wir kein Glück. Wir haben es auf das schönste zugerichtet, aber die Bewohner fehlen: es ist das Haus für die Pfarrer!"

Nun hatte der Lehrer die Lacher auf seiner Seite, und überaus herzlich und erlöst lachte der Pfarrer, denn er war froh, daß er seinen Schalk heimgekriegt hatte.

Daniel Kapitel 13

Die Gemeinde Hagenbutz im Besengäu ist steinreich und brotarm. Die Äckerlein sind unfruchtbar, Weinreben und Obstbäume finden kein Fortkommen, denn es ist da dreiviertel Jahr Winter und ein Vierteljahr kalt. Und wenn sich einmal ein Bettelmann hinverirrt und sieht die dürftigen Häuslein und die schmalen Backen der Kinder, so kehrt er schleunigst wieder um.

So war auch dem Provisor von Hagenbutz, das ist der Gehilfe des Schullehrers, sein Los nicht aufs Liebliche gefallen. Der Lohn des Lehrers war gering; unser Provisor führte ein Hungerleben.

Da ihn seine Erfahrungen von dieser schlechtesten aller Welten wenig Gutes erwarten ließen, so richtete er seine

Hoffnungen und Wünsche auf das jenseitige Leben und fand in einer etwas eitlen Frömmigkeit Trost und Kraft. Er forschte fleißig in der Bibel nach Verheißungen für die Enterbten und Schattenseiter und zählte sich zu denen, die einmal wie der arme Lazarus wohl belohnt werden. Es war ihm ein lieblicher Gedanke, nach der kalten Herberge auf dieser Erde in dem warmen Himmel zu sitzen und aus der Armut und Demütigung herauszukommen. Doch sollte er auch dieser Hoffnung nicht froh werden. Als nämlich der Schulinspektor einmal die Aufgabe stellte, einen Aufsatz anzufertigen über „Die Freuden und Leiden des Lehrerberufes", da wußte unser Freund wohl viel und mancherlei Leiden anzugeben; bei den Freuden mußte er sich darauf beschränken, auf den himmlischen Lohn hinzuweisen, und er tat das mit dem Bibelwort: „Die Lehrer werden leuchten in des Himmels Glanz!" Aber da hatte er nicht mit den Standesunterschieden gerechnet. Der Vorgesetzte war durch die Erwartung seines Provisors unangenehm berührt und schrieb neben die beanstandete Stelle auf den Falz: „Werden wohl schwerlich die Volksschullehrer gemeint sein!"

„An wen glaubst du?"

In Tripstrill der Spezial[1] hatte sich zur Schulvisitation angesagt. Es war das noch in der guten alten Zeit, wo die Bauern den Schuldienst im Nebenamt dem Ganshirten übertrugen, damit der Gemeindeschaden nicht zu sehr überhandnähme.

Es war aber der Ganshirt von Tripstrill ein Schulmeister wie der Teufel ein Apostel und verstand vom Schulhalten und von Kinderseelen soviel wie die Kuh vom Orgelschlagen; nämlich nichts.

Er hatte bei einem Kollegen in der Nachbarschaft loschort[2] und ausgelickert[3], daß der Herr Spezial der Reihe nach überall die gleiche Frage stelle, so und so. Diese einzudrillen versäumte er nicht, und er ging dabei mit der Geschicklichkeit zu Werk, die seinen ganzen Unterricht auszeichnete.

Als nun der Tag kam, das Gebet gesprochen und der Choral gesungen war, fing der Herr mit dem Glauben[4] an und fragte den ersten Schüler: „An wen glaubst du?" Sagte der Bub: „An Gott den Vater!" Fragte der Herr den zweiten Schüler: „An wen glaubst du noch?" Der antwortete flink, denn er war seiner Sache sicher: „An Gott den Sohn!" — „Gut, mein Sohn!" lobte der Spezial und sah den Knaben freundlich an, denn er kannte seine Leute, „aber sag mir: Glaubst du nicht auch an den Heiligen Geist?" — „Nein!" antwortete der Gefragte und deutete auf seinen Kameraden auf dem dritten Platz, „an den glaubt der Hansmichel!"

[1] Dekan
[2] gehorcht
[3] herausgebracht
[4] Katechismus

Sie wollen die Toten ruhen lassen

Es muß damals mehr Ärzte gegeben haben als kranke Leute, sonst hätten sich unsre zwei mit den Lebenden abgegeben anstatt mit den Toten.

Nach H., was eine schöne Stadt ist am Neckar im alten Schwäbischen Kreis, kamen zwei junge Ärzte und gaben es aus, daß sie könnten die Toten wieder zum Leben zurückholen, gesund wie zuvor. Und als die Männer und die Frauen der Stadt darüber lachten, so erboten sie sich, in drei Wochen — denn so lange bräuchten sie zur Wiederbelebung — ihre Kunst auf dem Kirchhof vor Rat und Gericht zu erweisen, inzwischen aber sich einsperren zu lassen hinter Schloß und Riegel.

Und als sie sich freiwillig einsperren ließen, da überkam das Städtlein eine seltsame Aufregung. Es war von nichts mehr die Rede als von der Auferweckung der Toten; und bald war es so, als gäbe es darüber keinen Zweifel. Und wer noch dawider redete, mußte bald stille sein und schweigen, wollt' er sich ob seiner Ungläubigkeit nicht dem Spott der Stadtbewohner aussetzen.

Die Sache ging zwei Wochen und einige Tage, dann nahm sie einen seltsamen Ausgang. Denn je näher der Tag heranrückte, desto unruhiger wurden die, welche Verstorbene in den Gräbern hatten. Und es gingen heimlich Boten bei den zwei Ärzten ein und aus:

Der erste brachte einen versiegelten Brief von einem angesehenen Mann der Stadt, dem vorm Jahr sein Weib, das lange hingesiecht, gestorben war. Er schrieb: „Liebwerte und teuere Herren! Meine Frau ist bei den Engeln im Himmel. Es wäre eine Grausamkeit, sie zurückzuholen zu ihrem Siechtum. Ich liebte sie mehr als mein Leben, und ich ertrüge ihre Leiden nimmer. Lassen wir sie bei Gott und den Heiligen! Wählet darum für euere Kunst einen anderen Toten, dem die Gnade des Lebens wieder zuzuwenden ein Glück bedeutet. Ich aber will euch bezahlen, als hättet ihr die Teuere erweckt, und sende darum 50 Goldgulden. Gehabt euch wohl."

Der zweite Brief kam von einem Neffen, der seinen Onkel beerbt hatte. Er schrieb, wie der Onkel zu Lebzeiten es nicht habe leiden können, wenn man ihn aus seinem Mittagsschlafe aufgeweckt habe. O, es würde böse Zustände absetzen, so er in seiner ewigen Ruhe gestört würde! — Der gute Neffe fügte gleich die entgangene Belohnung bei.

Und es schrieben untröstliche Witwen und Witwer, die ihr Gemahl verloren: man solle ihre Toten ruhen lassen, weil es nun einmal so Gottes Schickung und nicht gut sei, etwas gegen seinen Willen zu tun.

Und es war eine große Unruhe bei allen, die gute Ämter hatten, fürchteten, sie müßten sie räumen für ihre Vorgänger und der Pfründen verlustig gehen.

Und die Ärzte der Stadt waren auch in nicht geringer Sorge, daß die Wiedererstandenen könnten von den Kuren erzählen, wodurch sie waren unter den Boden gekommen.

Und die Geistlichen und Klosterherren hatten schwere Bedenken, es möchte ein Bericht aus dem Jenseits mit ihrer kirchlichen Lehr nicht übereinstimmen. — Und Der und Die hatten Heimlichkeiten, die sie nicht gerne wollten offenbar werden lassen, und je höher einer stand, desto weniger wollt' er sich in die Karten gucken lassen. —

Also versammelten sich am Vorabend des Auferstehungstages die Fürnehmen, die Gelehrten und Reichen der Stadt und hielten einen Rat. Und sie fertigten einen klu-

gen verschwiegenen Mann ab mit Geschenken an die Wundermänner, geboten ihnen, sie sollten über Nacht die Stadt räumen, damit nicht ungute Dinge entstünden. Man wolle ihrer Dienste gnädig verzichten und dafür zahlen, als wären sie getan. —
Die beiden Doktoren erfüllten den Wunsch der Stadtväter: sie ließen sagen, eine Gefälligkeit sei der anderen wert, und verschwanden ohne Geräusch.

„Der Eifer um Dein Haus ...“

Um 1840 herum hatten sie in Kilchberg einen Pfarrer, der hielt sehr darauf, daß der lutherische Charakter seiner Gemeinde unbedingt gewahrt bliebe. Und er suchte darum jeden Verkehr mit den benachbarten katholischen Orten Kiebingen und Bühl zu verhindern.
Nun wurde aber in diesen Hungerjahren um Rottenburg herum die Fasnacht mit einem geradezu grotesken Brauchtum gehalten und nirgends so toll wie in Bühl! Trotz des pfarrherrlichen Verbots lief die Kilchberger Jugend in hellen Scharen nach Bühl, liefen die Alten, die mit der Haue aufs Feld gegangen waren, von dort aus hinten herum auch nach Bühl: sie wollten eben dabei sein, wenn der Strohbär und der „Golisch Bock“ ihre Späße machten und die Fasnet begraben wurde!
Der Kilchberger Pfarrer war bitterbös! Und am Sonntag brach in der Kirche das Gewitter los! Der Pfarrer predigte sich in einen solchen Jäst hinein, daß er mit der Faust auf die Kanzel schlug und schließlich den Gottesdienst vorzeitig abbrach mit den zornigen Worten: „Ich kann mit euch nimmer beten! Gott segne mich und den Herrn Schulmeister! Amen!“

Er kann es besser

Es ist schon lange her, da war in einem Dorf ein Pfarrer, der hielt nicht viel vom Predigtstudieren.
Was ist dagegen zu sagen? Das Beste erwächst dem Redner immer aus der Stimmung des Augenblicks und aus der inneren Teilnahme der Hörer. Außerdem hat ja ein Pfarrer sich so lange und so viel mit dem Evangelium beschäftigt, daß es nur eines frommen und begeisterten Herzens bedarf, um die Überfülle der köstlichen Dinge erquellen und ersprudeln zu lassen.
Freilich, einige Besinnung und Vorbereitung ist auch da von Nutzen; und ohne solche Bereitschaft für den besonderen Tag geht es nicht, wie wir gleich bei unserem Pfarrer sehen werden.
Er hatte sich am Samstagvormittag den sonntäglichen Predigttext angesehen und begonnen, ein paar Gedanken dazu aufzuschreiben. Als aber nun die Sonne in die Studierstube hereinkam, und als draußen die Bienen flogen, da setzte der Pfarrer das Sammetkäpplein auf und ging ein wenig hinaus; und richtig hing am Flugloch des Bienenkorbs, der schon lange einen Schwarm hätte bringen sollen, ein durcheinanderwirbelnder summender Klumpen, der sich plötzlich wie eine Wolke erhob und im Nachbargarten auf dem Gipfel eines Birnbaums absaß.
Also ließ der Pfarrer die Feder in dem halbvertrockneten Tintenfaß stecken, holte Bienenkappe und Tabakspfeife und machte sich auf, den Immen zu schöpfen.
Darüber ging der Vormittag vorbei, und bis der Schwarm in einem neuen Korb warm untergebracht war, auch der größte Teil des Nachmittags. Der gute Pfarrer war müde geworden, er ließ die Predigt Predigt sein und dachte: „Ich werde mich schon zurechtfinden.“

Er ging also ins Bett ohne Sorgen und stand am andern Morgen auf ohne Sorgen, empfing die Besuche früher Kirchengänger, und als er in den Chorrock schlüpfte, da läutete der Mesner drüben in der Kirche zusammen. Also nahm der Pfarrer die Bücher aus dem Schrank und ging hinüber zum Gotteshaus, zwischen den Gräbern und Kreuzen und Blumen hindurch. Und es waren allerlei ernste und fromme Gedanken in seiner Seele, und er freute sich, nachher darüber zu sprechen.

Als er aber in die Sakristei eintrat, da saß darin der Herr Prälat aus der Stadt. Der erhob sich mit liebenswürdigem Gruß und sagte, er sei gekommen, den Herrn Amtsbruder zu besuchen und sich auch einmal an der Andacht eines sonntäglichen Gottesdienstes auf dem Dorfe zu erquicken.

Unser Pfarrer aber dachte: „Wie wird mir's gehen!" — Er ließ es aber nicht merken, ging nach dem Gemeindegesang auf die Kanzel, verlas Evangelium und Epistel und fing dann seine Predigt an. Solange er sich mit dem Eingang befassen konnte, den er gestern ein wenig studiert hatte, ging auch alles gut. Als er aber an die Stelle kam, wo der „Bien" angefangen hatte zu schwärmen, da schwärmten auch seine Gedanken nach allen Richtungen davon! Und soviel er sich besann, um einen Übergang zu den frommen Gedanken des Sonntagskirchhofs zu finden, und so geschickt er sonst im Schwarmfassen war, es half diesmal alles nichts: er wurde verwirrt und half sich, so gut es eben ging — es lief aber konig [1] —, mit ein paar längeren Bibelsprüchen und Gesangbuchversen hinaus. Es

[1] konig (= kamig) läuft's, wenn der Wein im Faß auf die Neige geht.

war freilich ein vorzeitiges Ende, und das sonntägliche Evangelium war nicht zu seinem Recht gekommen. Und als er die Stiege von der Kanzel herabstieg, beneidete er den Mesner, der im Halbschlaf in seinem Stuhle daruntersaß. —

Es war aber der Prälat kein Unmensch. Denn als er nach der Predigt, wie das so üblich ist, zu dem Pfarrer in die Sakristei trat, da ließ er Tadel und Rüge weg. Schätz wohl, er dachte, es sei so etwas nimmer nötig.

Es meinte aber der Pfarrer, doch eine kleine Entschuldigung anbringen zu müssen. Er sagte also, daß er leider über allerlei Unerwartetem nicht recht zum Predigtstudieren gekommen sei, und er habe sich nur den Eingang ansehen können; für den zweiten Teil habe er sich müssen auf den Heiligen Geist verlassen.

Da konnte es der Prälat bei aller Menschlichkeit nicht verheben, und er sagte: „Herr Amtsbruder", sagte er, „vertrauen Sie da nicht zuviel. Soviel ich heute bemerkt habe, ist das, was Sie selber ausgedacht haben, besser gewesen, als was Ihnen nachher der Heilige Geist eingegeben hat!"

Er macht nicht viel Worte

Der Bauer hatte sich am Sonntag morgen die Wochendisteln abgekratzt, Kopf und Hals und Brust in der großen Gelte im Stall gründlich gewaschen und dann das Sonntagshäs angelegt.

Die Bäurin hatte in Küche und Kammer allerlei zu richten.

Als er fertig war, langte er den Hut und ging zur Tür

hinaus. Da er kein Freund vom Reden war, ging er, ohne weiteres zu bemerken.
Nach elf Uhr kam er heim, ging durch den Stall, dann in die Stube. Er legte den Hut ab und langte den Kalender. Der Tisch war sonntäglich gedeckt. Der Bauer setzte sich und sah im Kalender nach, wann die Rote kalben müsse.
Die Bäurin brachte das Essen, und sie aßen.
Die Bäurin war, wie eine rechte Frau es sein muß, neugierig, wo der Mann gewesen und was er erlebt. Und es entspann sich diese Unterhaltung:
„Mo bist gwea?"
„Furt."
„Bist em Feld gwea?"
„Noa."
„Bei der Ahne?"
„Noa."
„Am End gar en dr Kirch?"
„Jo."
„Wie, sag au, was isch gwea?"
„Mr hot gsonge."
„Ha, Narr, des moan i net. Verzähl vom Pfarrer!"
„Dear hot predicht."
„Des kann i mir denke. Von was hot er's ghet?"
„Von der Sünde."
„Was hot r gsait von der Sünde?"
„Er ist net drfür."

Der Bauer und sein Knecht

Es war in der Ernte; der alte Bauer war so müde, daß er am Sonntag seinen Knecht zur Kirche schickte: „Paß auf, paß recht auf, was der Pfarrer sagt, und erzähl' mir's, wenn du heimkommst!"
Der Knecht ging in die Kirche und setzte sich an seines Bauern Platz. Man sang den Choral, der Pfarrer verlas Evangelium und Epistel und hielt seine Predigt. Nach dem Gottesdienst kam der Knecht heim.
„Jetz, verzähl!" sagte der Bauer.
„I weiß nimmer viel!" sagte der Knecht.
„Also verzähl, was noch weißt!" sagte der Bauer.
„Eins weiß i no!" sagte der Knecht, „dr Pfarrer hat gsagt: ‚sie verfolgeten Paulum' ..., aber ob s'ehn kriegt hent, des hab i nimme ghört, i bin drüber ei'gschlafe!"

Prälat und Bauer sind einer Meinung

Nach Kuppingen im Gäu kam der Prälat zur Kirchenvisitation. Er sah die Kirchenbücher ein, hielt den Durchgang mit den Kirchenältesten und fand alles so beim beilichen in guter Ordnung. Für den Schluß hatte er sich die Sonntagspredigt aufgespart; der Pfarrer von Kuppingen war dafür bekannt, daß er ein beredter Mann sei. Daß er aber doch nicht ganz nach dem Wunsch der Gemeinde war, kam dabei heraus.
Der Prälat setzte sich, als die Sonntagsglocken die Gemeinde zur Kirche riefen, in den Stuhl gegenüber der Kanzel, darin die Kirchenältesten ihren Platz hatten. Neben ihm saß der Heiligenpfleger. Und der Prälat und

der Bauer, der feierliche schwarze Rock und der feierliche blaue Rock, die zarte weiße Hand und die schwielige braune Hand paßten gut zusammen. Die Augen aber und die wie aus Holz geschnittenen Gesichter waren wie die Augen und die Gesichter von Brüdern.
Der Pfarrer beschritt die Kanzel, verlas Gebet, Evangelium und Epistel und begann die Predigt. Er hatte sie gut studiert; aufmerksam hing das Kirchenvolk an seinen Lippen.
Es wollte aber dem Prälaten scheinen, als erliege der Prediger der Versuchung, die jede Kunst in sich hat: er schenkte sich nichts und der Gemeinde nichts, das Rankenwerk der Bilder und des rednerischen Schmucks verdeckte fast den schlichten Sinn des Evangeliums, und nur langsam rückte er vorwärts. Und der Prälat bekam strenge Augen und sah heimlich auf die Uhr.
Und der Pfarrer predigte. Wo kam die Unruhe her? Richtig, aus dem Schatten unter der Empore, wo die Schulbuben saßen, und sie zog sich hinüber zu den Bänken der Ledigen. Diese hatten die Köpfe gesenkt, man sah nichts als die gebogenen Rücken.
Die Kirchenuhr schlug laut und aufdringlich. Das Weibervolk rückte unruhig auf den Sitzen hin und her. Sie gedachten des sonntäglichen Essens, das zeitig auf den Tisch kommen mußte, wenn es nicht Unfrieden geben sollte. Der Prälat zog die Augenbrauen zusammen und sah wieder nach der Uhr.

Nur der Heiligenpfleger saß stille und mit dem Ausdruck der Genugtuung neben dem Prälaten auf seiner Bank. Er sah die Heimlichkeiten der Buben, er hörte das Geräusch der ungeduldigen Füße, und er spürte mit Wohlbehagen den Ärger der Kirchenleute und sah, wie das des Präla-

ten amtliches und persönliches Gewissen verletzte. Und er war der einzige, der heute ganz mit dem Pfarrer zufrieden war.
Als aber dieser fortfuhr zu predigen und die Kirchenuhr wieder rasselnd zum Schlag ausholte und der Prälat immer finstrer schaute und anfing, die Brillengläser zu putzen, da neigte sich der Kirchenpfleger zu ihm hinüber und, mit dem braunen Finger auf die weiße Hand tupfend und eindringlich flüsternd, sagte er: „Herr Prälat, so macht ers uns äll Sonntig!"

Flattich

Flattich ist 1713 in Beihingen am Neckar geboren. Er war Pfarrer in Asperg und in anderen Dörfern, zuletzt in Münchingen. Dort ist er begraben.
Er hatte nicht Macht noch Würde noch Geld. Auch hat er keine berühmten Bücher geschrieben, auch in der Wissenschaft wird sein Name nicht genannt. Seine Bedeutung liegt ganz in ihm selbst, in seiner herzhaften Menschlichkeit. Das Alltägliche war seine Aufgabe, das Gewöhnliche seine Welt, darinnen er lebte. Und er war ganz frei von der Meinung, daß die Erscheinungswelt die Welt, Geld und Güterreichtum der Reichtum und Weltwichtigkeit die Wichtigkeit sei.
Welch prachtvolle Gestalt ist dieser zugreifende, lebensnahe, grundgescheite, herzensfromme Bauernpfarrer Flattich, der mit Leib und Seele war, was er war, und nichts anderes sein wollte!

Was man gewiß weiß

Es war im Hause des Münchinger Gutsherrn, wo oft vornehme Gäste verkehrten und man Flattich gerne dazu bat. Ja, es kamen in das gastfreie Haus des Herrn v. Harling manche Besuche in der Absicht und mit der bestimmten Hoffnung, dort diesen schwäbischen Bauernpfarrer kennenzulernen. Er war nicht der Mittelpunkt der Gesellschaft — das wußte er zu vermeiden, denn ein Mann seiner Art marschiert am liebsten im zweiten Glied und begnügt sich damit, daß der Vordermann seinen Tritt hat —, aber er gab doch immer durch seine freie, herzensoffene Art und seine geistreiche, fest zupackende Rede den Ton an, so daß sich das Gespräch zu großer Lebendigkeit entfaltete und eines jeden Fähigkeit steigerte.

Flattich war freilich ein richtiger schwäbischer „Pietist"; er hielt wenig von dem schöngeistigen Wesen seiner Zeit, ja, er sagte, daß seine Münchinger Bauern, der Goll und der Schopf und der Motz, seine sonntägliche Predigt schärfer zu beurteilen vermöchten und auch beurteilten, als die feinen Leute. Aber sein Christentum und seine pietistische Weisheit hatte nichts Enges und nichts Ängstliches, nichts von Selbstgefälligkeit und Muckerei: er war vielmehr ein herzensfröhlicher Mann mit den Fröhlichen, nahm jede Gabe der Natur als ein Geschenk und lebte ohne Brotsorgen und ohne Sündensorgen als ein echtes Kind Gottes bis ins hohe Alter.

Es ist das wenig bekannt, daß auf solcher noch heute überall vorhandenen Selbstgenügsamkeit des einfachen schwäbischen Volkes die unbedingt sichere Haltung und die Stetigkeit der schwäbischen Staaten, von Württemberg, von Baden, von der Schweiz und von Vorarlberg, beruht.

Der Kleinbauer und der Handwerker, ja auch der schwäbische Arbeiter und Taglöhner hat nur den Ehrgeiz, in seinem Raum sein Recht und seine Freiheit zu haben — das Behagen schafft er sich selber. Sie sind viel zu stolz, um anderes zu begehren, sie tragen alle eine heimliche Krone und sind sich ihres persönlichen Wertes und ihres menschlichen Ranges wohl bewußt. Sie stellen sich unter niemand, und es ist ihre Ehre und ihre Freiheit, der Obrigkeit untertan zu sein. — So einer war in seinem Stande Flattich, ein geistvoller Mann, dem kein Dienst zu gering war, dessen Nähe jeder suchte, auf dessen Rede jeder spannte, dessen ganz diesseitsbezogene und doch ins Herz des Religiösen vorstoßende Weisheit jeder begierig aufnahm. —

Im Münchinger Gutshause war ein hoher Herr auf Besuch, ein General, der reich begütert war. Man sah es, auch wenn man es nicht gewußt hätte: man wußte es aber; denn man kannte und man kennt einander im Schwabenländle und richtet sich darnach. Der General aber kannte den Pfarrer nicht.

Wie es bei schwäbischen Geselligkeiten so ist, so führte auch hier die Unterhaltung bald zu philosophischen Fragen, zum Sinn der Erscheinungen, zu den geheimnisvollen ewigen Rätseln des Lebens, die man nie lösen wird und darum man sich doch immer leidenschaftlich bemüht. Man sprach vom Leben nach dem Tode, man sprach dafür und dagegen. Als genug Wichtiges und Unwichtiges geredet war, erwartete man schließlich von dem hohen Gast auch ein Wort, da er doch bei seiner hohen Stellung, bei der großen Erfahrung und der Menschen- und Weltkenntnis, die ein solcher Rang mit sich bringt, sicher etwas Rechtes dazu zu sagen hatte. Und er sagte auch etwas, das er als einen Abschluß und als die Summe der

Betrachtung ansehen mochte, nämlich: man könne darüber nichts Bestimmtes sagen, da man darüber nichts Bestimmtes wissen könne.
Flattich hatte sich an dem Gespräch nicht beteiligt. Er hatte über diese Sache andere und zwar ganz bestimmte und sichere Anschauungen. Der General hatte es ihm wohl angesehen, daß das Schweigen eigentlich ein Widerspruch sei, auch gegen seine eigenen Worte. Und da ihn dieses Schweigen reizte, er überhaupt vor einem so unansehnlichen und gering gekleideten Dorfpfarrer keinen Extrarespekt hatte, so wandte er sich nach seiner Rede an Flattich und fragte: „Oder weiß Er es etwa besser, Herr Pfarrer?“
Nun war Flattich ein unerschrockener Mann, und er nahm das Gespräch sofort in munterem Tone auf: „Ja“, sagte er, „ich bin da freilich anderer Meinung, und ich glaube, daß man wohl etwas Sicheres über die jenseitige Welt wissen kann und weiß. Denken Sie, hoher Herr, daß Sie nach Ihrem Tode noch General sein werden?“ — „Nein“, sagte der General heiter, denn er wußte nicht, wo es hinausgehen sollte. „Oder“, fuhr Flattich fort, „denken Sie, daß Sie da noch im Genusse Ihrer Güter sein werden?“ — „Nein“, sagte der General wieder, „ich werde mein Gut meinen Kindern hinterlassen.“ — „Also“, sagte Flattich, „also wissen wir doch etwas Sicheres; so ganz ohne Kenntnis vom Jenseits sind wir nicht!“ Und er fuhr fort, sich nun ganz an den hohen Herrn wendend: „Da ich nach meinem Tode nicht Pfarrer und da Sie nach Ihrem Tode weder General noch reich sein werden, ist das gar nicht so wichtig, und wir brauchen uns darauf auch nichts zugute zu tun.“

Er schickte die Willigen weg

Wenn ein Bauer einen Knecht hat oder einen Taglöhner, so kann er jede Stunde zu ihm sagen, so und so will ichs haben; und so geschieht's dann auch, denn sie schaffen ja zusammen. — Der Pfarrer von Metterzimmern aber mußte sich auf den Verstand und den Fleiß seines Taglöhners verlassen; denn solange dieser im Garten oder im Wingert des Pfarrguts, das einen wesentlichen Teil der Pfarrbesoldung einbringen mußte, säte und grub und hackte und erntete, mußte der Pfarrer der Seelsorge nachgehen oder Predigt studieren oder den Kranken einen Trost bringen.

Wenn der Pfarrer einen fand, der auf seines Herrn Nutzen aus war, ging es gut; im andern Fall aber ging's bös. Es war nicht möglich, das zum voraus zu wissen, weil die Taglöhner im Orte nicht zu haben waren und arbeitsuchende Wanderer eingestellt werden mußten. Flattich wußte sich zu helfen.

Wenn einer den Klopfer an der Pfarrhaustür anschlug und um Arbeit fragte, so führte ihn Flattich ums Haus herum in seinen Obstgarten, gab ihm Haue und Schaufel, Axt und Säge und wies ihm einen schönen, gesunden Apfel- oder Birnbaum, sagte, er solle den Baum umschlagen. Wenn der Mann sich willig an die anbefohlene Arbeit machen wollte, hielt ihn Flattich ab, gab ihm etwas anderes zu schaffen, schickte ihn aber abends oder am anderen Tag wieder weiter. — Wenn aber einer sich unwillig zeigte und dem Pfarrer erwiderte, das könne nicht sein Ernst sein und es wäre schad um den Baum, der im besten Tragen sei, und es wär eine Sünd — da wies auch ihm Flattich eine andere Arbeit an, aber er behielt ihn und vertraute ihm ruhig sein Gut.

Die zwei Ludwigsburger

Sie waren beide am Marktplatz zu Ludwigsburg geboren, hatten als Knaben um den plätschernden Brunnen gespielt, in den Laubengängen geträumt und ihre Seelen mit dem Zauber und den Wundern dieser ungewöhnlichen Stadt erfüllt. Justinus Kerner studierte Medizin, der jüngere David Friedrich Strauß Theologie.
Aber die Natur war stärker als die Gewalt des erlernten Berufs. Sie nahmen aus ihren Studien, was sie gewinnen konnten, und kehrten damit unter die Befehlsgewalt ihres angeborenen Wesens zurück.
Man kann sich kaum zwei stärkere Gegensätze in der Auffassung des Übersinnlichen denken als Kerner und Strauß. Und wenn die zwei zusammenkamen, gab es Gäbeleien.
„So oft ich nach Weinsberg komme", sagte eines Tages der Verfasser des Lebens Jesu zu dem Dichter der Seherin von Prevorst, „jedesmal ist es mit Ihrem Aberglauben ärger!" Und es erwiderte darauf der göttliche Justinus: „Je mehr Mythen und Hirngespinste Sie aus der Welt schaffen, desto mehr setze ich wieder hinein, und so bleibt die Welt im Gleichgewicht!"

„Ei ei, dr Heigelin!"

In den 50er Jahren im vorigen Jahrhundert war an der Stuttgarter Leonhardskirche Wilhelm Heigelin als Helfer, d. h. als zweiter Stadtpfarrer angestellt. Im Nebenamt betreute er als Inspektor die Stuttgarter Schulen, und war so eine bekannte volkstümliche Persönlichkeit; aber als Prediger war er nicht besonders geschätzt.

Als einmal die Reihe an ihm war und er auf die Kirche zuschritt, stand vor der Seitenstaffel ein altes Weiblein, dem das Treppensteigen schwerfiel. Also half ihr der stets hilfsbereite Heigelin die Staffel hinauf.
Als sie oben waren, bedankte sich die Alte für die Hilfe und fragte so nebenbei:
„Ei, saget Se, wer predigt denn au heut?"
„Dr Helfer Heigelin!" war die Antwort.
„So, dr Heigelin? Ei, ei, au no dr Heigelin! Wisset Se was, no helfet Se mr no glei wieder na!"

Wie die Weisen aus dem Morgenland

Zu den Schwaben, die um ihres glänzenden Geistes willen außerhalb ihrer Heimat zu einer hohen Stellung gelangten, gehört auch Wilhelm Hoffmann, der Sohn des Leonberger Burgermeisters und Gründers von Korntal. Er wurde von seiner Tübinger Professur weg als Hofprediger nach Berlin berufen und erlangte dort den größten Einfluß auf die evangelische Kirche in Preußen und das besondere Vertrauen des Königs Friedrich Wilhelm IV. Im Jahre 1852 wurde er zu dem jährlichen großen Ordensfeste an den Hof geladen. Es war da eine glänzende Gesellschaft versammelt, die hohen Offiziere und Beamten, Gelehrte, Künstler, Männer der Wirtschaft. Unter den bunten Uniformen mit Ordensband und Stern sah der Schwabe aus Leonberg in seinem schwarzen Rock schier dürftig aus; er ließ sich aber dadurch nicht in seiner Haltung stören.
Bei Tisch saß neben ihm ein preußischer General, der nicht recht wußte, was er mit dem Mann Gottes reden

sollte. Er wollte es aber freundlich machen, hatte doch auch der König seinen Hofprediger bei der Begrüßung bevorzugt; und so sagte er, nachdem sie sich bekannt gemacht und die üblichen unverbindlichen Reden ausgetauscht hatten, so beiläufig, er denke es sich recht schwer, zu den Predigten in der Kirche immer den rechten Bibeltext und das gute Wort zu finden. Und er fragte darauf den Herrn Hofprediger, was er z. B. heute, wo so viele Menschen, freudig bewegt durch die Verleihung eines Ordens, beisammen seien, was er da nun als Thema wählen würde, wenn er eine Ansprache zu halten hätte.
Und es sagte der Hofprediger aus Schwaben: „Herr General, da würde ich das Wort wählen aus dem Evangelium Matthäus Kapitel 2 Vers 10, wo es heißt: Da sie den Stern sahen, waren sie hoch erfreut!"

Der schwäbische Prälat

Der Prälat und Liederdichter Gerok hatte einmal die Ehre, im Berliner Dom vor Kaiser Wilhelm I. zu predigen. Für schwäbische Begriffe sprach dieser feinsinnige Geistliche schon daheim auf seiner Stuttgarter Kanzel ein schönes Hochdeutsch. Für die Berliner Predigt gab er sich noch besondere Mühe. — Als aber nachher der alte Kaiser dem Prälaten seinen Dank aussprach für die schönen und zu Herzen gehenden Gedanken, fügte er hinzu: „Und besonders hat es mich gefreut, Herr Prälat, daß Sie so schön schwäbisch gesprochen haben!"

Erinnerungen an den Bischof Hefele

Der alte Bischof Hefele war, ehe er das hohe Kirchenamt in Rottenburg bezog, Universitätsprofessor in Tübingen und um seiner Gelehrsamkeit und seiner großen menschlichen Eigenschaften willen in allen Ständen ungemein beliebt. Von ihm wird noch heute viel Köstliches erzählt. So die Geschichte, wie einmal als Abgeordnete ihres Dorfes Schultheiß und Burgermeister und gleich noch drei Gemeinderäte zu ihm kamen. Sie hatten in ihrem Ort einen Pfarrer, der ihnen nicht paßte, weil er von der Kanzel herunter und ohne Ansehen der Person in deutlicher schwäbischer Art und Sprache jedem die Wahrheit sagte. — Diesen Pfarrer hätten sie gern losgehabt und machten ein Gesuch und dann noch ein Gesuch; aber ohne Erfolg. Schließlich kamen sie überein, sie wöllten zum Bischof fahren und ihm sagen, wenn er jetzt den Pfarrer nicht versetze und ihnen dafür einen anderen, angenehmen Geistlichen schicke, so träte das ganze Dorf aus der katholischen Kirche aus und werde protestantisch. Also kamen sie nach Rottenburg zum Bischof Hefele; schätz wohl, sie werden sich vorher im Dreikönig oder im Engel Mut angetrunken haben. Und es trug dann auch der Schultheiß die Sache vor. — Aber der Bischof nahm die Rede gar kühl auf, so daß sie nun auch noch die Drohung vorbrachten, wenn der Pfarrer nicht versetzt werde, so werde das ganze Dorf lutherisch!
Aber da hatten sie sich mit Hefele verrechnet, der bei all seiner gütigen und freundlichen Gesinnung den entschlossensten Willen und einen mindestens ebenso harten Kopf hatte wie die Bauern. Und als der Burgermeister die Drohung wiederholte: „No werdet mr älle lutherisch!“, da sagte der schwäbische Bischof zu dem schwä-

bischen Gemeinderat: „No werdet rs halt!" — Damit drehte er sich um und verließ ohne Gruß die Stube, womit der Besuch zu Ende war.
Als die Mannen heimkamen, war das ganze Dorf in großer Erwartung. Doch ging es kleinlaut her, und als die Boten gefragt wurden, da sagten sie: „Letz isch gange, bodeletz! r hot gsait, mr söllet no lutherisch werde, er häb nix drgege!" — womit der Streit aus war und alles zu einem guten Ende kam.

Eine andere Geschichte von Hefele ist ums Jahr 1870 passiert. Es war nach dem ökumenischen Konzil zu Rom, wo das Dogma von der „Infallibilität", der Unfehlbarkeit des Papstes in Glaubenssachen, ausgesprochen wurde. Von den deutschen Bischöfen waren einige nicht dafür, darunter auch Bischof Hefele von Rottenburg. Die Widerstrebenden reisten aber vor der Abstimmung ab, da ihnen ihre Ehrfurcht für den Papst nicht gestattete, ein Nein auszusprechen. Und schließlich unterwarfen sich dann alle dem Dogma, auch die Bischöfe von München und Rottenburg.
Im Winter darauf machte Hefele einen Besuch in Tübingen, wo er sich bei dem bekannten Professor Weizsäcker, dem späteren Kanzler, angesagt hatte. Die gute Freundschaft war durch den Wegzug Hefeles nicht loser geworden, sondern eher enger. Und so holte ihn Weizsäcker an der Bahn ab und begleitete ihn durch die vereiste Allee hinein in die Stadt.
Es war sehr schwierig zu gehen, und Hefele wäre wohl ausgeglitten, wenn ihm nicht Weizsäcker noch rechtzeitig unter den Arm gegriffen und ihn gestützt hätte. Der

Tübinger Freund mochte wohl an den Gewissenskonflikt wegen des Dogmenstreits gedacht haben, und so sagte er spaßhaft: „Lieber Freund, es ist nur wegen der Hinfallibilität!"

Schwäbische Höflichkeit

Die Professoren der theologischen Fakultät in Tübingen hatten die Gewohnheit, an den Mittwochnachmittagen nach Kirchentellinsfurt zu fahren. Also standen der Professor Reischle und der Professor Haering auf dem Bahnhof vor dem Zug und boten einander den Vortritt beim Einsteigen. Die Frage wurde dann unter Verzicht auf Rang und Alter sachlich gelöst. Professor Haering sagte zum Kollegen Reischle: „Steiget Se no ei'. Dr Hering kommt immer nach em Räuschle."

In der Post in Kleinengstingen

Im Herrenstüble saßen an einem Novemberabend vier Männer beisammen und beredeten klug und weise die Ereignisse des Tages. Der Doktor und der Schultheiß saßen auf der Ofenbank, der Notar saß im Kanapee, und der Schulmeister saß auf dem Stuhl ... Er war von den vieren der Dünnste, aber nicht der Dümmste.

Der Posthalter ging ab und zu und war zutunlich um seine Gäste besorgt. Von Zeit zu Zeit warf er ein Wort in die Unterhaltung, so, als er neue Schoppen brachte: „Wie schmeckt den Herren der Neue? Wie macht er sich?“ Und er hätte gerne gehabt, daß man ihm den Pelz streichelt.

„Er geht an“, sagte der Schulmeister, „man kann ihn beißen.“

„Bloß“, sagte der Schultheiß, „daß er keinen Schwanz hat!“

„Und“, setzte der Notar hinzu, „kein Bodengefährtle! Er verlauft, er verlauft! Ich mein’, der Neue beim Kirchbäck sei besser!“

„Und billiger“, sagte der Doktor, „um zwei Kreuzer billiger! ... Sagen Sie, Posthalter, Ihr beide habt doch den Wein zusammen gekauft und beim gleichen Wingerter ... Wie kommt’s, daß ihn der Kirchbäck billiger schenkt?“

„Drum“, sagte der Posthalter und schnupfte aus des Lehrers Dose, „drum verdient der auch weniger dran als ich.“

Um 1864 herum war in Gomadingen, was ein herzhaftes Bauerndorf ist auf der Münsinger Alb, ein herzhafter Bauernschultheiß, der hieß Münzing.
In der Nähe sind die Gestüte St. Johann und Marbach, und der alte König Wilhelm von Württemberg machte dort Jahr um Jahr seinen Besuch, denn die Pferdezucht war ihm sehr wichtig.
Dabei suchte er auch die Schultheißen in der Gegend auf oder lud sie zu sich ein; es gab im Hirschen oder im Lamm ein gemeinsames Essen für König und Bauer, einen Kalbsbraten mit Salat und dazu einen Schoppen Hohenhaslacher oder Geradstetter; der König kannte die Alten persönlich und lernte die Jungen kennen, und er erfuhr da die Not und die Notwendigkeit des Landes gleich aus erster Quelle.
Einige Jahre nach dem Tode Wilhelms kam auch sein Sohn und Nachfolger, König Karl, der die Gabe der Volkstümlichkeit nicht so hatte wie sein Vater, auf die Alb. Und wie er bei allen seinen königlichen Aufgaben sich an des größeren Vaters Vorbild hielt, so auch hier: er lud die Schultheißen ein zu dem Königsessen; wie immer gab es Braten und schwäbischen Wein, und dem König zur Rechten saß der alte Gomadinger Schultheiß. Es kam aber keine rechte Stimmung auf: was sollte Karl, der weder Regiment noch Land noch Menschen kannte, mit den Bauern reden?
Nun war dem König unterwegs der schlechte Zustand der Albsteige in der Nähe von Gomadingen aufgefallen, und da er meinte, der Schultheiß sei wohl dafür verantwortlich, so sagte er zu ihm: „Herr Schultheiß, es kommt mir vor, als sei die Straße, wie ich das letztemal mit mei-

nem Vater hier war, besser imstand gewesen als jetzt?"
„Das kann schon sein", sagte der Schultheiß, dessen Gemeinde die Straße nichts anging, der aber auch nicht gewohnt war, sich eins anhängen zu lassen, und der die Sprache des Hofes nicht kannte, „das kann schon sein! Unter dem Vater selig hat halt älles en ganz andere Schlag ghett!"

Derselbe Schultheiß stand, als die Eisenbahn von Reutlingen nach Münsingen eröffnet wurde, mit seinem Gemeinderat, den Schülern und den wichtigsten Gomadinger Bürgern am neuen Bahnhof, um die Ankunft des ersten Zuges mitzuerleben und die Herren von der Regierung zu begrüßen.
Als der Zug hereinfuhr, gab es ein rechtes Vivatrufen. Der Minister Mittnacht stieg an der Spitze der Stuttgarter und der Reutlinger Herren aus dem Wagen und schritt auf den Schultheißen und seine Mannen zu. Da griff dieser in die Innentasche seines blauen Festrocks und holte ein Papier heraus. Der Minister, der ihn wohl kannte und einen Spaß erhoffte im Reigen der Feierlichkeiten, gab ihm die Hand und sagte: „Nun, Herr Schultheiß, Sie wollen wohl eine Rede halten?"
Der Gomadinger Schultheiß aber, der sich so um die Würde des Augenblicks gebracht sah, erwiderte ebenso launig: „I ka's au bleibe lao, Herr Minister!" und schob seinen Zettel wieder in die Tasche. Und es ist das gewiß die beste Rede bei der ganzen Einweihung gewesen.

Nicht weniger gut antwortete ein Schultheiß von der Uracher Alb — den Namen soll ich nicht nennen — dem Minister Pischek. Es war in der Zeit, als die württembergische Regierung durch Pumpwerke die Hochfläche der

Alb mit gutem Quellwasser aus den Flußtälern versorgte. Die Blaubeurer und die Ulmer Alb hatten schon die Wasserleitung, da beschlossen auch die Gemeinden auf der Uracher Alb, vorstellig zu werden in Stuttgart. Der Oberamtmann Wössinger von Urach ging mit einigen Ortsvorstehern auf das Ministerium. Dabei war auch unser Schultheiß, den ich nicht nennen soll — wie sein Amtsgenosse von Gomadingen ein unerschrockener und aufgeweckter Bauer. Der Oberamtmann trug das Anliegen vor. Er schilderte die Wassernot in trockenen Jahren und die Gefahr für die Gesundheit beim Genuß des in den Hülen zusammengelaufenen Regenwassers. Und er ließ es nicht an Eindringlichkeit fehlen, so daß der Minister lächelnd den in seiner prachtvollen Albbauern-Tracht dabeistehenden Schultheißen fragte: „Sagen Sie, Herr Schultheiß, ist es wirklich so schlimm, wie der Herr Oberamtmann es darstellt?"
Der Schultheiß aber drehte dem Herrn Minister den Stiel um und sagte: „Herr Minister, s ist e Naot bei uns mit em Wasser. Für uns Leut freile täts schao no, aber s Viech saufts nemme!"

Wie überall im Ländle vor etwa 40 Jahren richtete man auch im Freudenstädter Amt auf den Dörfern die Wasserleitung ein. Der Oberamtmann war sehr dafür, aus praktischen Gründen, aber auch wegen der Volksgesundheit und wegen des Feuerlöschwesens. Die schwäbischen Schultheißen, selbst die auf dem Schwarzwald, sind nicht unzugänglich, wenn der Oberamtmann etwas für richtig hält; und bald hatten auch alle Gemeinden Quellen gefaßt, Brunnenstuben gebaut, Röhren gelegt, und die Wasserhahnen waren in allen Höfen und Häusern, mit Ausnahme einer einzigen Gemeinde.

Nicht daß man da die Sache nicht wichtig genommen hätte oder bockig gewesen wäre; nein, man hatte sich alles wohl überlegt, und man war sehr dafür; aber es hatte ja schon jeder einen laufenden Brunnen vor seinem Hause! So konnte man das Geld sparen; der Mode zulieb aber schaffen ja die Bauern noch nicht einmal einen neuen Rock oder einen anderen Hut an, geschweige denn eine Wasserleitung.

Aber bei der nächsten Amtsversammlung erstattete der Oberamtmann einen Bericht, und er las der Reihe nach alle Gemeinden vor, die mit allerlei Opfern im richtigen Verständnis für den großen Wert und den Nutzen einer solchen Einrichtung nun die Wasserleitung im Dorfe hätten. Und als der Oberamtmann dann mit dem Ton des Bedauerns und dem Unterton einer Rüge mitteilte, daß nun allein noch die Gemeinde Höfen am Berg ohne Wasserleitung sei, da drehten sich alle Köpfe zu dem Schultheißen von Höfen herum, und der Schultheiß bekam einen roten Kopf.

Er sagte nichts; er sagte auch daheim nichts; als aber nachher der Bericht auch noch im Amtsblatt zu lesen war, da faßte er einen stillen festen Entschluß. Als rückständig ließ er sich nicht ansehen! Und insgeheim verschaffte er sich die Pläne und die genauen Kostenberechnungen. —

Als er sich diese Pläne und Berechnungen verschafft hatte, setzte er auf die Tagesordnung der nächsten Sitzung des Gemeinderats die Beratung und Beschlußfassung über den Bau einer Wasserleitung. Und er lud auch gleich den Bürgerausschuß, der bei allen Geldausgaben ja mit zu raten und mit zu beschließen hatte, dazu ein. Und wie es seine Gewohnheit war, so verfaßte er auch diesmal schon vor der Sitzung das Protokoll der Verhandlung. Er schrieb also in das Buch: „Gemeinderat und Bürgerausschuß von Höfen am Berg beschließen mit allen Stimmen 1. dies; 2. das; 3. so; 4. den Bau einer Wasserleitung im Anschlag von soundsoviel Mark; ist zwischen Martini und Lichtmeß zu betreiben.“ —

Es war bei der Beratung nicht anders als sonst. Seit Menschengedenken hatte der Schultheiß der Gemeinde Höfen nichts anderes gewollt und nichts anderes vorgebracht, als was recht und allen recht war. So wurde 1. dies, 2. das, 3. so beschlossen. Als aber der Schultheiß den 4. Punkt vorbrachte, da schüttelten sie alle den Kopf, und der älteste Gemeinderat sagte: „I moa, des brüchet mier net. Mr häbe jo s Wasser beim Haus.“ — „Jo“, fügte der Bürgerausschußobmann hinzu, „des wär ebbes Aonaötigs!“ und alle nickten den beiden zu.

Der Schultheiß sah es, und er sagte gleichmütig: „Also wären wir fertig.“ Er schlug das Protokollbuch auf und las vor:

„Gemeinderat und Bürgerausschuß der Gemeinde Höfen am Berg beschließen mit allen Stimmen 1. dies; 2. das; 3. so; 4. den Bau einer Wasserleitung im Anschlag von soundsoviel Mark; ist zwischen Martini und Lichtmeß zu betreiben.“

„Aber Schulteß“, sagte der älteste Gemeinderat, „mr häbe doch gsait, net. Dr Obma' . . .“

Aber der Schultheiß schob ihm das Protokollbuch hin, tunkte die Feder ein und sagte zu seinem alten Kameraden: „Do stohts, mr lots!“ Damit reichte er ihm die Feder, und es unterschrieben alle.

Erfahrung

In Waiblingen war ein neuer Oberamtmann aufgezogen. Winnenden liegt im Waiblinger Kreis. Der Oberamtmann muß auch die Irrenanstalt betreuen. Er reist hin, sie kennenzulernen.

Unter der Haustüre steht ein freundlich aussehender Mann in der Kleidung der Pfleglinge. Mit ihm kam es zu einem Gespräch:

„Ist wohl der Herr Obermedizinalrat zu sprechen? Ich bin der neue Oberamtmann!"

„So so ... Oberamtmann? Wisset Se, ich hab früher gemeint, ich sei dr Napoleon ... Aber ganget Se no nei' ... die werdets Ihne scho' bsorge!"

Der letzte Rezeß des Verwaltungsaktuars

Ein Leben lang hatte er die Gemeinderechnungen geprüft und die Verwaltung der Bauerndörfer seines Oberamts besorgt, treu geprüft und gut besorgt. Und immer war er darauf aus gewesen, daß Ordnung blieb, daß es keine Unannehmlichkeiten gab und vor allem keine Gerichtssachen. — Ach, er mußte trotzdem viel durch die Finger sehen, er mußte manche Ausgaben unbeanstandet lassen, die er für unnötig hielt, und Amtshandlungen, die ihm zuviel Geld kosteten. Denn als richtiger schwäbischer Verwaltungsbeamter sah er das Heil des Staates und Volkes in der Sparsamkeit der einzelnen und der Gemeinden, in einer ausgerechneten und ausgetiftelten Sparsamkeit.

Er tat Dienst, solange er konnte, daß er gerade noch Zeit

hatte, seine eigene Rechnung für das Diesseits und das Jenseits abzuschließen.
Und da bereitete er nun alles vor und bestimmte für den Tod und für die Beerdigung auch das Kleine und das einzelne: Sarg und Grab, Lied und Leichentext, den Lohn für Leichensäger und Leichenträger, für den Pfarrer und den Mesner und was solche Dinge sind. Und er verfaßte darüber einen förmlichen Rezeß, fügte auch eine Anweisung über Wortlaut und Kosten der Todesanzeige im Enztalboten bei und traf dazu folgende Bestimmung:
„Diese Anzeige ist zugleich mit der Danksagung am Tage nach meiner Beerdigung ins Blatt zu setzen. Eine andere Bekanntgabe meines Todes erfolgt nicht. Es soll meinetwegen niemand veranlaßt werden, sich in Unkosten zu stürzen. Die Schultheißen aber und die Bürgermeister sollen daheim bleiben bei ihrem Dienst: das tät den Aushausern passen, sich zur Teilnahme an meiner Beerdigung einen schönen Tag zu machen mit Reise- und Zehrkosten auf Rechnung der Gemeinde!" —

Der Herr Doktor weiß

Im Schwabenland ein Bauer hatte einen Handel gehabt mit seinem Nachbar um ein Paar Ochsen. Und wie es so oft geht, es wurden aus dem Handel Händel.
Nun sind Händel mit einem Nachbarn insofern eine schöne Sache, als man dann die Wahrheit erfahren kann umsonst und weiß, was man ist und wo man dran ist. Und wenn sich die beiden Hansen [1] damit begnügen würden, so wäre die Sache gar nicht einmal so schlimm.

[1] Streithansen

Aber sie begnügen sich damit nicht.
Denn wenn der Bauer sagt: „Du meinst, du könnest mich für dumm verkaufen und mir weismachen, unser Herrgott heiß' Lorenz!", so entgegnet der Nachbar: „Für gescheit kann ich das nicht halten, wenn man sich von der Frau sagen lassen muß, was die Ochsen wert sind und was man tun darf!" Und wenn dann der Bauer auffährt und sagt: „Laß du meine Frau in Ruh'! Meine Frau hat noch keine Eier gestohlen!", so gibt ein Wort das andere, und schließlich geht der Nachbar vor Gericht; und der Bauer geht zum Advokaten. Und weil sie so sehr drin sind im Zorn und im Jäst [1], so wissen sie weder, was sie geredet, noch was sie gehört haben, und gehen mit der Wahrheit um, wie die Sau mit dem Stroh.
Nicht ganz so diesmal unser Bauer. Denn als er dem Advokaten die Sache vorgetragen, so ziemlich der Wahrheit gemäß, nämlich wie er sie durch seine Brille sah, und als sein ältester Bub noch das und jenes anbringen wollte, was ihn die Mutter angericht zu sagen, da wehrte ihm der Vater: „Laß gut sein, Veitle", sagte er, „und laß etz den Herrn Doktor machen! Der Herr Doktor weiß selber, wo noch eine Luge hingehört!"

Eine Fahrt auf die Alb

In einer Märzfrühe fuhr ein Stuttgarter Professor von einem Albstädtlein aus auf eine Berghöhe. Er hatte dort mit seinen Gehilfen allerlei wissenschaftliche Dinge zu besorgen und führte dazu einiges Gerät mit.
Auf dem Bauernwagen neben dem Gelehrten saß der

[1] Aufregung

Fuhrmann. Die beiden redeten bald eins zusammen, bald schwiegen sie eins, wie es kam; denn es ist ein schwäbischer Glaubenssatz, daß ein Bauer und ein Professor kein gar so ungleiches Paar sind, als es scheinen möchte, und daß die beiden selbander mehr Weisheit, Lebenserfahrung und Menschenkenntnis haben als jeder für sich allein.

Es war ein Frühlingsmorgen voll Sonne, Farbe und Klarheit. Erde und Himmel glänzten, als seien sie eben frisch aus der Hand des Schöpfers hervorgegangen und als widerstrahlten sie noch das Licht der göttlichen Augen und die Kraft und Güte des göttlichen Herzens.

Die Gäule hatten die erste Höhe gewonnen und trotteten nun, sich selbst überlassen, die weiße Straße fort dem Ziele zu.

Nach allen Seiten öffnete sich der Ausblick. Rechts und links der Straße breiteten sich Felder und Weiden aus.

In weiter welliger Hochfläche dehnte sich das Land.

Ackerbreiten und Feldwege schmiegten sich den Linien der Landschaft an. Helles Braun und sattes Grün, gegliedert durch Vogelgebüsch und Heckenwerk, wechselten miteinander ab; einsame Buchen standen wie riesige Wachposten auf den niedrigen Hügeln.

In weiten Abständen lagen, eingeschmiegt in die Mulden des Hochlandes, die Dörfer.

Die klare Luft rückte die fernen Wälder und Höhenrücken in greifbare Nähe. Eine stille Heiterkeit erfüllte die Landschaft, die, auf allen Seiten vom Himmel als einer kristallenen Glocke umgrenzt, erschien wie eine Insel des Friedens und der Zeitlosigkeit.

Das Gespräch war verstummt. Der Fuhrmann saß still und in sich versunken, als wäre er selber ein Stück dieser versonnenen Erde und seine Seele ein Hauch ihres Lebens.

Da und dort zeigte sich das scharf und klar umrissene Bild von Bauern, die mit einem Gespann von Rossen oder Rindern die Erde zur Saat bereiteten oder in gemessenen feierlichen Schritten säend über den Acker gingen.
Nur der Zuruf an die Tiere unterbrach die Stille oder das heisere Krächzen der Raben, die überall da sind, wo ein Pflug seine Furchen zieht.
Eine seltsame übermächtige Kraft ging von dem Ackerboden aus, die alle überwältigte. Ein Wille war alles und ein Leib; ein Schicksal und eine Gemeinschaft umfing Erde und Korn und Vogel und Mensch.
Dem gelehrten Manne wurde das Herz weit über der Größe und Reinheit dieser Stunde, und es ging ihm der Mund über:
„Wie schön", sagte er, „ist unser Land, und wie reich! Wie grün sind seine Weiden, wie gut die Felder! Und wie herrlich ist die Aussicht! Hier ist gut wohnen!"
Aber der Professor fand nicht die Zustimmung des Bauern:
„Schö?" sagte dieser, „und reich? I merk nix von Reichtum! Stei und Bückl, ja! Und e halb Jahr Winter und sonst kalt, ja! Und schaffe, bis einer krumm wurd, und trucke Brot und kei Geld! So isch! Und wege der Aussicht? Des bedeut schlecht Wetter; vors olfe wurd, kommt e Rege! — Hü, Buabe!" — damit meinte er seine Rosse — „hü! no net so faul! — Und wege der Schöne: i kann mi fasse! Von der Schöne leabet d Baure net!" —

„Ja, Herr!" sagte der Bauer

In Gomadingen, was ein herzhaftes Bauerndorf ist auf der Alb, wo die Leute nicht dümmer sind als sie aussehen, aber manchmal heller, in Gomadingen war ein Stadtherr auf Besuch.

Er sah Dorf und Feld mit großer Teilnahme und ließ es an freudigen Worten der Zustimmung und Anerkennung nicht fehlen. Und es war für ihn ein vergnüglicher Reiz, aus der Gottesferne der Stadt in dieses Ursprungsland der Natur zu kommen.

Nur an den Menschen und ihrer Arbeit hatte er allerlei zu wundern und zu fragen: dies schien ihm nicht zweckmäßig und jenes nicht zeitmäßig zu sein; und da er von bäuerlicher Arbeit und bäuerlichem Leben keinerlei Erfahrung hatte, so konnte er um so mehr dazu und darüber reden. Und es störte ihn, daß das ländliche Volk, alt und jung, seinen Hinweisen und Lehren so wenig Gehör und Achtung schenkte.

Einmal war er bei einem Morgengang durch die Wiesen gekommen und hatte zugesehen beim Heumachen. Er sah, wie die Männer mähten und Frauen und Kinder hintendrein gingen und worbten, das heißt die Mahden mit hölzernen Gabeln ausbreiteten, damit das Gras schneller dörre in Sonne und Wind.

Dabei fiel ihm auf, daß die Sensen beim Vorwärtsfahren das Gras abschnitten, beim Ausholen aber leer liefen und unbefrachtet ihre Bahn zogen. Das schien ihm nicht weislich eingerichtet, und er brachte seine Gedanken auch gleich an den Mann:

„Guter Freund", sagte er, „wenn Ihr hereinfahret, so schneidet die Sense und die Halme fallen, wenn Ihr aber ausfahret, so lauft das Geschirr leer. Wenn Ihr die Sense auf beiden Seiten schärfen würdet, so hättet Ihr nicht mehr Mühe und könntet doppelte Arbeit vollbringen!" Das war schön und klug geredet, aber ein Bauer ist halt ein Bauer: „Ja, Herr!" sagte der Bauer, „Ihr habt's gut getroffen! Man könnt's aber noch besser machen: man könnt' dem Bauern noch eine Gabel in den Hintern stecken, dann könnte er vornen mähen und hinten gleich worben!"

Der besorgte Vater

Es gibt ein paar Namen im Ländle, die jedermann kennt, weil sich ihre Träger durch besondere Leistungen hervorgetan haben und so über Stadt und Land hinaus rühmlich bekannt geworden sind. Zu diesen gehört der alte Landenberger von Schramberg, dessen in dieser Geschichte in Liebe gedacht sei.

Er gründete und leitete die Landenbergersche Uhrenfabrik. Solche Fabrikherren müssen einen starken festen Willen haben und diesen allezeit einsetzen. Wenn die Uhren einer Uhrenfabrik richtig gehen, so finden sie leicht Abnehmer, und das Geschäft geht vorwärts. Voraussetzung ist, daß zuerst die Uhr im Kopf des Uhrenfabrikanten richtig geht. Landenbergers Uhr ging richtig; und wenn drunter hinein etwas nicht stimmte, so richtete er sie nach der Uhr seines Gewissens. Und wenn die Uhren in den Köpfen seiner Mitarbeiter nicht stimmten, richtete er sie auch, und zwar nach der seinigen.

Solche Gewissenhaftigkeit und Gewohnheit überträgt sich leicht aus den Werkstätten ins Haus und in die Familie, wo eigentlich die Frau das Regiment führen und die Uhren richten sollte. Und sie tut es auch in unsrem Falle — und je weniger der Herr davon merkt, desto gewisser geschieht es.

Aber die Söhne und die Töchter merken es, und sie lernen dabei etwas von der Mutter. Und sie sind voll Aufmerksamkeit dabei, wenn der Vater täglich ihre Uhren aufzieht. Auch wenn der Vater acht Tage verreist war und am ersten Morgen nach seiner Rückkehr das Regiment wieder in die Hand nimmt, als ginge es ohne ihn nicht, sagen die lieben Angehörigen nichts. Aber die Tochter lächelt ihrem Bruder zu, und der Bruder lächelt seiner Schwester zu. Das Lächeln der Auguren ist immer noch die Sprache der Wissenden.

Der junge Landenberger war herangewachsen, hatte die Schule mit gutem Erfolg hinter sich, hatte auch sein Pflichtjahr in der Fabrik mit Eifer abgedient. Nun sollte er in einem befreundeten Haus im Rheinland einstehen, um seine Erfahrungen und seine Kenntnisse zu erweitern, ehe es auf die Hochschule ging. Der Reisetag war bestimmt; Kleider und Wäsche waren mit großer Sorgfalt gerichtet und im Koffer verpackt, wie eine Mutter das tut und kann. Es war auch alles besprochen, das Allgemeine und das Besondere, mehrere Male war alles besprochen und beschlossen. Mütter und Schwestern können sich ja nie genug tun an Fürsorge!

Dem Buben war es schier ein bißle zuviel! Aber er war ein guterzogener Sohn und dachte: „Es wird hoffentlich anders kommen, daß mir auch noch etwas zu bestimmen übrig bleibt!"

Und nun stand man auf dem Bahnhof. Die Familie war mitgegangen, selbstverständlich. Mutter und Schwester tupften heimlich mit dem Sacktüchle an die Augen. Der Vater war ruhig und sachlich — es gehört sich das so bei

einem Vater! Der Sohn war voll Aufmerksamkeit und Zärtlichkeit.
„In fünf Minuten kommt der Zug!" sagte der Vater. „Leg dein Gepäck zusammen auf das Netz über deinem Platz und gib acht, daß nichts wegkommt. Mit dem Mantel und dem Schirm sinds vier Stück! In Stuttgart hast du anderthalb Stund Aufenthalt. Da gehst du in die Bahnhofwirtschaft zweiter Klasse und bestellst eine heiße Schützenwurst mit Salat. Es gibt nirgends so gute Schützenwurst wie beim Reiniger!"
Der Zug fuhr herein. Der Sohn stieg ein. Sie verabschiedeten sich nochmals. Die Frauen schluchzten. Der Vater war merkwürdig still, wie geistesabwesend. Der Zug setzte sich in Bewegung: „Also ade, lieber Bub! Und gute Reise! Und laß dir die Wurst gut schmecken!" Dann war er fort, der Bub.
Bei Landenbergers aß man, wie immer, um halb eins zu Mittag. Es wurde zu Tisch gebetet. Die Mutter schöpfte die Suppe. Die Schwester sah auf den leeren Platz des Bruders.
„Jetzt ist er schon in Stuttgart!" sagte sie.
„Und ißt seine heiße Schützenwurst mit Salat!" sagte die Mutter.
Sie hatte kaum ausgeredet, da klingelte das Telephon. Das war damals etwas Neues, und der Vater Landenberger ließ sichs nicht nehmen, es selber zu bedienen. Mit dem Mundtuch im Knopfloch ging er hinaus in den Ern. In der Stube hörte man jedes Wort des Gesprächs:
„Stuttgart?? Ja, hier Schramberg, Landenberger in Schramberg! — Wer ist dort? — Wer?? — Was, du, Fritz?! Ist etwas passiert? — Nix passiert?? Was ist dann los? — Was gibts nicht!?! — Es gibt keine Schützen-

wurst? — Weils Freitag ist? — Was du nun essen sollst?!?! — Jetz, da hört ja — —!!"
Und nun ging es wie aus einer Feuerspritze heraus mit Haupt- und Eigenschaftswörtern, von denen man in der Stube nur einen Teil verstand, weil da ein schallendes Gelächter ausgebrochen war — ein Gelächter, das nicht aufhören wollte.
Es dauerte eine Weile, bis der Vater hereinkam. Er hatte einen roten Strich über der Stirn und setzte sich schweigsam auf seinen Platz. Nach einer Weile war er so weit, daß er sich gefaßt hatte. Er lächelte zuerst ein wenig, dann lachte er, und nun lachten alle drei miteinander — es war ein Lachen voll Zärtlichkeit für den Schlingel, das den Abschiedsschmerz vergessen ließ und den Eltern und der Schwester jede Sorge um das Ergehen des Lieblings ein für allemal nahm. —
Und wenn der Vater dann wieder einmal ans Regieren kam und anfing, nacheinander die Uhren aufzuziehen und zu richten, dann lächelte die Mutter schelmisch, und es lachten die Kinder und sagten: „Ja, Vater, wenns dann aber keine Schützenwurst gibt?"

Von einem Studenten und einem Wirt

In Tübingen war ein Student einem Beizer sechs Gulden schuldig, hatte aber nicht, sie zu bezahlen, sondern nur drei.
Da ihm nun der Beizer die Schuld anforderte, legte der Student drei Gulden auf den Tisch, sagte: „Hier hat Er sein lumpiges Geld!"
Sagte der Beizer: „Ihr seid mir sechs Gulden schuldig, hier sein aber nur drei!"

Sagte der Student: „Wenn Er kein nasser Hammel wäre, sondern Logika studiert hätte, so wüßte Er, daß wo drei Gulden sind, da sind auch zwei, und wo zwei sind, da ist auch einer. Sind also hier drei Gulden und zwei Gulden und ein Gulden, tut zusammen sechs!“ — Sagte es, pfiff seinem Hund und verließ die Stube.

Auf eine Zeit das Jahr nachher kam der Student wieder zu dem Wirt, hatte den Doktorhut erworben und wollte den Schmaus bei ihm halten. Bestellte also Essen für zehn Personen, kam auch mit dem Wirt überein, es solle jede Person einen Gulden bezahlen, könne dann essen und trinken, soviel sie begehre: „Ja“, sagte der Wirt, „ich will es zurichten, wenn ich die zehn Gulden zuvor erhalte!“ Kratzte der Student also die zehn Gulden zusammen und bracht's dem Beizer.

Zur gegebenen Zeit kam der neue Doktor mit seinen Freunden, fanden es zu bereitet und setzten sich an den sauber gedeckten Tisch.

Der Wirt ließ auftragen, Suppe und Fisch, Fleisch und Wein, aber nur für vier Personen. Stellte auch nur für vier Gäst Teller und Gläser auf den Tisch.

„He, Wirt“, rief der Doktor, „hab ich nicht für zehn bezahlt? Hier sein aber nur vier Essen!“

Sagte der Wirt: „Wenn einer Logika studiert hat, so weiß er, daß wo vier Essen sind, da sind auch drei, und wo drei sind, da sind auch zwei und eins. Sind also hier vier Essen und drei und zwei und eins, tut zusammen zehn! — Wenn Ihr mir aber die drei Gulden von fernd geben wollt, so will ich Logika Logika sein lassen und auch die sechs Essen bringen;“

Wollte der Doktor essen mit seinen Freunden, so mußte er wohl oder übel die drei Gulden bezahlen.

Der Nutzen der Gelehrsamkeit

Der Gottlieble stammte aus der Unteren Stadt in Tübingen, wo die fleißige, ehr- und wehrhafte Tübinger Weingärtnerszunft ihre Wigwams hat.
Der Bub hatte nicht nur die Rührigkeit seines Stammes als Erbteil überkommen, sondern auch dessen weltmännische Tüchtigkeit.
Wenn hinter der Gartenmauer oder an einem sonnigen Rain am Österberg die ersten Märzveilchen und an der Ammer die ersten Schlüsselblumen sich zeigten, so hatte sie der Gottlieble auch schon entdeckt, um sie privatwirtschaftlich zu verwerten.
Dann stand er höflich, im Sonntagsanzug und mit ungeputzten Stiefeln, die Kappe in den Händen und darin viele kleine zierliche Sträußchen, an der Neckarbrücke, gegenüber der Neckarmühle, und rief jeden Studenten, der vorbeikam, an:
„Herr Doktor, wie, wa isch? Koine Veigele? Se tätet e ordonanzmäßige Ehr ei'lege mit!"
Wenn es ein alter Student war, so kannte er den Gottlieble und sagte:
„Hast wieder Roßveigele, he?"
Aber dann begehrte der Gottlieble auf:
„Was saget Se? Roßveigele, saget Se? D Brucke soll breche" — und damit rückte er ein paar Schritte dem Uhlandhaus zu —, „d Brucke soll breche, wenn des Roßveigele send! No hergschmackt, Herr Doktor! Mei ganze Kapp schmackt jo wie hemmlische Seligkeit!"
Wenn dann der Student fragte: „Was sollet se denn koste, deine Veigele?", dann antwortete er sehr höflich: „Ad libitum, Herr Doktor, ad libitum!", was auf deutsch heißt „ganz nach Belieben".

Das Wort hatte der Gottlieble aufgeschnappt, und gedachte, es zu Kapital zu machen.
Und es nahm der Student aus dem mageren Beutel drei Pfennige heraus, denn ein „Kreuzer“ war der alte und feste Preis für alle derartigen kleinen Dinge.
Aber da kam er schlecht an:
„Waas? Drei Pfenneng? Drei Pfenneng ist koi Adlibitum, Herr Doktor, fempf Pfenneng, descht e Adlibitum!“

Die Senfkatze

Ein fahrender Schüler, dem das Pflaster in Heidelberg wegen unterschiedlichen studentischen Unfugs zu heiß geworden, zog durchs Land und gedachte sich unterwegs wohl zu nähren durch allerlei Spaß und Kurzweil, denn er war ein wifer Geselle.
Allein er hatte wenig Glück und kam so eines Abends schier aller irdischen Güter bar in den blauen Hecht nach Tripstrill. Er suchte seine letzten Kupferkreuzer zusammen, die gerade noch zum Übernachten reichten, aber nicht mehr zu einem Imbiß.
Also setzte er sich, bis es Zeit war zum Schlafengehen, in die Gaststube in eine dunkle Ecke und schaute mit mancherlei Wünschen hinüber zum Stammtisch, wo eine schmausende Gesellschaft beisammensaß, nämlich der Krämer, der Müller, der Ratschreiber, der Balbierer und ein paar andere, vermögliche Leute und solche, die es gerne gewesen wären.
Der fahrende Geselle war von ihnen nicht unbemerkt geblieben. Und da sie einen Schoppen zuviel hatten, so daß sie der Haber stach, oder da sie von Haus aus aberwitzige

Leute waren, so fingen sie an, das Schülerlein, dem Gottes Armut aus den Taschen und der Hunger aus den Augen guckte, zu vexieren. Besonders der Krämer, der von unfeinen Manieren war, was ein Krämer nicht sein soll, stieg ihm über den Zaun und konnte sich nicht genug tun mit Spott und Bosheit.

Der Fahrende aber war schon durch manch harte Schule gegangen und hatte gelernt, daß Übermaß immer böse Früchte zeitigt. Also verhielt er sich still und lauerte, bis eine Gelegenheit käme, wo er die bösen Mäuler schwaige. Indem ging die Türe auf, des Beizers schwarzer Kater, der Peter, kam herein und drückte sich schnurrend zum Ofen hinüber. Der Student aber, als er die Katze erblickte, schaute sie neugierig und staunend an, erhob sich von seinem Platz und guckte ihr nach und verwandte keinen Blick von ihr, so daß die Gäste ihn verwundert betrachteten und der Krämer fragte, ob er noch keine Katze gesehen. Das Schülerlein schien die Augen nicht loszubringen von dem Peter und sagte, ja freilich habe er schon Katzen genug gesehen, aber eine solche Katze sei nicht zwischen Buxtehude und Konstanz.

Den Krämer stach der Wunderfitz, und er hätte gerne gewußt, was an der Katze Besonderes wäre, und ließ nicht nach mit Fragen, bis der Student sagte, solche Katzen wie der Peter seien selten, und es komme bloß alle Schaltjahre eine auf die Welt; es sei nämlich eine Senfkatze. Eine Senfkatze? Ei, warum denn eine Senfkatze? Nun, weil diese Katzen, wenn man ihnen die Wahl lasse zwischen Wurst und Senf, zuerst nach dem Senf schlecken und dann erst oder auch gar nicht mehr nach der Wurst. Die Senfkatze des Studenten wurde der Anlaß zu einer umfangreichen Wette. Der Student machte verbindlich, den Beweis seiner Behauptung zu liefern, und die Gäste wollten ihm im Falle des Gelingens der eine einen Kalbsbraten, der andere eine Flasche Wein, der dritte etwas anderes spendieren, der Krämer aber einen neuen Rock und einen Taler extra. Der Beizer erbot sich, Wurst und Senf zu stiften, was auch bald hereinkam, die Wurst fein gebraten auf einem Teller in fetter Brühe und einen lockenden Duft verbreitend, der Senf in einem besonderen Topf, alles zu Handen des Fahrenden.

Dieser schnitt sich von den Holzklötzen, die am Ofen lagen, einen breiten Span und faßte damit in den Senftopf. Und nun ergab sich folgende Aufstellung: der Wirt hatte die Katze gefangen und hielt sie im Arm, der Krämer stellte fünf Schritte davon Wursteller und Senftopf auf den Boden, der Student aber stand mit seinem Span neben dem Beizer.

Als nun der Krämer anfing zu locken: „Bsws, bsws! kooom, Peterle, Mulle kooom!“ und der Beizer den Peter losließ und dieser mit erhobenem Schwanze als mit einer flatternden Fahne dem Teller zulief, um draufhineinzufahren, „wie die Katz' auf die Bratwurst“, fuhr ihr der Fahrende mit dem Senfspan unterm Schwanz durch und versalbte dem Peterle mit sicherem Strich die hintere Partie.

Da vergaß die Katze Brühe und Bratwurst, drehte blitzschnell den Kopf und schleckte sich den Senf mit der Zunge ab. Und als gerade die Tür aufging, rannte sie niesend hinaus und ließ den Krämer als Schildwache bei der Bratwurst zurück.

Es war offenkundig, daß der Student gewonnen hatte. So mußten die Gäste die Wette berappen, was sie gern taten, schon um des Krämers willen, dem sie es von Herzen vergonnten, daß sein Protzen und Prahlen einen Meister gefunden.

Der Student Georg Wilhelm Friedrich Hegel

Friedrich Hegel war mit seinem Altersgenossen Hölderlin zusammen im Tübinger Stift. Später kam noch Schelling dazu. Es ist kaum einmal so viel Geist in einer einfachen Stube beisammen gewesen wie damals.

Wenn man aus der großen Leistung dieser jungen Gelehrten schließen wollte, daß es bei ihnen sehr klösterlich und nüchtern zugegangen sei, so wäre das ein Irrtum. Nein, es ging vielmehr herzhaft fröhlich her, man versagte sich nichts von den Freuden der studentischen Jugend, und besonders Hegel beteiligte sich überaus lebhaft an den Trinkgewohnheiten der damaligen Zeit. Ja, es wird von ihm erzählt, daß er auf dem Weg heim zum Stift manchmal „Hausmittel gebraucht“, d. h. sich an den Häusern stützend mühsam wieder heimgefunden habe. Im Stift selber war man gegenüber den jugendlichen Torheiten der Studenten sehr nachsichtig und überließ die Überwachung der Hausordnung dem Stubenältesten, was dieser mit dem freundschaftlichen Vorwurf besorgte: „O Hegel, alts Viech, du geist koi Rueh, bis dr dei’ bißle Verstand vollends abgsoffe hast!“

Der Großfürst in Stuttgart

Es war im Jahr 1782. Der russische Thronfolger Paul, der mit einer Nichte des Herzogs Carl Eugen verheiratet war, war nach Stuttgart gekommen zu Besuch.
Man weiß, daß Friedrich Schiller die Gelegenheit, als alle Aufmerksamkeit auf den Gast gerichtet war, zur Flucht benutzte.
Es war ein großes Fest, das man in Stuttgart, mehr auf der Solitude feierte. Natürlich tat das ganze Volk mit, schon um des hohen Gastes willen, der einen Begriff kriegen sollte von einem guten Verhältnis zwischen Fürst und Volk ... aber auch um der reichlich mit Eitelkeit verbundenen Vaterlandsliebe willen, die kein Württemberger verheben kann.
Als der Fürst schon ein paar Tage da war und keinen festlichen Stundenplan zu erfüllen hatte, ging er allein aus, die Stadt zu sehen und, wenn möglich, die Stuttgarter auch im Werktagskleid kennenzulernen.
In der Altstadt kam er mit einem Schuhmacher ins Gespräch, der unter dem offenen Fenster arbeitete. Sie redeten dies und das, von der Stadt, vom Hof, vom Handwerk, vom Fest ..., und da fragte der Zarewitsch Paul: „Hat Er den Russen schon gesehen?“
„Nein“, sagte der Biedere, „persönlich nicht ... aber ich krieg ihn noch zu sehen, mehr als genug: übers Jahr auf meinem Steuerzettel!“

Im Jahre 1809 hat Napoleon die Aufhebung des Deutschordens befohlen. Das Deutschordensgebiet Mergentheim mit seinen Unterämtern kam an Württemberg. Bei der Besetzung Mergentheims gab es einen blutigen Aufstand. In einem der Unterämter war der Vogt verreist. Seine Leute wußten nicht, wie sie sich verhalten sollten. Sie leisteten also, als die Hoheitszeichen des Ordens durch die Hirschstangen ausgewechselt wurden, keinen Widerstand. Als der Kastenvogt heimkam, war er schmerzlich bewegt. „Habt Ihr euch denn gar nicht gewehrt?" fragte er. „Gewehrt?!" sagte der Kastenknecht, „freile heiwe wir uns gewehrt! Vorne heiwe mr geschwiiche, awer hinne heiwe mr mit de Zeihne geknerrscht!"

Anno 1849 gab's in Stuttgart einen regelrechten Krawall wegen des Rumpfparlaments. Der Reichstag war in Frankfurt aufgeflogen, ein Rest Unentwegter gedachte hier, als in dem Lande der Freiheit, weiterzutagen. Der König aber war nicht dafür, und er, der sonst so Einsichtige, ließ die Gesellschaft, die ihm nicht paßte, mit Bajonetten auseinandertreiben.
So gab es in Stuttgart eine Art von Belagerungszustand. Die Straßen zum Schloß und zum Rathaus waren gesperrt, an den Zugängen standen württembergische Soldaten mit aufgepflanztem Bajonett.
Friedrich Theodor Vischer aber, der schwäbische Professor und Dichter, war gewohnt, abends in die Weinstube zur Schule zu gehen und dort ein Glas von dem räßen Württemberger Wein zu trinken, der zu seiner jetzt recht

räßen Stimmung paßte. Und als ihn die Soldaten nicht durchlassen wollten, sagte er:
„Machet Platz, Leut! I han de ganze Tag gschafft, jetzt han i Hunger und Durst und will in mei' Wirtschäftle!"
„Dees ist ebbes anders!" sagte der Soldat und ließ den Professor passieren.

Am Dreifürstenstein

Es war 1866, wo die süddeutschen Bundesstaaten auf der Seite Österreichs standen. Damals sind württembergische Truppen in das Feindesland Hohenzollern einmarschiert, mein Vater war noch mit dabei.
Es wurde selbstverständlich nicht geschossen, und es kam zu keiner feindseligen Handlung; vielmehr ist dabei die berühmte schwäbische Gemütlichkeit — berühmt, weil sehr selten vorkommend! — Wirklichkeit geworden.
Denn als die württembergische Armee von Balingen her mit klingendem Spiel, in gleichem Schritt und Tritt, die Vorderlader umgehängt, in Hechingen einmarschierte, da flogen wohl die Hechinger Gänse schreiend davon; aber die kleinen Südpreußen liefen freudig bewegt und mit blühenden Nasen nebenher, und das Hechinger Manns- und Weibervolk sah mit wohlwollender Neugier diesem seltsamen Kriegsspiele zu. Es fehlte dabei nicht an heiteren Zurufen, und ein württembergischer Obermann rief einem Hechinger, der mit der Tabakspfeife im Mund zum Fenster heraushing, zu: „Grüeß di Gott, Landsmann!", worauf dieser bedächtig lächelnd erwiderte: „So, wöllet iehr au' preußisch werde?" —
Er hätte es gern gesehen, wie 17 Jahre vorher schon der Lumpendunkerle. Das war so: in den Notjahren um

1847 hatten die Fürsten von Hohenzollern eine Vereinigung mit Württemberg versucht ... es wurde aber, wie man es sich ja denken kann, nichts daraus ... Da griffen die von der jüngeren Linie zu Berlin zu. Es kamen 1849 von dort Beamte, um nach dem Rechten zu sehen.

Damals entstand das Sprichwort: „Bis der Schwab Wurst sagt, hat sie der Preuß schon gegessen!“

Ein preußischer Regierungsrat bereiste das Zollernländle, und der Lumpendunkerle von Hechingen, seines Zeichens ein Färber, der aber von der Industrie in seinem Gewerb ausgeschirrt worden war und nun ein Fuhrgeschäft betrieb, führte mit seinem Einspänner den Herrn durchs Killertal über Jungingen und Starzeln hinauf nach Gamertingen. Es gab in dem schönen Tal viel zu sehen und für den Berliner Herrn viel zu fragen. Der Lumpendunkerle gab Bescheid und erzählte von Land und Leuten, z. B. als sie durch Burladingen kamen, daß sie da eine eigene Sprache haben und in der Kirche beten: „Von deinem Antrlitz strahrlet Mirlde, von deinen rLippen frließt Horldserligkeit!“ — und was eben solcher Kostbarkeiten mehr sind.

Es war eine angeregte und schier vertrauliche Unterhaltung. Sie kamen dabei auch auf die neue Ordnung, und der Regierungsrat fragte seinen Kutscher, wie den hohenzollerischen Landeskindern das preußische Regiment gefalle.

Sie waren auf der Höhe über Gamertingen angelangt, wo man hinabsieht ins Donautal und hinein in das grüne oberschwäbische Land. Und es sagte der getreue Untertan: „Oo“, sagte er, „scho guet; reacht guet, wenns so bleibt! Aber“ — und damit deutete er mit dem Peitschenstiel hinüber ins Württembergische — „aber do deane Kaibe-Koge-Riedlinger tätet mrs au gonne!“ —

Um 1920, als es mit dem Brot spannte und in dem landwirtschaftlich wenig ergiebigen Zollernlande hungrig herging, dachte man an eine Flurbereinigung und redete von einem Anschluß an Württemberg und Baden. Die Sache kam auch nach Berlin, wo die Linke die Regierung innehatte. Der dortige Regierungsherr aber schüttelte den Kopf, er lehnte ab und schloß seine Absage mit den Worten: „Wir haben nun einmal den Fuß in Süddeutschland!" — Einer aber, der seinen Mund nicht beisammen halten konnte, entgegnete bösartig: „Den Fuß brauchen wir nicht; schicken Sie uns einen Kopf, wenn Sie haben, dann ists uns gleich, ob er preußisch ist oder schwäbisch!"

Guter Rat

Nach 1871 wurden württembergische Offiziere zu preußischen und preußische Offiziere zu württembergischen Regimentern abkommandiert. Einmal während eines Marsches ritt ein preußischer Oberleutnant mit seinem württembergischen Kameraden, dem Leutnant Schmetzer, dem Zug voraus, als ihnen ein Langholzwagen begegnete. Der Fuhrmann fuhr mitten auf der Straße; es fiel ihm nicht ein, auszuweichen.
Das setzte den preußischen Offizier in Erstaunen, und er forderte den Bauern in barschem Tone auf, aus dem Weg zu fahren, damit die Truppe vorbeipassieren könne.
Der Fuhrmann aber, der mit dem linken Fuß aufgestanden oder eben überhaupt ein räßer Schwab sein mochte, ließ sich auf nichts ein, sondern antwortete kurz und nachdrücklich mit dem bekannten Wort aus Goethes Götz von Berlichingen.

O! nun war Feuer unterm Dach. Der Oberleunant wandte sich entrüstet und hilflos an den württembergischen Kameraden und sagte: „Was hat er gesagt? Was soll ich da tun?“
Darauf Leutnant Schmetzer: „I täts net!“

„Jaköble, komm, mr ganget!“

Ein andermal war Felddienst in einem Gelände mit Weinbergen. Der preußische Oberleutnant ließ die Mannschaft halten und gab einem Unteroffizier den Befehl, mit drei Mann durch den Weinberg vorzustoßen und von der Höhe aus das Gelände zu beobachten. In dem Weinberg schaffte ein Wingerter mit seinem halbgewachsenen Buben.
Die Soldaten erkletterten die Weinbergmauer und schickten sich an, auf der Staffel zwischen den Gaiern aufzusteigen. Da hob der Alte die Haue hoch und rief den Soldaten zu, sie sollen sich ja nicht unterstehen, seinen Weinberg zu betreten, weil sonst alles kaputt sei.
Der norddeutsche Offizier wußte da nicht Bescheid und wollte, um jeden Flurschaden zu vermeiden, den Befehl zurücknehmen. Aber der schwäbische Leutnant, der dabei war, sagte zu dem Wingerter: „Sei nur du gleich still, du Tropf! Hättest du dein Wingert recht im Stand und die Stöck ordentlich aufbunde, no tät's en nix!“
Da drehte sich der Wingerter um und sagte leis zu seinem Buben: „Jaköble, i moi, mr ganget — descht oaner vo de aosere!“

Allgäuer Bauern im Krieg

Ein württembergisches Landsturm-Bataillon aus der Gegend von Leutkirch, Isny und Wangen war im Stellungskrieg damit beschäftigt, das Gras der guten französischen Wiesen hinter der Front zu dörren und einzubringen. Es war gut so, denn die Heimat konnte nicht so viel Futter liefern als nötig war; und die armen Gäule der vielen Verpflegungs- und Munitionskolonnen sahen aus, als wären sie mit Reifen gebunden und gehörten einem Küfer oder einem Faßbinder.

Die Leute hatten in der Frühe angefangen, als noch die Hennen auf einem Beine saßen und schliefen. Das Gras war gemäht; sie schüttelten nun die Mahden auseinander, was man bei den schwäbischen Bauern „warben" heißt. Der Lärm der Schlachten schwieg. Auch die Natur war müde von der Hitze des Tages, und der Gesang der Morgenvögel verstummte. Die Mannen schafften hemdärmelig, hatten einen Hosenträger herunterhängen und ließen sich Zeit; denn das Wetter war beständig wie der Krieg und kein Urlaub in Aussicht. Also schafften sie ein wenig, lehnten ein wenig an den Gabelstiel und plauderten sich eins, wie es gerade kam, als wären sie daheim in Großholzleute oder in Deuchelried. —

Ging ein Leutnant worbei, der war von Stuttgart oder tat wenigstens so, in seinem Zivilberuf ein Federfuchser. Er sah das Tun der Leute und wie sie sich durch sein Dabeisein nicht draus bringen ließen.

Und es regte sich sein Verantwortungsgefühl, und er trat hinzu und fragte einen, der hieß Xaver und war von Bolsterlang: „Was tun Sie da?" —

„Warba duar i", sagte der Xaver und schüttelte einen

Haufen Gras durcheinander, daß die Halme durch die Luft wirbelten.

Der Leutnant verstand nicht, fragt also den zweiten: „Was tun Sie da?" —

Sagte der und tat wie der Xaver: „Warba dan mar!"

Der Offizier kam sich vor wie genarrt, denn er verstand kein Wort. Wandte sich also an einen Unteroffizier, der ein paar Schritte weiter auf einem Feldstein saß und seine Tabakspfeife ausblies.

„Hören Sie, Unteroffizier, sagen Sie: Was tun die Leute?"

„Warba dan s'", sagte der und fing an, seine Pfeife zu stopfen, ohne sich um den Frager weiter zu kümmern.

Der aber ging unfroh von dannen. Was war das: „Warbaduari? Warbadanmar? Warbadans?" Wie sollte man auf die Leute einwirken, wenn sie nicht Deutsch sprachen?

Die verunglückte Revolution

Der Fleckenboßler und Suusschniider [1] Roland, der nebenbei als Hundehändler und Versicherungsagent tätig war, und dessen wirtschaftliche Verhältnisse immer ungünstiger wurden, je mehr neuen Aufgaben er sich zuwandte, hatte es sich in den Revolutionstagen im November 1918 in den Kopf gesetzt, durch den politischen Umschwung auf die Sommerseite des Lebens zu kommen. Also bewarb er sich um das Amt eines Büttels und Gemeindedieners; aber der regierende Schultheiß wollte ihn nicht.

[1] Zuschneider

Als er nun davon sprach, man müsse die Gemeinderegierung absetzen, war gleich eine Gruppe Mutwilliger und Neugieriger bereit, ihn zu begleiten; und je näher sie dem Rathaus kamen, desto größer wurde der Haufe, was dem guten Roland den Mut und die Sicherheit gab, daß er das Volk hinter sich habe. Aber man kann sich da im Schwabenland täuschen.

Es war mitten im Vormittag, der Schultheiß war längst da, um in der Ungestörtheit des Morgens seine Schreibereien zu erledigen, was er selber und eigenhändig besorgte.

Ihn abzusetzen war keine ganz einfache Sache. Er war kein verschrockenes Männdle — das wäre ja auch bei einem Schultheißen etwas Ungewöhnliches! — und es war gut mit ihm auskommen im Frieden, aber schlecht im Streit. Es dachte darum der kluge Roland, die Verhandlungen von der Straße aus zu führen.

Der Schultheiß war eben daran, eine Rundfrage des Oberamtmanns von Rottweil zu beantworten, wie die Revolution in den einzelnen Gemeinden des Oberamts verlaufen sei. Die Antwort lautete: „In Sachen der gegenwärtig umlaufenden Revolution wird hierorts Fehlbericht erstattet."

Während er noch schrieb, hörte der Schultheiß die Unruhe des sich um das Rathaus scharenden Haufens. Da nun in seinem Ort nichts Wichtiges passieren kann, solange er nicht dabei ist, beendete er sein Schreiben und setzte den Punkt dahinter.

Als er aber unten den Roland schreien hörte: „Schulteß, guck raus!" und dann noch einmal: „Schulteß, guck raus!" und dazu das Lachen der Umstehenden, erhob er sich von seinem lederbeschlagenen Amtssessel, schob den Schieber am Stubenfenster zurück, streckte den Kopf mit dem grauen Stoppelbart — denn es war Samstag — hinaus, sah sich die Sache an und fragte:

„Was isch?"

„Was isch?" fragte er, sonst nix. Es wurde stille wie in der Kirche. Da rief der Roland, nicht recht überzeugt von seiner Sache, hinauf:

„Revolutio' ist! Du hast unser Vertraue nimme!"

Da lächelte der Schultheiß heiter und antwortete freundlich:

„'s-ist-au' net naötig!" Sagte es, zog den Kopf zurück und machte den Schieber zu.

Der Umstand erhob ein schallendes Gelächter. Roland lachte verlegen mit, dann zogen alle ab, hochbefriedigt, etwas erlebt zu haben, darüber man lachen konnte.

Der Schultheiß aber unterschrieb seinen Bericht, sandelte und schrieb die Adresse „An das Kgl. Oberamt Rottweil", womit die Revolutionsangelegenheit in seiner Gemeinde erledigt war.

„Lieber Geselle, du kennst mich nicht recht!“ sagte der Kaiser

Es war der alte Maximilian, der unseren württembergischen Grafen Eberhard im Bart seinen Freund nannte. So hat er auch sieben Jahr nach dem Tod dieses „reichsten Fürsten“ den jungen Herzog Ulrich, der so lieblich singen konnte und eine Stimme hatte, hell und rein wie eine Trompete, und überhaupt ein mögeliger Bub war, schon mit 16 Jahren mündig gesprochen, nachdem er ihm schon vorher, per Procuration, wie man sagte, seine Schwestertochter Sabine von Bayern anverlobt hatte.
Das Heiraten gehörte bei den Habsburgern zur Haus- und Staatspolitik, und auf glücklichen Eheverbindungen ruhte ein gut Teil des Glücks und der Macht dieser langlebigen Dynastie. Freilich waren die Habsburger Söhne auch besonders schöne, hochgewachsene Mannsbilder.
Bei dem württembergischen Uli ist die politische Heirat ganz mißglückt! Er hätte gerne die sonnige brandenburgische Elisabeth gehabt, statt der herben bayrischen Sabine. Sie lebten dann auch wie Hund und Katz, bis sie ihm nach ein paar Jahren davonlief. Aber daran war ja der Onkel Maximilian nicht schuldig, und er hat's dem Ulrich auch nicht nachgetragen.
Er war, man kann das ohne Übertreibung sagen, in der ganzen Kaiserreihe von dem großen Karl um 800 bis herauf zu Wilhelm dem Zweiten 1918 eine der liebenswürdigsten Gestalten, eine in diesem Sinne seltenen Gestalten — einfach ein Mensch, alles in allem, ausgesprochen männlich, voll Humor. Ich wüßte keinen, den man ihm vergleichen könnte. Darum erzähle ich auch eine Geschichte von ihm.
Albrecht Dürer hat viele Bilder von ihm gemalt, alle

mit der schönen großen Hakennase. Er hat für ihn auch manches andre gemalt, so die köstlichen Randzeichnungen von Maxls Gebetbuch, vielleicht das Intimste und Persönlichste, was wir von dem Meister haben, und das zum Besten gehört, was ihm gelang. Spiele sind das, mit liebenswürdiger Laune hingeschriebene Lustbarkeiten der Feder — was muß das für ein Kaiser gewesen sein, dem zu Gefallen der kühle Nürnberger so etwas für das Gebetbuch machen mußte!

Es hatte eben der Kaiser ebenso große Freude an der Kunst, wie an Landschaft und Natur: er war einer der besten Gemsenjäger im Tirol und ein verwegener Bergsteiger. Der Wilde Kaiser hat seinen Namen von ihm, wo er am Totenkirchl, am Predigtstuhl oder an der Ellmauer Halt herumstieg, wenn sie ihn in der Kanzlei zu Innsbruck, oder wenn ihn die Politik Julius' II. oder die Ränke Karls des Achten und seiner Schwester Anna von Frankreich rabiat machten! Er ging dann ein bisserl jagen. Er hat sich dabei freilich in den Felsen manchmal verstiegen, wie bei seinen politischen Stegreifspielen, denn er war wie sein ihm von den Mailänder Viscontis her verwandter Vetter Ulrich von Württemberg ein Draufgänger! — Irgendein Bauer hat ihn dann heruntergeholt; immer braucht man einen Bauern, wenn sich ein Fürst verstiegen hat. Es war bei unserem württembergischen Uli auch so, bloß ging es da wegen der weniger gemütlichen Gemütsart der schwäbischen Bauern nicht so harmlos zu.

Wenn dann der Kaiser von seiner Flucht in die Berge wieder heimkam, mußte er gar manchmal in den Harnisch schlupfen, den Zweihänder umschnallen und die Eisenhaube aufsetzen. Aber es war ihm schier gleich, ob er über die Vier Türme den Gemsen nachging mit der

Armbrust, oder ob er in der Schlacht im Vorkampf stritt und es gleich mit vier fünf auf einmal aufnahm! Oder ob er, wie bei jenem berühmten burgundischen Turnier, in die Schranken ritt, als ein französischer „chevalier sans peur et sans reproche“ die deutsche Ritterschaft herausforderte, den Kühnen in den Sand warf, daß die Rippen brachen. Er hatte diesen abenteuerlich kühnen Mut von seiner Mutter geerbt, der portugiesischen Prinzessin. Die Erinnerung an diese burgundischen Abenteuer beengt uns das Herz, denn damals begann die sogenannte „Erbfeindschaft“ zwischen Franzosen und Deutschen, bei der es ebenso um den Ruhm wie um einen Preis ging. Ich denke, daß man nachher bei dem üblichen Reh- oder Gansbraten herzhaft getrunken hat, denn sie wußten es damals so gut wie wir heute, daß der Burgunder und der Chianti von Fiesole in der Toskana eine Wohltat ist und das Menschenherz ebenso heiter wie versöhnlich macht. Da man nun weiß, mit wem man's zu tun hat, kann ich auch mit meiner Geschichte anfangen. Es geht nämlich einem Kaiser nicht anders als jedem anderen Bergsteiger, Gemsenjäger, Frauenfreund und Weinkenner. Eines Tages wurden dem Maxl die Knie steif und der Atem kurz, und er mußte immer zuerst ein paar herzhafte Schnaufer tun, bis die Herzuhr richtig in Gang kam. Ja, das bleibt keinem erspart, und hätt' er auch Flachsen wie ein Roß und einen Atem wie ein Vogel.

Es war nun nichts mehr zu machen, er mußt' daheim bleiben und am Ofen sitzen. Und er hätte gern ein wenig gejammert, wenn ihn die Salzkristalle in den Gelenken schier rasend machten — wenn sich das für ihn geschickt hätte! Aber das schickte sich nicht für den Sohn Friedrichs III., den man ohne irgend welche Linderungsmittel — denn er litt am Zucker — amputierte, was er mit

dem Scherzwort begleitete: „Sotan wird Mir und dem heiligen römischen Reiche ein Fuß abgeschnitten!“
Nein, seine Gichtschmerzen merken zu lassen, das schickte sich für den Maxl nicht. Aber heimlich fragte er doch unter den Ärzten herum und probierte allerlei. Und heimlich schickte er seinen vertrauten Knecht hinunter ins Kärntnerland, da war in Villach ein seltsamer Doktor, der das Gras wachsen hörte, von Geburt ein Schwab, der der Natur ins Häfele geguckt und ihr allerlei Heilmittel abgelauscht hatte. Es war der alte Bombast von Hohenheim — seinen Buben, den Paracelsus, hat nachher die ganze Welt gekannt. Zu dem schickte der Kaiser. Der Knecht kam auch bald wieder und brachte dem Kaiser einen kleinen Zettel, darauf stand geschrieben:

Das Nasse und das Kalt',
die Liebe und der Wein:
es kann kein Arzet Halt
dir tun fürs Zipperlein.
Wenn du den Glusten hast,
so hast du auch den Brast,
es kauft kein Äsculap
dir deinen Waihtag ab.

Wenn ein Großer krank wird, das spricht sich herum, und die Reichen haben viele Ärzt. Sie kamen von weither, dachten da einen Schnitt zu machen und den Alten zu fangen. Es hatte aber der wohlerfahrene Kaiser sichs wohl ausgedacht, wie er könnt mit guter Art sich die Leut' vom Hals halten.
Wenn einer kam, zu Fuß oder geritten, wohlgezottet, mit Federhut und Mantel, und vorgab, Podagra zu heilen, ließ ihn der Maximilian zu sich kommen in die Hofstub,

wo der ganze Stab beisammen war, und redete ihn so an: „Guter Gesell, du kennst mich nicht recht! Meinst ich hätt viel verschimmelter Dukaten im Gewölb, aber der italienisch Krieg kost' Geld — ich hab Schulden, werds wohl kaum zahlen. Da bin ich froh, wenn ein reicher Mann, wie du einer bist, zu mir kommt, mir aus der augenblicklichen Klemme auszuhelfen, und wärs nur mit tausend Gulden!"

Wenn dann der so Geehrte sagte: „Herr Kaiser, wie käm ich dazu? Ich bin ein armer Teufel, wüßt nicht, wie ich auch zehn Gulden zusammenkratzen wollt!", so entgegnete der Kaiser lachend: „So kannst du auch das Podagram nicht heilen! Der wer das könnt, der wär reicher als der Kaiser und der Papst zusammen!"

Unter dem Gelächter der Hofgesellschaft zog dann der Wunderdoktor ab. Es laufen aber heut viel herum, geben aus, die große Kunst zu besitzen, und vermögen keine hundert Mark, geschweige, daß sie sonst einiges Besitztum hätten.

Wenn Herzog Carl seinen guten Tag hatte

Der Herzog hatte heute seinen guten Tag! Die Veranlassung war ein Aktenstück in einer roten Mappe, das gestern vom fürstlichen Obergericht geschickt worden war.

Und gleich war auch der ganze Hof ein Fest und ein Leben! Die Franzel kicherte und trillerte mit ihrem Frauenzimmer, die Adjutanten lagen in den Fenstern und schönäugelten mit vorbeigehenden Bürgertöchtern, die

Heiducken hatten im Hof ein Faß Bier angestochen, die Köche und die Kuchenmenscher zogen singend und auf den kupfernen Pfannen trommelnd im Gänsemarsch um den großen Herd und dann durchs ganze Schloß, und drüben in der Akademie bei den Studenten erhob sich ein brüllendes Indianergeheul, das eine allgemeine Balgerei einleitete und begleitete, daran teilzunehmen den jugendlichen Professoren ein Hochgenuß war!
Solch gute Tage von Zeit zu Zeit waren es, die dem Leben an diesem Hofe trotz der ungeheuerlichen Schulden, trotz der lebensgefährlichen Anfälle von Cäsarenwahnsinn beim fürstlichen Herrn und trotz der aus den ununterbrochenen Skandalen ununterbrochen aufsteigenden Händel den prickelnden Reiz gaben und alles versöhnten.
Denn wenn dieser selbstherrliche eitle launische, verschwenderische wilde hemmungslose, tausendmal verfluchte und tausendundeinmal angebetete Herzog Carl Eugen zu Wirtemberg und Teck, Mömpelgard und Reichenweiher seinen guten Tag hatte, überschäumte sein ungestümer erfinderischer Geist von den unerwartetsten, tollsten und verrücktesten Späßen und Neckereien, war er der liebenswürdigste und ritterlichste, von Geist und guter Laune sprühende und gegen jedermann grundgütige Fürst und der bewunderte Liebling seines Hofes.
Was war nun los? Nun, er erwartete um 11 Uhr zwei Rechtskonsulenten, die einen Prozeß miteinander hatten um 2000 Gulden, der vom Obergericht weder beglichen noch verglichen werden konnte und deshalb abgewiesen worden war. Zu „sowohl — als auch“ sagt der Richter „weder — noch“! . . . Darauf hatten die zwei Rechthaber beim Herzog, als dem obersten Gerichtsherrn, rekurriert, und um 11 Uhr sollten sie kommen.

Das war ein Herrenfressen für Carl! Er hatte ja eine so gute Menschenkenntnis und einen blitzschnellen Verstand. In Erwartung der kitzlichen Situation, die mit Eleganz zu meistern er gewiß sein konnte und im Beisein des Hofes meistern wollte, hatte er sich gleich am frühen Morgen mit seiner Franzel, seinem anderen Gewissen, ausgesöhnt; und er hatte ihr in der Stunde der Rührung nicht nur den Heiratskonsens für einen ihrer vielen Lieblinge, einen jungen Offizier, sondern auch eine standesgemäße Aussteuer für die blutarme Braut versprochen! — Versprochen hatte ers, er versprach ja so gern! Aber woher sollte ers nehmen? Die Zeiten Wittleders waren vorbei! Doch machte er sich darum keine Sorgen. Irgendwie war es ja immer gegangen; das Geld mußte man eben da holen, wo es war.

Der Heiduck meldete, daß „die Zwei" draußen seien. Der Empfang war im kleinen Spiegelsalon. Der Herzog saß in einem prachtvollen rotsamtenen Stuhl; er trug das grüne Jagdkleid, das ihm so gut stand; das Hütchen und die Reitgerte lagen auf dem Tisch; dort lag auch das Aktenstück in der roten Mappe.

Und dort stand noch eine kleine kirschbaumene Schatulle, darin lagen die 2000 Streitgulden. Die Schatulle glänzte im Licht der Spiegel, die Einlegearbeit aus Ebenholz mit einem schwarzen Papagei trat deutlich hervor. Die Verschnürung war versiegelt, und daran hing der kleine Schlüssel.

„Neurath", sagte er zu dem Adjutanten, „laß die Kerle herein!"

Die zwei kamen herein. Es war ein Alter und ein Junger, beide im schwarzen Gewand ihres Standes. Beide waren bartlos und mäßig beleibt, der Alte trug eine kleine Perücke, der Junge das rote Haar in einen Zopf geflochten, das Barett hatten sie in der Hand. Haltung und Gesicht beider zeigte jene bewachte Gelassenheit, die den Advokaten eigen ist.

Der Herzog erwiderte ihren ehrerbietigen Gruß aufs gnädigste. Er hatte Stühle für sie aufstellen lassen und die Plätze so angewiesen, daß er, wenn er den einen anschaute, gleichzeitig den andern im Spiegel beobachten konnte.

Außer dem Adjutanten war nur noch der Geheime Rat Bühler da; die Türen aber waren einen Spalt weit offen, und dahinter stand mit verhaltenem Atem und lauschend die ganze Hofgesellschaft.

„Wie heißt du?“ fragte Carl den Jungen, „und was bist du?“

„Ich heiße Ulrich Hallwachs, Ew. Gnaden“, erwiderte der Gefragte und verbeugte sich, „und ich bereite mich auf eine Advokatur in Ew. Gnaden Herzogtum vor.“

„Hallwachs?“ Der Herzog musterte ihn freundlich. „Und du?“ —

„Ew. hochfürstliche Gnaden werden mich kennen!“ sagte höflich der Alte, „ich bin der Konsulent Eberhardus Entenmaier, Dr. iuris utriusque, und ich habe für Ew. hochfürstliche Gnaden den Prozeß geführt gegen die Reichsstadt Eßlingen!“

„Ach!“ sagte der Herzog heiter, „den Prozeß, der sieben Jahre gedauert hat und nie zu Ende ging? Ich erinnere mich! Den Kosten nach mußt du ein reicher Mann sein?“

„Wohl wohl! Ich könnte mein bescheidenes Auskommen haben“, sagte Herr Eberhardus, und er warf einen bösen Blick auf den jungen Hallwachs, „ja, wenn nicht gottlose Menschen mich um das Meine zu betrügen gedächten!!“

„So habt ihr zwei also eine kleine Meinungsverschiedenheit miteinander? Wie ich höre, seid ihr deswegen schon

vor Gericht gewesen? Wie ist eigentlich der Fall?“ damit wandte er sich an Bühler, „wie ist die Geschichte?“
„Eine verrückte Geschichte ist das“, sagte der Geheime Rat und deutete auf die rote Mappe, ohne sie in die Hand zu nehmen, „eine ganz verrückte Geschichte! Der pp. Entenmaier hat vor nunmehr vier Jahren den pp. Hallwachs als Praktikanten angenommen gegen ein Lehrgeld von 2000 Gulden, zahlbar an dem Tag, da Hallwachs vor einem ordentlichen Gericht seinen ersten Rechtshandel gewänne. Bis jetzt aber hat der Herr Praktikant alle von ihm geführten Prozesse verloren! Der Entenmaier sagt, aus Bosheit und weil er ihn um das Lehrgeld fraudieren wolle; der Hallwachs sagt, weil seine Praxis noch ungenügend sei. Nun will Entenmaier nicht mehr zuwarten und klagt auf die Zahlung der vereinbarten Summe, die der Hallwachs in diesem Stadium schuldig zu sein bestreitet!“
„Ei ei, bestreitet? Ist es so?“ fragte der Herzog.
„Es ist so!“ sagten die zwei wie aus einem Mund.
„Und was sagst du“, damit wandte er sich dem alten Advokaten zu, „was sagst du zu der Angabe deines Diszipels? Mangelt ihm die Praxis? Oder fehlt ihm das Ingenium?“
„Herr Herzog!“ sagte der Alte erregt, „ich habe noch nie einen so ingeniösen Schüler gehabt! Und es sind wenige Advokaten in Ew. Hoheit Land, die sich mit ihm messen könnten! Er vermag die schwierigsten Fragen zu durchschauen und hat solche oft im Verhandlungswege gelöst! Aber er treibt mit mir das ludíbrio habére, er hat mich zum Narren! Er verliert auf meine Kosten und mit abgefeimter Bosheit malum et bonum, den guten wie den schlechten Handel! So bleibt mir nichts anderes, als Ew.

fürstlicher Hoheit Gericht anzurufen, um zu meinem Recht zu kommen!"

„So würdest du also", fragte der Herzog und sah Herrn Eberhardus mit teilnehmenden Augen an, „so würdest du deinen Diszipulum freisprechen von der Lehr' und ihm zubilligen und bezeugen, in Sachen Rechts gehört und gewürdigt zu werden?"

„Gewiß, Ew. Gnaden, gewiß!" sagte der Alte mit großem Eifer, „gewiß und so gut, als ich selber iurisprudentiam für mich beanspruchen zu können glaube!"

„Das ist ein großes Wort!" sagte der Herzog und lächelte wieder, „aber wir wollen es gelten lassen! — Aber, nun sagt mir", fragte er weiter, „ist es nicht Sitte bei einem solchen Vertrag, das Geld zum voraus sicherzustellen, irgendwo zu hinterlegen?"

„Gewiß, Ew. Hoheit, gewiß!" sagte der Alte, der in Gedanken schon die Goldstücke zählte, „hier ist es!", und er deutete auf die Schatulle.

„Das ist gut", sagte der Herzog mit Würde, „so können wir ja den Streit gleich heute zu Ende bringen! — Nun also, mein Freund und Jurekonsultus", fuhr er fort, und jetzt ging es Schlag auf Schlag, „du bist berühmt als ein rechtskundiger Mann; ich aber bin ein Laie. Nun sage mir, wie würdest du als Richter, an meiner Stelle und in diesem Fall judizieren? Sage es mir, ohne daß ich nachher einen Kostenzettel bekomme!"

„Ew. Hochfürstliche Gnaden Herr Herzog!" sprach der Alte voll Freude, und es ging ein Leuchten über sein Gesicht, „ich danke für das gnädige Vertrauen, und ich preise die hochfürstliche Gerechtigkeit! Das Judizium steht auf diesem Faktum:

Gewinne ich den Prozeß, so muß er zahlen nach dem Spruch des Gerichts; verliere ich, so muß er zahlen nach unserem Vertrag, weil er damit seinen ersten Rechtshandel gewonnen hat. Hallwachs muß also zahlen, so oder so!"

„Gut!" sagte der Herzog, „wir wollen das gelten lassen: Hallwachs muß zahlen, so oder so! — Was aber sagst du dazu, Hallwachssohn? Deine Kenntnis und Weisheit in Sachen des Rechts wurden soeben hier aus berufenem Munde auf das höchste gerühmt, und dein Lehrer will dein Urteil gelten lassen wie sein eigenes! Nun judiziere du!"

„Ew. Gnaden", sagte lächelnd der Junge, „das Judizium kann nach dem Faktum nicht anders lauten als so: Gewinne ich den Prozeß, so hat er keinen Anspruch nach dem Urteil des Gerichts; verliere ich, so hat er keinen Anspruch nach unserem Vertrag, weil ich noch keinen Rechtshandel gewonnen habe! Entenmaier hat keinen Anspruch an das Geld, so oder so!"

Da lachte der Herzog hell hinaus: er sah im Spiegel, wie das Gesicht Eberhardus Entenmaiers lang und länger wurde und ihn eine tiefe Enttäuschung überkam.

Der Herzog erhob sich. Es standen auf der Geheime Rat Bühler und der Adjutant von Neurath, Entenmaier und Hallwachs, und der Herzog sprach:

„Ich danke euch, meine Freunde! Euere iurisprudentia ist fürtrefflich! Ich danke für des Meisters wie discipuli sui Jurisdiktion: Hallwachs muß zahlen, so oder so; Entenmaier hat keinen Anspruch, so oder so; ist also, was hier auf dem Tische steht, herrenloses Gut und nach gemeinem Rechte dem Staate verfallen, der zu sein Ich in diesem gesegneten Lande die fürstliche Ehre habe!"

Da lachte der Geheime Rat, und es lachte der Adjutant, und hinter dem Spalt der Türen erhob sich ein Gelächter, daß es durchs ganze Schloß schallte, es lachten die Franzel

und ihr Frauenzimmer, die Heiducken und die Köch' und die Kuchenmenscher, es lachten die Studenten, und es lachte Stadt und Land; nur die zwei Jurekonsulti lachten nicht.
Da setzte der Herzog sein Hütchen auf und sagte: „Neurath, führe die zwei Lichter der Weisheit hinaus!“ Und er öffnete die Türe: „Franzel, meine Liebste“, rief er, „komm herein! Wem Gott eine Liebe gibt, dem gibt er auch ein Nest! Die Aussteuer ist da!“

Die Predigt des Stiftlers

Der Fürst in dieser Geschichte ist der Herzog Carl Eugen, von dem die Geschichtsschreiber ziemlich viel Unerfreuliches berichten. Die württembergischen Bauern aber mochten diesen fürstlichen Kerl, von dem jeden Tag etwas Unerwartetes zu erwarten war, gerne leiden. In der Geschichte kommt noch ein Student vor, ein Student der Theologie von Tübingen. Natürlich ein Stiftler. Die Stiftler gehören zum württembergischen Staat so gut wie der Herzog und die Bauern.
Dieser Stiftler hatte sich bei seinem Studieren viel mit den menschlichen Pflichten zu befassen. Kein Wunder, daß er dabei, des Gleichgewichts halber und weil er ein schwäbischer Sohn war, davon keiner ganz zu zähmen ist, auf die menschlichen Rechte aufmerksam wurde.
Bei dieser Aufmerksamkeit kam in das Licht seiner Betrachtung der Schatten des Herzogs Carl, was die Veranlassung gab, daß der Student ein Gedicht verfaßte, das fing an: „Tyrann, herab von deinem Thron!“
Dieses Gedicht fand den Beifall der Stiftskameraden; es wurde abgeschrieben, und ein guter Freund des Dichters

sorgte dafür, daß der Herzog in Stuttgart eine solche Abschrift erhielt. Das ist in Württemberg so.

Nun war aber der Herzog dafür, daß sich Studenten nicht zuviel herausnehmen. Wir wissen das von Friedrich Schiller her, der sich auch ein ähnliches Gedicht herausnahm. Der Herzog ritt darum nach Tübingen, um dem Studentle Räson beizubringen. Er ritt geradeswegs ins Stift und ließ Ephorus und Famulus, Repetenten und Studenten in der Kirche antreten. Dort langte er sich aus der Reihe der schwarzen Röcke den Poeten heraus, er gab ihm einen zusammengefalteten Zettel in die Hand mit der Weisung, sofort die Kanzel zu besteigen und über den Text auf dem Zettel eine Predigt zu halten. Gut.

Der Student stieg auf die Kanzel. Unten saß das ganze Stift in atemloser Spannung. Er faltete den Zettel auseinander: das Blatt war unbeschrieben auf beiden Seiten. Auf diesen Augenblick hatte es der Herzog abgesehen. Er dachte, das angehende Pfäfflein werde hilflos und verdattert auf der Kanzel stehen, worauf er, der Herzog, zu ihm hinaufrufen wollte: „Herab von deinem Thron!"

Aber ein Stiftler ist nicht verdattert. Er wies seiner Gemeinde den Zettel hin und sagte: „Hier ist nichts" — und damit drehte er das Blatt um — „und da ist nichts. — Und aus nichts hat Gott die Welt gemacht!" Und nun fing er an zu predigen von der Allmacht Gottes und der Winzigkeit der Menschen, die sich gar nichts einzubilden bräuchten, und wenn sie selbst Fürsten oder Prälaten oder gar Stiftler wären. Er gab es aber nicht zu grob, machte vielmehr den Salat fein, wie es sich gehört, mit Öl an, daß er schmeckte und gut zu schlucken war. —

So ging die Sache ihren geweisten Weg. Der Herzog war versöhnt, der kecke Kerl hatte ihm gefallen. Und als dieser mit seinem Studieren fertig war, gab er ihm die beste Pfarrei, die frei war.

„Herr, wo ist mein Pelz?"

Nie empfand der württembergische Herzog Carl Eugen die Würden seines fürstlichen Standes lustbarer, als wenn er nach dem Halali am großen Stern im Solitude-Wald die Jagdstrecke begehen konnte.
Wie Mahden lagen da auf der großen Waldwiese kapitale Hirsche, Rehböcke, Wildsauen, Dachse und Füchse, Fasanen, perlmutterfarbene Wildenten, wohl auch ein Fischotter, ein Luchs, eine Wildkatze, ein Edelmarder und dazu Wald- und Feldhasen genug!
Der Herzog war an solchen Tagen in heiterster Laune, denn heute konnte er schenken! Um ihn waren die Würdenträger und die Lieblinge seines Hofes, zu seiner Rechten die um ihrer Anmut willen vom Stadt- und Landvolk geliebte Franziska von Hohenheim, die Herrin des Schlosses und des Herzogs, mit ihrem Frauenzimmer. Fehlen durften nicht die jugendlichen Professoren der Hohen Carlsschule, von denen wir den Lehrer und Freund des jungen Schiller, den vortrefflichen Jakob Friedrich Abel von Vaihingen an der Enz, am besten kennen. Und fehlen durfte auch nicht der Pfarrer von Scharnhausen, den der Herzog nach jener denkwürdigen Begegnung im Tübinger Stift in seiner Nähe angestellt hatte. — Der Herzog liebte ihn als einen unerschrockenen Gesellen. Er wollte ihn in seiner Nähe haben, er brauchte ihn als einen, von dem er keine Schmeicheleien zu befürchten hatte.
Nein, hier war ein Stück Altwürttemberg. Als primus inter pares sahen wir damals unseren Herzog an! Er mochte mit seinen welschen Tänzern und Trillerschlägern achtzehntes Jahrhundert und fürstlichen Absolutismus spielen; von seinen Württembergern verlangte

er, nachdem er sich zur Nachfolge des Grafen im Bart zurückgefunden hatte, von ihnen verlangte er das Wort des Herzens, so oder so. Es war das seiner ungebrochenen Natur ein Bedürfnis.

Heute konnte sich Carls Freigebigkeit einmal richtig ausleben! Die Möglichkeit dazu war ja selten; denn Geld hatte er keines. Nie hatte er Geld! Aber der Schönbuch hatte ihm ja nun die Geschenke zu Füßen gelegt: da waren fette Hirschkeulen und saftige Rehbraten, da waren feiste Hasen und warme Pelzdecken für den Winter! Und wie er den Scharnhauser Pfarrer ganz blaugefroren in seinem dünnen Rock hinter den wohl bewamsten Kavalieren stehen sah, versprach er ihm einen Winterpelz! Und er beauftragte auch gleich den Rentmeister, für die Anfertigung besorgt zu sein; und der Rentmeister überwies dem Hofkürschner, was dieser an Balg und Pelz dazu brauchte, legte diesem auch die Ablieferung bis Martini ans Herz.

Der Herzog freute sich. Er wußte, der Scharnhauser Pfarrer wird ihm dafür noch deutlicher die Wahrheit sagen als sonst. Das verstand man altwürttembergisch unter Demokratie.

Der Pfarrer von Scharnhausen freute sich auch. Es ist eine mühselige Sache, bei Eis und Schnee nach Hohenheim zu marschieren, wenn der Herzog einen Zuspruch braucht oder eine Sonntagspredigt von ihm haben will. Und es gehört schon etwas dazu, von der Güte und Liebe zu reden, wenn man am ganzen Leib durchgefroren ist! Ein Pfarrer ist eben auch ein Mensch, sozusagen.

Sommer und Herbst hatten viel versprochen und mehr gehalten. Es gab Heu und Korn und Wein, die drei

Dinge, die im alten Herzogtum Württemberg wichtig waren.

Die Bauern brachten alles gut in Scheuer und Faß. Unter solchen Umständen denkt man nicht an Weltverbesserung, und ein Herzog hat gute Tage.

Aber vor Martini kam plötzlich der Winter, nichts Halbes und Unentschlossenes. Der Wind, der sich nirgends besser austoben kann als auf den Fildern, trieb Schneeflocken vor sich her, so groß wie die Allgäuer Käslaibe. Wer nicht hinausmußte, saß in der warmen Stube. Nur die frischen Buben und die kecken Maidlen von zehn, zwölf Jahren waren unentwegt dabei, zu schneeballen, Schlitten zu fahren und im windgeschützten Hof einen Schneemann zu bauen.

Der Pfarrer von Scharnhausen war aufs Schloß geladen. Er sollte nachträglich dort eine Ernte- und Herbstdankpredigt halten.

Da war es gut, daß ihm der Herzog den warmen Pelz geschenkt hatte!

Hatte er den Pelz? Nein, er hatte ihn nicht! Wie käme der Hofkürschner dazu, dem Pfarrer von Scharnhausen einen Pelz zu machen, wenn ihm die Herren vom Hof und die Reichen von der Stadt das Haus wegliefen wegen ihrer Pelzkappen und Pelzhandschuhe und Pelzwesten?! Und wenn die Frauen, die vornehmen schönen Frauen, am Vormittag die Magd schickten und am Nachmittag selber kamen! Ein aufmerksamer Hoflieferant muß jetzt für Pelzbarette, Pelzjacken, Pelzschuhe und Muffe besorgt sein!

Nein, der Hofkürschner hatte wirklich keine Zeit, an den Pfarrer von Scharnhausen zu denken. Scharnhausen ist Scharnhausen. Und Pfarrer können warten. Die Geduld gehört zu ihrem Beruf. —

Und doch hätte auch der Pfarrer von Scharnhausen gerne seinen Pelz gehabt.
Wenn der Herzog nichts gesagt hätte von einem Pelz, dann hätte er wahrscheinlich gar nicht dran gedacht. Pfarrer sind arme Leute und anspruchslos.
Aber der Herzog hatte es eben nun einmal gesagt! Wenn man jemand etwas verspricht, muß mans halten, und wenns ein Diener wär'! Was man einem Menschen geschenkt hat, das gehört ihm. Von Rechts wegen! Kinder vergessen es ihr Lebtag nicht, wenn sie ein versprochenes Geschenk nicht erhalten. Auch Männer und Frauen vergessen es nicht.
Der Pfarrer von Scharnhausen spürte die Kälte viel mehr, wenn er daran dachte, daß ihm der Herzog einen Pelz versprochen hatte! Und es war merkwürdig: auch die Füße und die Ohren und die Hände schienen davon zu wissen und meldeten sich! Die Sache beschäftigte ihn.
Als aber die Einladung kam nach Hohenheim auf Sonntag, und als der Pfarrer die schlittenfahrenden Buben und Maidlen durchs Fenster sah, da war es plötzlich, als fiele eine Last von ihm ab. Es wurde ihm warm und leicht ums Herz: brauchte er denn überhaupt einen Pelz? Er brauchte ihn gar nicht, hatte ihn seither nicht. Und er wollte jetzt gar nimmer daran denken. Nein, er wollte ganz darauf verzichten. Und er tat es.

Was zum Hohenheimer Schloß gehörte, war da. Der Herzog liebte das Zwanglose, nicht nur bei den Feiern der Akademie und bei den Jagden. Er kannte da keinen Stolz! Er ritt, wenn eine Feuersbrunst ausbrach, sechs Stunden weit über Land, und wenn es beim Löschen an der Ordnung fehlte, übernahm er das Kommando. So saß er auch heute unter den Bediensteten und Bauern und Stallknechten. Auf seiner rechten Seite saß die geliebte Franzel, auf der anderen der Scharnhauser Pfarrer. Als das Lied verklungen war, erhob sich dieser und trat auf den Trippel hinter dem Predigtstuhl. Der Gottesdienst war im Atrium, dem von der Kälte am wenigsten heimgesuchten Raum des Schlosses.

Der Prediger las den vom Herzog gewählten Text des Lucas-Evangeliums im zwölften Kapitel:

„Er sprach aber zu seinen Jüngern: Darum sage ich euch, sorget nicht für euer Leben, was ihr essen sollt, auch nicht für euren Leib, was ihr antun sollt."

„Das Leben ist mehr denn die Speise, und der Leib mehr denn die Kleidung."

„Nehmet wahr der Raben: die säen nicht, sie ernten auch nicht, sie haben auch keinen Keller noch Scheuer, und Gott nähret sie doch."

„Nehmet auch wahr der Lilien auf dem Felde, wie sie wachsen: sie arbeiten nicht, auch spinnen sie nicht. Ich sage euch aber, daß auch Salomo in aller seiner Herrlichkeit nicht ist bekleidet gewesen als derselben eine."

Das war ein guter Text für ein Jahr, darin Gott so über alle Maßen seinen Segen gespendet hatte! Der Prediger gesellte den köstlichen Worten des Evangeliums die freudige Stimme des eigenen Herzens. Der Herzog nickte ihm während der Predigt wiederholt zu. Und die geliebte Frau von Hohenheim hatte das Tüchle an den Augen, die Tränen abzuwischen, die immer überquellen, wenn das Herz getroffen und getröstet wird. —

Fürsten und Bauern lieben kurze Predigten. So hielt auch der Scharnhauser Pfarrer in seiner Art eine Jägermesse und schloß, zusammenfassend, mit den Worten:

„Wir haben ein gesegnetes Jahr hinter uns. Es ist im Volk keine Not ums tägliche Brot."

„Und wo Not ist, sind Menschen da, zu helfen. Denn so wie Gott den Acker gesegnet hat, das köstliche Korn zu geben, zu Brot für die Menschen, und Gras für die Tiere, daß sie davon essen, so hat er auch das menschliche Herz begnadet, daß aus ihm die Liebe emporwachse und die Lust, zu schenken und zu helfen. Schön ist das Weizenfeld im goldenen Glanz seiner Ähren und der Apfelbaum im Lichte seiner reifen Früchte; aber schöner ist das menschliche Antlitz, wenn daraus das Licht der Liebe und Güte leuchtet."

„Freilich verteilt Gott die Gaben ungleich. Und es wird immer so sein, daß einer Mangel hat. Und es ist keiner, der keinen Mangel hat und der nicht ein Leid in seiner Seele trüge. Das Leid ist das Beste, was uns Gott geschenkt hat, daraus zu lernen, was not tut."

„Man soll darum nicht aufeinander schauen, wenn der eine hat, was man selber nicht hat. Oft hat ein Armer das und schätzt es nicht, was ein Reicher heiß begehrt."

„Die Meisen und die Sperlinge und die Goldammern haben im Sommer ein leichtes Kleid und im Winter einen warmen Flausch, der sie wärmt und darin sie geborgen sind. Sie bleiben ja bei uns, die treuen Seelen, und sie suchen die kleinen Samenkörnlein von den abgestorbenen Sommerblumen und die Beeren im Gebüsch. Aber wenn nun ein Mensch, wenn ihn der kalte Winter anfällt, kommen und sagen wollte: ‚Herr, wo ist mein Pelz?', so wäre das seiner nicht würdig! Seid ihr denn nicht viel mehr denn sie? Und ist der Leib nicht mehr denn das Kleid?"

Der Pfarrer schloß, und wie er hinuntersah zum Herzog, sah er ein frohes Lächeln auf seinem Gesicht. Und als er sich von ihm verabschiedete, drückte ihm dieser warm die Hand und sagte: „Lohns Euch Gott, Herr Pfarrer,

Ihr habt mich recht erquickt und getröstet!" Es war das erstemal, daß er ihn mit Ihr anredete statt mit Er. „Lohns Euch Gott!" sagte er nochmals, „das Gleichnis von dem Weizenfeld und dem menschlichen Herzen hat mir besonders gut getan. Das will ich im Kopf behalten und vor mir hertragen!" —

Noch nie war der Scharnhauser Pfarrer so froh von einer Predigt im Schloß heimgekommen in sein kleines Pfarrhaus.

Was aber tat der Herzog? Warum hatte er gelächelt, als er die Worte von dem warmen Flausch der Sperlinge hörte?

Ei, war da nicht dem guten Pfarrer in der Innigkeit des religiösen Denkens etwas über die Zunge geschlüpft? War da nicht etwas aus dem eigenen Erlebnis, eine überwundene Schwäche, was als „unwürdig" verabschiedet wurde? Er redete mit der Franzel. Und gleich am Montag in aller Frühe hielt ein reitender Bote vor dem Hause des Stuttgarter Hofkürschners. Er übergab einen versiegelten Brief. Dem Kürschner blieb der Mund offen, als er las:

Geheim!
Wenn der Pfarrer von Scharnhausen
am kommenden Mittwoch abend seinen Pelz nicht hat
samt der dazu gehörigen Otterkappe,
wie es sich für ihn schickt,
wird man den Herrn Hofkürschner,
den Sackermenter, ins Loch sperren!
Carl Eugen H. z. W.

Von einem König, einem Leibroß und einem Stallknecht

Der König in dieser Geschichte ist Friedrich I. von Württemberg, der ein sehr energischer Herr war. Das Volk wird darin vertreten durch einen Stallknecht. Außerdem kommt in der Sache noch ein Schimmel vor, das Leibroß des Königs, eine Stute mit dem Namen Helene.

Nehmen wir einem König das Leibroß weg und den fürstlichen Mantel und den Stern von der Brust, dann sieht er schier aus wie ein anderer Mann. König Friedrich aber hielt auf Stand und Würde, und so hatte es die Stute so gut, wie es ein königliches Leibroß nur haben kann.

Daß sie krank wurde, nahm Friedrich dem Oberstallmeister übel, sehr übel! Und er ließ ihm und dem Roßarzt sagen, sie sollten sich ja nicht unterstehen, etwas anderes als die Wiederherstellung des Lieblings zu melden! — Wenn der König so etwas sagen ließ, war es bitterernst, dann mußte man eines sehr unangenehmen Verfahrens gewärtig sein ...

Ob das Leibroß trotz oder an der ärztlichen Bemühung starb, war nachher unwichtig; wenn sich nur jemand unterstanden hätte, die Tatsache dem Könige zu melden. Ein alter Stallknecht, der aus dem Hohenlohischen stammte, unterstand es sich. Er ging hinein zum Könige. Mit der Kappe in der Hand blieb er an der Tür stehen, und nun begab sich folgendes Gespräch:

„Herr Keenich, etz haaßts aa: ‚So geht nun hin und grabt mein Grab'!"

„Wieso?"

„s is ebe sou: alle Menschen müssen sterben und am End d Gail aa!"

„Was soll das heißen?"

„s is nor wegen der Helene.“
„Was ist's mit der Helene?“
„s is noune füür! Sie liicht im Stall un verrecht si net!“
„Ist es denn noch nicht besser geworden?“
„Dees, wenn mr sooche tät, wär verlouche: sie läßt d-Ouhre hangge.“
„Ist kein Wunder nach der schweren Kolik! Deckt sie gut zu, sorgt für Ruhe und haltet den Stall dunkel!“
„Sie gsieht numme.“
„Sieht nimmer?“
„Sie heert aa numme.“
„Hört nimmer?“
„Und wo mr sie o'reecht, is sie aiskalt.“
„Vom Fieber?“
„Do drvou is sie verleest! Sie is bockstaif un streckt alle viere naus!“ Damit setzte er die Kappe auf.
„Du heilloser Kerl, du willst doch nicht sagen, daß sie tot ist!?“
„I will nix gsoocht howwe! Awwer wenn's e Schimmel sai' soll, muß dr Herr Keenich en naie Gaul kaafe!“ Damit wandte er sich zur Tür und ging grüßend hinweg.

Sprüche und Reimsprüche

Wichtig ist nicht, wie sich einer zu mir verhält, sondern wie ich mich verhalte.

Lebenskunst

Wir sind doch sehr abhängig von unserer Umgebung, ja, glückliche oder schwermütige, heitere oder zornige Laune geht von dem angenehmen oder unliebsamen Leben aus, in dem wir stecken.
Es ist darum eine Lebenskunst, den Wolkenbildungen und den nicht zu uns passenden Menschen auszuweichen und auch sonst nicht alles und jedes hineinzulassen dahin, wo die Unruhe schlummert.
Und es ist keine Feigheit, das Behagen zu suchen und zu pflegen. Es ist schon deshalb erlaubt, ja geboten, weil unsere Nächsten und Liebsten ein Anrecht auf unsre Heiterkeit und unsre friedliche Kraft haben und weil wir dazu da sind, zuerst zu helfen und zu dienen.

Ich kenne Menschen, deren Fehler mir lieber sind als ihre Tugenden.

Jeder Schatten kommt von einem Licht her. Wo dieses nicht sichtbar ist, muß man es suchen. Je dunkler der Schatten, desto heller das Licht; und das Licht rechtfertigt den Schatten.

Kein Mensch ist ohne persönlichen Wert oder die Möglichkeit eines solchen. Diesen Wert zu erkennen und zur Geltung zu bringen, ist Sache deines Umgangs mit ihm.

Er scheint, als ob die Erkenntnis vom Charakter und Charakteristischen des anderen sich rascher vollziehe im Unterbewußten als im Bewußten ... Ob wohl das Unterbewußtsein unmittelbare Beziehungen zum anderen Unterbewußtsein hat und damit der unmittelbare Austausch möglich ist? Es mag wohl so sein.

Das ist der Faulen List:
das Brettlein bohren, wo's am dünnsten ist.

Was Dummes ist in jedermann —
wohl dem, der es verheben kann.

Das Leibroß sagt: „Es tut mir weh,
daß ich dich so mißachtet seh'!"
Der Esel sagt: „Es ist nicht schlimm,
dafür hab' ich die schöne Stimm!"

Wer nichts weiß, dem ist nichts verborgen.

Wenn man einem Dummen Wissen beibringt, also seine Hilfsmittel vermehrt, so ist das so gefährlich, wie wenn man Kinder mit geladenen Schußwaffen spielen läßt.

Durch die Schule werden die Gescheiten gefördert und die Dummen verdummt und so jedes in seiner Art befestigt.

Die Klugen beharren bei Wichtigem,
die Dummen bei Unwichtigem auf ihrem Kopf.

Die Unsicherheit im Umgang mit Menschen kommt daher, daß einer mehr sein will, als er ist oder als die Umstände zulassen.

Der Umgang mit Menschen, wenn er nutzbringend und beglückend sein soll, setzt einen wohlgeübten, wachsamen, unnachsichtlich aufrichtigen Umgang mit sich selbst voraus! Nur der sichere Mensch, der schwindelfreie, vermag auf dem Grat des Gebirges zu gehen.

Daß er sich ändern kann
und daß er Buße tut,
das zeigt den starken Mann
aus gutem Blut!

Es ist eine Sache der Menschenfreundlichkeit und Klugheit, Bitten, die man abschlagen müßte, zu verhindern.

Die Unterschätzung anderer ist immer verbunden mit der Überschätzung der eigenen Tugend.

Alle Selbstgefälligkeit beruht auf Unwissenheit. Einer, der Welt und Menschen kennt, ist bescheiden.

Widerspruch begehrt, wer klug ist
und nach Recht und Klarheit trachtet,
kleiner Zweifel schon genug ist,
daß der Dummkopf dich verachtet.

Die Dummheit strebt mehr zur Macht und Geltung als die Weisheit. Und da sie in keiner Weise von des Gedankens Blässe angekränkelt ist, so ist ihre Entschlossenheit schneller, ihr Zugriff härter, ihre Ausdauer nachhaltiger. Das Dynamische muß man bei ihr lernen.

Du bis so gescheit und stets obendrauf,
und dennoch so törig und blind:
machst alle die goldenen Nüsse auf,
die an dem Christbaume sind.

Kuhmist präsentiert sich so:
Unsre Sippe ist vom Land,
Mutter eine Weizenstroh
und mit Weißbrots nah verwandt!

Hört der Kuhmist auf zu masten,
müssen noble Leute fasten;
und die Weißbrots kunterbunter
gehen unter.

Titel, Name, Geld, Befrackung
sind zum Zwecke der Verpackung,
Schale gilt nicht, sondern Perle,
wichtig ist allein der Kerle.

Höflichkeit hat im Gemüte
jene Klugheit, jene Güte,
die sich selber und die andern
lässet ungehindert wandern.

Laß dem andern seine Weisen,
höre zu und laß ihn reden —
glaub mir, er wird gegen jeden
nachher deine Weisheit preisen.

Es gibt Leute, die fangen mit Grobheit an, um zu probieren, wieviel sich der andere gefallen läßt und wie mit ihm verkehrt werden kann.

Laß dir die Waffe nicht durch den Gegner aufdrängen. Der Grobe überwindet dich leicht in der Grobheit; gegen deine Höflichkeit ist er machtlos.

„Guet nacht, Bäbile, schlaof wohl!“ —
„Ich schlaof, wie-n-ich mag!“

Hieß es einst: Cogito, ergo sum! Ich denke, also bin ich!, so muß es heute heißen: Loquor, ergo sum! Ich schwätze, also bin ich!

In unserer Zeit ist das Reden viel stärker beansprucht als das Schweigen. Die Vorliebe für eine Art rednerischer Rohkost ist festzustellen; die denkende Vorbereitung wird nicht mehr unbedingt gefordert. Es kann unmittelbar aus Eindruck und Empfindung heraus publiziert werden.

Reden steht dem Manne gut,
wenn es klüger ist als Schweigen,
doch es möge, wer es tut,
recht bald ab der Kanzel steigen.

Die Rede geht oft dadurch glatt,
daß schon gelebt der Goethe hat.

Das beste Lob, das ein „Mann aus dem Volk", sagen wir ein Bauer, einem aus dem Herrenstande ausspricht, heißt: „Mit dem Mann kann man reden!" Was heißt das?
Das bedeutet: er hat mich angehört; er hat mir aufmerksam zugehört; er ließ mich meine Sache sagen, mich ausreden und fragte einiges dazu! Also, er interessierte sich für mich, er ließ mich gelten!
Meine Freunde, das ist etwas. Etwas gelten will der Mensch, einen Wert haben, diesen Wert anerkannt haben, sonst kann er nicht leben.

Der Mund kann heimlich Wein trinken, aber die Nase schwatzt es aus.

Ich habe es mir nun heute bestimmt vorgenommen, für die Zukunft nichts mehr zu versprechen, da ich nicht weiß, was ich in dieser oder jener Zeit für mich selber zu tun habe. Ich kann für heute versprechen, aber nicht für morgen.

Willst du nicht in Dornen treten,
rate niemand ungebeten.

Es empfiehlt sich, bei Unterhaltungen mit der eigenen Meinung zurückzuhalten, bis der andere die seinige gesagt hat. Häufig kann sich dann ein gescheiter Mensch schweigend verhalten.

Hilf dem andern seine Mängel verdecken! Laß ihn seine Geschichte erzählen, auch wenn sie von dir ist.

Das sind die unterhaltsamsten Leute, die gut zuzuhören verstehen.

Unsinn und Ungüte sind die ergiebigen Stoffe für endloses Schwätzen. Über Gutes und Vernünftiges läßt sich die Unterhaltung nicht ausdehnen, weil man dazu selber Gutes und Vernünftiges beisteuern muß. Wo lange und heftig geschwätzt wird, ist immer viel Minderwertiges darunter.

Du bist nicht der Richter und der Seelsorger der Welt! Laß das. Du hast dazu viel zu wenig Wissen, Erfahrung und Verstand. Und deine Meinung und dein Urteil sind weder allrichtig noch allwichtig.

Wo dir im Brauchtum eines Hauses, Standes oder Volkes, wo dir in der religiösen Gewohnheit und Sitte der Menschen, mit denen du umgehst, etwas begegnet, womit du nicht einverstanden bist, das dir unrichtig, vielleicht sogar minderwertig oder lächerlich vorkommt, da hüte dich doch sehr, Werturteile abzugeben.
Der Fehler kann auf deiner Seite sein! Unterrichte dich! Zu gegebener Zeit wirst du alles verstehen, manches als richtig, vieles als zweckmäßig und einzig möglich erkennen und anerkennen.

Es wird immer wieder versucht, die Unüberlegtheiten und die Schlechtigkeiten den Familien, Gesellschaftsklassen, Ständen, Völkern zuzueignen, zu denen man selber nicht gehört.
Das Vorkommen unsauberer Zustände und böser Zeitdinge erstreckt sich, wie ein Lavapropfen durch alle Erdschichten geht, durch alle Stände und alle Klassen und alle Völker. Die Gliederung zwischen Gierigen und Gütigen, Geistigen und Brutalen, Reifen und Unreifen verläuft nicht entlang den Volks-, Konfessions- und Standesgrenzen. Jede Gruppe ist vielmehr ein menschlich Ganzes, das von der Hölle zum Himmel geht und gute und starke und schwache und nichtsnutzige Glieder hervorbringt.

Der vortreffliche Pfarrer Bertsch, der viele Jahre die Häftlinge der Ludwigsburger Strafanstalten betreute, sagte einmal: „Es gibt zwei Arten von Menschen, solche, die im Zuchthaus sind, und solche, die hineingehören“.

Es kommt nichts Gutes dabei heraus, wenn einer seinen inneren Zwist auf einem fremden Gelände austobt. — Es ist aber immer so gewesen, daß gerade die Leute, die innerlich voll Unfrieden und in ihrem Wesen unsicher sind, glauben, den Staat oder die Kirche weisen und leiten zu können.

Eh' du fangst zu streiten an,
merk dir diese Lehre:
Händel mit dem bessern Mann
bringen keine Ehre.
Kleinem Mann und armem Wicht
hilft man, doch bekämpft ihn nicht.

Humor ist, wenn man etwas Gutes hinzutut ... ein wenig Klugheit, ein wenig Geduld, ein wenig Liebe ..., was zur Rechtfertigung, was zur Befreiung, was zur Heiterkeit des Gemüts führt.

Der Buchfink schlägt den ganzen Tag
nur seinen kleinen Trillerschlag,
und doch füllt diese Herzmusik
die Welt mit ihrem Sommerglück.

Der Weise

Macht ihm die Welt ein bös Gesicht,
verliert er nicht das Gleichgewicht;
er ziehet in das sonnige Glück
der eignen Landschaft sich zurück.

Und die Menschen, arm und reich —
scheinbar nur sind sie verschieden,
heimlich sind sie alle gleich:
alle sehnen sich nach Frieden.

Bei jedem unangenehmen Erlebnis sollte man sich fragen, ob man sich wohl in einem Jahre noch darüber grämen werde. Wenn nein — warum dann heute?

Um einer guten Sache willen ist eine Zurücksetzung, ja eine Kränkung erträglich.

Was man mir Unrecht tut,
wird mir zu Schatz und Gut,
wenn ich's nur tragen will
und schweigen still. —

Denk aber nicht, daß Gott
dich aus dem Graben zieht:
schwimmen und klimmen mußt
du ganz allein!

Ist er nur aus rechtem Holz,
hat der Bauer Herrenstolz;
doch der Höfling braucht zur Wonne
Höhensonne.
Wer sich mit Milch und Brot behilft,
hat eine große Kunst,
braucht Schmeichelei und Lüge nicht
und keine Herrengunst.

Ohne Begnügen gibt es kein Vergnügen.

„Freiheit“ ist immer und überall Verzicht — Verzicht auf das, was zu erreichen oder zu ändern nicht in unserer Macht steht.

Armut meinet die Entbehrung,
Reichtum meinet Überfluß,
ist das eine nicht Entehrung,
hat das andre doch Genuß. —

Aber ist nicht diesbezüglich
und am End' die Rechnung gleich?
Auch Entbehrung hat Vergnügen,
Überfluß oft kein Genügen!
So betrachtet, fragt man füglich:
Wer ist arm? Und wer ist reich?

Wenn zwei Ziegen sich im Gebirge auf einem Felsensteig begegnen, wo nur eine gehen kann, legt sich die stärkere auf den Boden und läßt die schwächere über sich hinwegsteigen.

Die Liebe nimmt mit dem geliebten Wesen dessen ganze Welt an sich. Der Haß verliert auch die Welt des Gehaßten.

Die Liebe ist ein Feuer, das sich selbst entzündet oder angefacht werden kann. Immer aber muß man, wenn es brennen soll, von Zeit zu Zeit ein Scheitlein zulegen.

Das ist der Liebe Wesen,
daß alles sie erspürt
und, was auch sei gewesen,
den Glauben nicht verliert.

Schlecht ist mit dem Schlechten rechten,
schlimmer ist ein schlecht Gewissen,
doch das Schlimmste von dem Schlechten
ist, dem Schlechten dienen müssen.

Freund, empfindlich sind sie alle.
Laß dem Obern seine Ehr' . . .
schweig, besonders in dem Falle,
wenn du's besser weißt als er.

Wenn ein Fürst sich schlecht benimmt, ist es für die Untertanen schwer, anständig zu bleiben.

Machts der Ober nicht, so machts der Unter:
kleine Heilige tun auch Wunder.

Das steht schon in der alten Schrift:
die kleinen Krotten hant auch ein Gift!

Mußt mit den Nachbarn stets friedlich sein;
aber reiße den Zaun nicht ein.

Die Freiheit, die man recht versteht,
niemals auf Kosten andrer geht.

Wer will gerne schenken,
darf an Dank nicht denken.

Tue Gutes dem Bedrängten,
aber bleibe unverstimmt,
wenn die Hälfte der Beschenkten
es dir nachher übel nimmt.

Lebe gerne bodenständig,
was du mußt, mach's eigenhändig.

Wer Glück fordert, wird zum Feind seiner Umgebung und seiner selbst. Wer Glück gibt, schafft einen Himmel um sich und in sich.

Mancher glaubt, er braucht das Glück zum Leben,
und vergißt, daß nur der tät'ge Mann
von den sorgsam aufgezognen Reben,
und im Herbst nur, Trauben lesen kann.

In allem Tun ist doch nur das, was von Herzen kommt, das Wirkliche.

Warum immer gleich verdammen,
wenn der andre Hartes spricht?
Oft ists seine Absicht nicht,
und er will sich nur entspannen.

Wenn einer seine Fensterscheiben zusammenhaut, will er vielleicht seine Wohnung lüften. Man hüte sich also, sich darüber ein voreiliges Urteil zu bilden.

Man mag es schwer haben oder leicht im Leben, es mag Glück oder Sorge unseren Tag erfüllen: immer bleibt, unberührt vom Denken und Wollen, die heimische Landschaft der Seele, darin Mutter und Vater, Sohn und Tochter, Schwester und Bruder bei uns sind.
Dieser Raum untersteht keinem Regiment von außen; Lieben und Hassen der Menschen dringt nicht hinein; die Tore zu dieser Insel in uns sind nicht zu lösen und nicht zu brechen.
Hier ist etwas, das stärker ist als jede Kraft. Die Verbindung ist nicht räumlich und nicht zeitlich; sie steht auf keiner sinnlichen Wahrnehmung, ja nicht einmal auf der Tatsache des Lebens. Sterben unsere Blutsverwandten, so ändert sich an unsrer Liebe nichts; ja die Verbindung wird inniger, reiner, heiliger. Die Fernen sind uns näher als die Nahen, die Toten sind stärker als die Lebenden.

Die alten Rabbiner hatten einen Spruch: weil Gott nicht überall hinkönne, habe er die Mütter geschaffen.

Wenn du unsicher bist, ob du so oder so handeln sollst, dann frage bei deiner Seele an, welchen Weg dir deine gute Mutter raten und was sie gerne sehen würde, daß du tust.

Ob die Zukunft Ehre bringe
oder ob sie mein vergißt,
weiß nur der, der alle Dinge
streng und unerbittlich mißt.

Aber eines weiß ich immer:
wenn ich treu gedienet hab,
fällt davon des Lichts ein Schimmer
auf der guten Eltern Grab.

Keine Kraft bleibt ohne Wirkung. Auch elterliche Treue und Hingabe bleibt nicht unerwidert, nicht unvergolten und unfruchtbar. Und scheint einmal die Gleichung nicht aufzugehen, so ist doch der persönliche Ertrag sicher. Ja sicher steht folgender Satz: Wie und wieviel die Eltern ihre Kinder erziehen, so und soviel erziehen die Eltern sich selbst.

Wie soll das Kind das Bild eines gütigen Vaters in sich aufnehmen, wenn sich der Vater nicht gütig und liebevoll mit ihm beschäftigt?
Ein Vater, den sein Kind wenig sieht, von dem auch die Mutter wenig spricht, nimmt im seelischen Leben des Kindes nur einen kleinen Raum ein. Und Eltern, die vor dem Kinde ihre persönlichen und geschäftlichen Verärgerungen abladen, werden kein glückliches Bild in der Seele des Kindes hinterlassen.
Sind es frohe und heitere, menschlich edle und schöne Dinge, die das Kind in seiner Jugend in sich aufnimmt, so wird es ein Leben lang mit diesen heiteren Dingen innigsten Umgang haben, immer werden seine Gedanken

und Gefühle, wird seine Besinnung darauf zurückkommen, alles wird dadurch besonnt, erhellt, erwärmt, versöhnt werden.
Es wird das Kind, das schöner Dinge voll ist, auch einen hohen Glauben und ein freudiges Verhältnis zur Welt und zu den Menschen mitbringen und sich bewahren. Aus dieser inneren Klarheit, Ordnung und Sicherheit erwächst der sichere Mensch, die Sicherheit des Urteils und des Handelns, die Geradlinigkeit des Lebens.
Denn das Ergebnis alles Lebens entsteht aus den Dingen von außen und den Dingen von innen. Je stärker und heiterer diese inneren Dinge sind, desto überlegener sind sie den äußeren; je unsicherer und unfroher sie sind, desto abhängiger ist der Mensch von der Außenwelt und desto mehr sucht er hier nach Befriedigung und Ausgleich. Er sucht umsonst.
Wer seinem Kind sein Innenleben in der Kindheit reich und glücklich und heiter gestalten kann, der hat ihm einen großen Schatz auf den Weg mitgegeben.
Und es ist diese Mitgift nicht gebunden an Wohlstand und irdisches Gut. Das Kind hat noch ganz sonderbare Begriffe von dem Wert der Dinge: ihm sind Vogellied und Abendstern und Wiesenblume, die Blechpfeife, das kindliche Spiel und der kleine Weihnachtsbaum höchstes Glück. Ja, mir erscheint geradezu eine gewisse Enge des Lebens und der Verhältnisse dem Bedürfnis des Kindes mehr zu entsprechen als weitläufige Wohlhabenheit, und Einfachheit mehr als Luxus.

Bei den Geschwistern wird der in jedem Menschen liegende Trieb zu fürsorgender Zärtlichkeit sehr frühe erweckt und zusammen mit den anderen Anlagen geübt und ausgebildet.
Das ist für die Entwicklung zur Persönlichkeit, zu einem schönen Menschentum überaus wichtig. Und es ist nicht von ungefähr, daß aus großem Geschwisterkreise so brauchbare Menschen hervorgehen.
Kinder, die ohne Geschwister aufwachsen, entbehren den Segen der Bruder- und Schwesterliebe und damit die Erweckung und Pflege wichtigster menschlicher Tugenden und Kräfte. Auch kann man wohl sagen, daß der Mann, der Schwestern hatte, und das Mädchen, das Brüder hatte, manche wertvollen Kenntnisse für die eigene Ehe mitbringt.

Wichtig für das Kind ist auch der vertraute Umgang, die ausgleichende Gegenwart der Großeltern. Geben Vater und Mutter dem Kinde die Haltung, so geben ihm die Großeltern die kindliche Freiheit.
Die Alten haben den größeren Teil ihres Lebensweges hinter sich; der Ring der Wanderung beginnt sich zu schließen, Großeltern haben Geduld; sie haben in ihrem langen Leben gelernt, daß alles Gewaltsame stört und daß Natur und Zeit von selber Schwächen und Torheiten ausgleichen und heilen.
Sie haben Geduld zu warten, bis das kindliche Wesen sich entwickelt. Sie erkennen in der Blüte die Köstlichkeit der reifen Frucht. Auch sind sie von dem Wahn des Ehrgeizes, namentlich des Schulehrgeizes frei. Das Werden und Wachsen ist ihnen tägliches Wunder: sie schauen darin das eigene Leben und werden der Erfüllung desselben sicher.

Eltern haben oft keine Zeit und keine Geduld für die kindlichen Dinge. Die eigene Lebensaufgabe, das Geschäft, die Sorge um Brot und Haus und die wachsende Familie zwingt sie, tätig zu sein, zuzugreifen und die Entwicklung zu erzwingen. Sie sind es ihrem eigenen Leben schuldig, daß sie ihren Willen durchsetzen, auch bei den Kindern!
So ist das Verhältnis, äußerlich betrachtet, namentlich des Vaters zum Sohn und der Mutter zur Tochter, öfters kühl und nicht frei von Spannungen. Es gehören aber diese Spannungen dazu. Für beide. Und es ist gut, daß sie da sind.

Wir nehmen die Kindererziehung schwer. Mit Recht. Aber es ist dabei die Gefahr, daß wir übertreiben: lieben heißt nicht anbeten, und sich hingeben heißt nicht sich aufgeben.
Umgekehrt kann man auch den eigenen Anteil zu sehr betonen. Erzieher haben immer die Neigung, sich zu überschätzen und die Natur des Kindes unbeachtet zu lassen.
„Wir können die Kinder nach unserem Sinne nicht formen! So wie Gott sie uns gab, muß man sie haben und lieben, sie erziehen aufs beste und jeglichen lassen gewähren!“ So sagt Goethe. Gewähren: das heißt wahr werden! Das ist es.

Nicht was du, Vater und Mutter, hast und wünschest, sondern was dein Kind brauchen kann und braucht, ist dein Beitrag zur Erziehung deines Sohnes und deiner Tochter.

In der Tiererziehung sind wir weiter als in der Menschenerziehung. Und wir geben da auch mehr acht und zeigen mehr Einsicht. Ist irgendwo ein bösartiges Roß oder ein bissiger Hund, so heißt es: „Man hat das arme Tier in der Jugend verdorben; es hat keine Pflege gehabt, keine Liebe, es ist geplagt worden!“ Das weiß und glaubt der Herr und der Knecht.

Mit Gebot und Verbot kann man keine Kinder erziehen und keinen Staat regieren.

Zwei Tatsachen kann die Erziehung nicht, kann keine obrigkeitliche Maßnahme umgehen, ohne in unheilbare Schwierigkeiten zu kommen: die menschliche Natur, ohne die es kein Wachstum gibt, und die Gerechtigkeit, ohne die das Zusammenleben unmöglich ist.

Das Bedürfnis des Eigenlebens, des Selbsterschaffens, der Wirksamkeit, der Anlagen ist im Kind. Etwas tun will das Kind, um etwas zu haben, etwas zu sein! Das Eigentumsbedürfnis ist natürlich wie das Geltungsbedürfnis! Die Verdrängung der Anlagen holt das Böse hervor, unbedingt! Leben ist „Sein“; und daß einer etwas ist, beweist ihm seine Geltung.

ertine Lämmle

Unerweckte, verhinderte, unterdrückte Anlagen unsrer Natur lassen uns nicht zur Ruhe kommen. Sie sind als Sehnsucht unsres Herzens, als innerer Zwiespalt, als Gefühl der Unfreiheit immer in uns und um uns. Sie gleichen dem Feuer im Berge, das die Decke durchbrechen will.

„Man soll Kinder in sauber Wasser baden — — — und nicht in Mistlachen!"
Das ist ein schier unerlaubt und unverständlich grobes Wort und paßt nicht in unser hygienisches Zeitalter. Oder paßt es doch? Als Gleichnis? Ist hier nicht ein Entsprechendes gemeint, das Bad von Seele und Geist, das ein Heilbad sein soll?
Immer gilt der Satz, es sei keine Mutter, sie zöge denn gern ein gutes Kind. Und dieser Satz gilt mit demselben Recht und Gewicht auch für die Väter.

Wenn man die Kinder nur dahin bringen kann, daß sie das Unordentliche und das Ungeordnete nicht leiden können, dann sind wir soweit.

Kinder haben einen unverdorbenen reinen Blick. Wo Erwachsene am körperlichen Zerfall der Alten Ärgernis nehmen, sehen Kinder durch die absterbende Hülle hindurch die Schönheit der Seele. Nie mehr in seinem späteren Leben hat der Mensch einen so sicheren, unbestechlichen Blick für das wirklich Gute und Wahre.
Und die Alten erleben im Kindlichen des Kindes die Bestätigung von all dem, was sie durch viel Irrtum und Schuld hindurch als den Sinn des Lebens erkannt haben.

Die „drei Schritte“ Respektabstand sind um so nötiger, je näher man einander steht, also zwischen Eltern und Kindern, Geschwistern und Freunden, Liebes- und Eheleuten.

Der Umgang mit Eigenen scheint leichter zu sein als der mit Fremden. Aber leicht ist er nicht — o nein! er ist gar nicht leicht.

Man hat zwar voraus die Kenntnis der Lebensverhältnisse, der Naturen, der Charaktere, der Temperamente; man ist zu liebevoller Duldung bereit und darf solche erwarten.

Aber gerade im vertrauten Umgang verlangt jeder und jede vermehrte Rücksicht, hat schärfere Einsicht und will und kann auf die erzieherische Absicht nicht verzichten.

Heirat vornehm oder schlicht,
aber überweib dich nicht.

Willst du Freunde und Verwandte,
nimm ein Weib aus deinem Stande.

Eine Frau, die nicht ins Haus paßt, die paßt auch nicht zum Mann.

Bei einer echten Ehe kommt es weniger auf die Nationalität als auf die Stufe an. Gleiche Stufen vertragen und tragen sich.

Zwei einige Menschen jagen den Teufel aus der Hölle.

Fragt dich eine Frau um Rat,
rate ihr zu ihrem Willen —
hat sie doch ja längst im Stillen
angefangen mit der Tat.

Der Kaffeekranz

Wundre, Philosoph, dich nicht,
daß man da zu Sechsen spricht:
Frauen wollen sich entschweren,
Ärger lösen, Herzen leeren;

und sie wollen nicht gestört sein
durch ein kritisches Gehörtsein;
glauben, wenn sie nur gesagt sei
(wie beim Beten),
dann die Sache auch im Takt sei —
(Gott hört jeden).
Und so strömts aus allen Zonen
in dem Schutz des Polyphonen.

Wenn sich die Jugend selber führt,
ob das wohl gut und brav ist?
Was hat die Herde davon, wenn
der Schäfer selbst ein Schaf ist?

Für einen jugendlichen Himmelsstürmer gibt es nichts Besseres, als wenn er sich ein paarmal gründlich blamiert.

Der alte Bauer hatte lange gezögert, seinem erwachsenen Sohn den Hof zu übergeben, da dieser allerlei Possen und Narrenstreiche trieb, wie junge Leute tun.
„Wann willst du anfangen, witzig zu werden?" fragte der Alte.
„Gib mir den Hof", sagte der Junge, „in meinem jetzigen Stande bedarf ich es nicht!"

Jung und alt

Jung sein heißt, eine kurze Vergangenheit und eine lange Zukunft zu eigen haben, eine unübersehbare Fülle und Vielfalt von Tagen und Jahren, von Frühlingen, von Liebe, von Freuden, von Abenteuern, von Wundern des Lebens und der Welt ... In diese Fülle von Möglichkeiten und Träumen stürzt sich die Jugend.
Alt sein heißt, eine lange, lange Vergangenheit und eine kurze, eine immer kürzer werdende Zukunft zu eigen haben! Es gilt also, sich auf den „Punkt außerhalb" stellen! Die Hoffnungen und Berechnungen waren oft Enttäuschungen ... diese brachten uns vorwärts, da sie ja das Loskommen von einer Täuschung sind ...! Nun wird alles, oft mit selbstquälerischer Leidenschaft, noch zehnmal hinterdacht, durchgekostet, durchgelitten ... repetiert, wie durchgefallene Schüler die Klasse repetieren, um das nächstemal zu bestehen ... Gibt es für die Alten ein nächstes Mal? Ach, es geht ja nicht darum, daß wir's besser machen, es genügt, wenn wir wissen, daß wir's falsch gemacht haben!
So ziehen sich also die Alten die Dornen aus dem Fleisch ..

Bei alten Leuten ist die Vergangenheit der wichtigste Teil ihres Lebens, den immer wieder durchzudenken und durchzumachen ihre Aufgabe ist, damit sie einige Wahrheit und Klarheit über sich selber bekommen.

Es ist immer so gewesen, daß, wie bei den Menschengeschlechtern selber, auch in allen Lebensformen ein Kommen und Gehen ist, und daß die alten Blätter fallen müssen, wenn die neuen anfangen zu treiben. Und es ist ein Zeichen lebendiger Naturkraft, daß Hirsch und Rehbock die alten Stangen abwerfen, wenn der Frühling kommt, und dann ein neues Geweih schieben, während das fremdem Willen unterworfene Hausrind seine Hörner behält. Es ist auch ein Gesetz, daß alles Erstarrte und Gebundene vom Leben rücksichtslos ausgeschieden wird und nur das Lebendige und Anpassungsfähige bestehen kann.
So können Sitte und Brauch, können Recht und Gesetz, können Form und Stil nicht bleiben.
Jede Zeit und jedes Menschengeschlecht hat ein Neues. Denn es ist das Wesen der Natur, der ewigen Gebärerin, sich nicht zu wiederholen, sondern alle Möglichkeiten zu erschöpfen. Und es ist in diesem Spiel falsch, vom Augenblick zu sagen: schön oder häßlich, gut oder bös.
Jedes Geschlecht und jede Zeit hat eigene Aufgaben zu erfüllen. Es kann diese nur mit der eigenen Kraft erfüllen und in einer diesen Aufgaben und dieser Kraft gemäßen Weise.
Und es hat jedes Geschlecht andere, aus seinem Wesen kommende Forderungen an das Leben.
Es ist eine natürliche und notwendige Sache, daß die Jugend die Art und das Gesetz des Geschlechts vor ihr ablehnt; denn sie hat das Recht, ja die Pflicht zu sich selber. Wie sollte sie gesund, stark, selbständig, reif und klug werden, wenn sie nicht den eigenen Weg ginge, der über Kampf zur Kraft, über Sünde zur Buße, über Torheit zur Weisheit führt?

Es versteht darum der zwanzigjährige Bauernsohn den zwanzigjährigen Schlosser oft besser als den eigenen Vater. Und es ist kein Wunder, daß die Jahresklassen so zäh zusammenhalten und zusammenhängen.
Wer die lebendigen Dinge der Zeit nicht spürt, tut der Gegenwart unrecht und kann der Jugend, die nur in diesen Dingen lebt und nur diese Dinge hat, versteht und glaubt, nicht Helfer und Führer sein.
Das ist die große Kunst des Lebens: mit den Alten alt und reif werden und mit den Jungen an die Jugend und an die Zukunft glauben. Und das ist die Aufgabe der Alten, der Jugend die Lehre der Vergangenheit als Kraft und Gesetz für die Zukunft mit auf den Weg zu geben.

Es ist eine Torheit, den Wein nach einem schlechten Jahrgang zu beurteilen und ein Volk oder eine Sippe nach seinen mißratenen Sprößlingen.

Das natürliche und eigentliche Wesen eines Volkes offenbart sich in seinen edlen Persönlichkeiten: in ihnen ist erfüllt, was bei allen beabsichtigt war; ihnen gelang, was den andern versagt blieb.

Keine Erscheinung des menschlichen Lebens und Erlebens wirkt so stark und so bestimmend auf unser Tun und Lassen ein wie große Persönlichkeiten.
Diese Wirkung, obwohl nicht an Raum und Zeit gebunden, hat ihre stärkste Ausstrahlung auf die Menschen der Nation, zu der die große Persönlichkeit gehört.

Es muß also in einem solchen Manne ein in der Natur seines Volkes liegendes Ideal, eine höhere Form seines geist-seelischen Wesens erfüllt sein.
Große Männer geben ihrem Volke ein neues Gesicht, ihrer Zeit das Gepräge, sie bestimmen den Lauf der Geschichte und das Schicksal von Völkern.

Die Werke der Dichter und Denker sind nicht um ihrer selbst willen da, sie sind für das Volk da; es haben ja auch alle dazu beigetragen, dabei mitgelitten; der Zweig trägt den Apfel, aber er erzeugt ihn nicht.

Verachte mir nicht die „Spießbürger"! In den alten Kriegen sicherten sie die Mauern; wenn sie gut geführt wurden, entschieden sie in todesmutigem Nahkampfe den Sieg.
Ohne diese Mißachteten steht der Geist im leeren Raum; sie sind die Leuchter, darauf die Kerzen flammen.

Demokratie hat zur Voraussetzung die allgemeine Erkenntnis und Anerkenntnis der geistigen Rangunterschiede.

Wir haben es früher nicht so verstanden und gewürdigt, daß die Freiheit das höchste Gut eines Menschen und eines Volkes sei. Heute wissen wir, daß nur unter ihrer Sonne Menschlichkeit und Friede und Schönheit möglich ist.

Das ist mein Land Altwürttemberg,
der Breit' und Länge nach ein Zwerg,
wer aber Höh'n und Tiefen mißt,
merkt, daß es ohne Grenzen ist.

Wer in Württemberg geboren,
haust nicht lang im Kellerloch:
hat der Mann sein Haus verloren,
hat er doch den Schlüssel noch.

Und er grabt gleich einem Schatze
Eisen, Stein und Balken aus,
und er baut am alten Platze
zu dem Schlüssel sich ein Haus!

„Sowohl ..."

Der Schwab als Individuum
schaut sich nach seinem „ ... als auch!" um.
Ihm ist das Leben jeder Art
gepaart.

Wenn wir uns selber überprüfen, wird uns bewußt, daß die Natur unseres Landes, die Kultur unserer Städte und Dörfer und unsere heimische Geisteswelt um uns gewesen sind seit dem Erwachen unserer Sinne. Diese ganze Welt, die wir Heimat nennen, hat uns in Obhut genommen als geheimer Miterzieher und sicher und in ganz bestimmter Richtung — wir dürfen sagen in guter Richtung — geführt und geformt.

Die geheime Schule

Herzog Carl Eugen holte die Söhne seiner niederen Diener, den Sohn seines Stallknechts Dannecker, den Sohn seines Obergärtners Schiller, den Armeleutebuben Hetsch in seine Carlsschule — er wußte, daß im ganzen Volk die seelisch-geistige Bereitschaft erreicht war, wo die Veredlung beginnen konnte. — Von da an sind es nur noch Stufen der Schulung. — Hier ist der Schlüssel zum Geheimnis des schwäbischen Volkstums, seines Wesens, seiner Gesinnung, seiner Haltung.

Die bäuerliche Fassung umschließt den Edelstein der Zeiten. Und beim Übergang in andere Berufe zeigen die Bauernkinder eine seelische und geistige Reife, die sie unmittelbar zu anderer, auch zu wissenschaftlicher und künstlerischer Leistung befähigt.
Auch unsere heimische Arbeiterschaft trägt diese Grundlagen bäuerlicher Geistigkeit und Kultur.

Das, was man schlicht die Heimat heißt,
ihr hold Gesicht, ihr guter Geist
ist von der wundersamen Art,
die Liebenden sich offenbart.

Und wo sie sei und wie sie sei:
in ihren Fesseln bin ich frei,
weiß mein Woher und mein Wohin
und bleibe, was ich soll und bin.

Sich auf seine Lebensaufgabe, seinen Lebensauftrag beschränken, heißt Geist und Seele, Verstand und Phantasie, Kraft und Zeit und Geld, auch die Freiheit und die Sehnsucht nicht mit fremden Dingen belasten, das Eigene nicht falsch verbrauchen. Das heißt frei sein, zu sich selber kommen, menschlich und geschäftlich vorwärts kommen, den Frieden finden mit sich, den Menschen und mit Gott.

Wem es gelingt, die edlen Möglichkeiten in sich zur schönen Wirklichkeit zu gestalten, die angeborenen Anlagen des Geblüts und Gemüts zur Blüte und Frucht zu bringen, dem ist unter allen Umständen ein reiches Leben gewiß.

Es scheint Familien zu geben, die die Gabe, sich an ihre Aufgabe zu halten, in besonderem Maße besitzen.
Man erlebt bei ihnen kein Schwanken; sie haben keine Neigung, anderen Dingen nachzudenken oder ihnen zu dienen; auch ihre Lebenshaltung fügt sich in diese Aufgabe ein. — Hier ist das Geheimnis ihrer Erfolge und ihrer Langlebigkeit.

Was du mitbringst, magst du greifen,
Schatz ist unerschöpflich da —
Glück und Unglück? Einst wird ja
jedem seine Ernte reifen.

Wir müssen uns an das halten, was in unserer Macht steht. Es hat keinen Sinn, auf den Weg, in das Dornichte oder auf das Steinichte Weizen zu säen.

Wenn man eine Sache finden will, muß man sie da suchen, wo sie ist.

Ochsen lernen pflügen, Hunde lernen wachen:
was einer ist, kann man aus ihm machen.

Die „Begabung" ist nicht bloß Anlage, sie ist auch Drang. Es ist also sowohl die Fähigkeit wie der Wille dazu in den Menschen. Auch in den anderen Geschöpfen Gottes. — Sehnsucht ist keine Träumerei, so wenig wie Hunger ein heimatloser Wunsch ist.

Es kann kein Experiment aus der stofflichen oder der menschlichen Sphäre gedacht oder erdacht werden, das nicht in der Natur vorausgedacht, vorausgeplant, vorausgewußt gewesen wäre.

Die Natur hat, wie das so in ihrem Wesen liegt, daß sie alles in Unterschieden und Graden hervorbringt, die Menschen mit ungleichen Greifwerkzeugen ausgestattet; auch mit ungleichem Erkennungsvermögen für die Marksteine.

Keine Rolle, die einer zu spielen sich anschickt, gelingt ihm besser, als die, zu der er von seiner Natur geleitet wird. — Welcher Teufel treibt den Menschen dazu, etwas anderes zu versuchen?

In des Herrgotts Frohnatur
ist es also eingerichtet,
daß ein jedes Wesen nur
seinem Wesen ist verpflichtet.

Jedem das Seine

Bücher kann man schön studieren,
drüber reden, spintisieren,
dran des Geistes Kräfte messen —
Wurst und Käse kann man essen.

Wer es so weit bringt, daß er sich auf seine Natur verlassen kann, der hat eine hohe Stufe menschlicher Wohlhabenheit erreicht.

Darum bin ich, daß ich werde,
daß ich zu mir selber finde,
die chaotische Gebärde
aus mir selber überwinde. —

Freund, da sitz' ich in der Wildnis:
Was ich bin, befriedigt kaum,
immer bleibt das Gottesbildnis,
immer nur ein schöner Traum.

Soviel darf ich wohl gewiß sein,
daß Gott sein Geschöpf am Schluß,
solls nicht bloß ein Kompromiß sein,
selber fertig machen muß.

Wenn es bei der Jugend nicht stimmt, dann muß die Schule dran schuldig sein oder der Lehrmeister. Diese machen Fehler. Gewiß. Wenn's aber nicht im Holz liegt, gibt es keine Geige.

Ich hab es lange nicht gewußt,
daß ganz allein mein Lieb und Lust
die Welt und meinen eignen Tag
erhalten und erhellen mag.

Das Gute und das Schöne ist überall da in der Welt. Aber man muß es selber haben und mitbringen, wenn man es bei anderen finden will.

Die Welt bringt Gut und Bös herzu:
das, was du sagst und tust, bist du! —
Du kannst dich ändern jeden Schritt,
es ändert sich die Zukunft mit,
auch die Vergangenheit bleibt nicht,
sie ändert mit dir ihr Gesicht. —
So hast du selbst des Glückes Pfand,
hast frei in deiner freien Hand,
wie du betreust des Tages Geister,
und wirst so deines Schicksals Meister.

Die Entscheidungen des Lebens entstehen aus dem Spiel der Kräfte von außen und der Kräfte von innen.
Je stärker und heiterer die inneren Kräfte sind, desto überlegener sind sie den äußeren; je unsicherer und unfroher sie sind, desto abhängiger ist der Mensch von der Außenwelt und desto mehr sucht er hier Befriedigung und Ausgleich. Er sucht umsonst. — Denn nur, was einer mitbringt, vermag er zu greifen.

Ein jeglicher Mensch trägt in sich, was seine Lust und sein Leid werden kann.

Wer mit der Gegenwart fertig zu werden vermag, braucht vor der Zukunft keine Angst zu haben.

Mag der Wind die Wolken treiben
vor das himmlische Gesicht:
Sonne, Mond und Sterne bleiben,
doch die Wolken bleiben nicht.

Aus der Nacht erblüht der Tag,
aus dem Leid der Sinn des Lebens —
wer sich dem nicht fügen mag,
der lebt ziellos und vergebens.

Das Schicksal hält in allem Geschehen Glück und Leid für uns bereit; die menschliche Haltung ist es, die entscheidet.

Wohl sind wir gegen das Schicksal machtlos. Aber innerhalb desselben haben wir große Freiheiten, wenn wir nur stille halten und aufmerken, was darin, dazu, daraus für uns und die Unsrigen zu machen und zu gewinnen ist. Wenn uns auch das Schicksal die Straß' versperrt, so läßt es uns doch noch Wege genug des Lebens offen; und es läßt uns die Augen und alle Sinne, den Verstand und die Denkkraft frei! Vielleicht können wir damit mehr und Besseres tun und gewinnen, als uns das Schicksal geweigert oder genommen hat.

Wer mit Gott und mit sich selbst im reinen,
spricht zum Schicksal: „Immer her damit!"
Anfangs sind sie zweie gegen einen,
doch nach kurzer Zeit sind sie selbdritt.

Das Geheimnis

Das ist das große Geheimnis, warum die religiösen Menschen so sicher sind in Leid und Freud: sie sehen die Dinge als Erscheinungen, als Kommendes und Gehendes; sie sehen das Leben und Schicksal nicht mehr an als etwas, das gegen sie wirkt und gerichtet ist, nicht als ein Feindseliges, sondern als ein Stück auf dem Weg aus Gottes Schoß in Gottes Schoß. Und sie können sich, rührend und wie Kinder, über die Köstlichkeiten des Lebens freuen, wie der Wanderer an einer Blume, an einem süßen Vogellied, an einem sonnigen Wiesental.
So muß der Mensch, der den Sinn des Lebens erkannt hat, der die Bestimmung des eigenen Ichs weiß und sie erfüllen will, hineinwachsen in ein selbstloses gütiges Denken und Wollen, das den Fehler des Nächsten als einen Schmerz desselben mitempfindet und mitträgt.
Wir müssen so weit kommen, daß wir die Fehler sehen lernen, demütig erkennen lernen, als ein Glied in der Kette der Entwicklung zum Guten.

Zum fünfzigsten Geburtstag

Fünfzig ist, soviel ich weiß,
eine Rast nur auf der Reise,
nicht ein Halt ... nur ein Besinnen,
ob das Außen und das Innen
miteinander harmonieren
und wir uns nicht selbst verlieren.

Und dann geht es um die Frage,
ob die Reihe unserer Tage
soll wie seither weiter fließen
mit Genießen und Verdrießen?!

Nun entscheide: Was ist wichtig?
Was ist nichtig? Was ist richtig?

Jeder Tag hat eigenes Leben,
immer gilt's, sich anzupassen,
dies behalten, jenes lassen,
immer geben und vergeben ...
so daß, was man sagt und treibt,
heiter im Gedächtnis bleibt.

Daß das Gute bleib', ist wichtig.
Was oft wechselt, ist nicht tüchtig! ...
Soll der Hut hoch oder rund sein?
Was darin steckt, soll gesund sein!

Diese schlichten Verse schreibt,
einer, der gern ist und bleibt
dem Geburtstagskind verbunden,
wünschend frohe Tag' und Stunden.

Ein kluger Mann nimmt von Zeit zu Zeit eine Volumenverengerung in seinem Leben vor.

Nie fertig

Von Immanuel Kant wird erzählt, daß er die Jahre seines Lebens an dem noch zu bearbeitenden Vorrat seiner Entwürfe und Ideen abgemessen habe. Als er achtzig Jahre alt war und zum Sterben kam, saß er noch mitten drin in einem Berg unvollendeter Arbeiten und Pläne. Körper und Geist und Blut und Mut haben nicht dieselbe Zeit.

Es beginnt mit der Geburt ... was? Das Leben und unser Gebundensein an dieses Leben mit all seinem Drum und Dran ... Wir können uns nicht aussuchen, wenigstens zunächst nicht aussuchen, was uns paßt und zu uns paßt! Nicht die Familie, nicht das Volk, auch nicht uns selber als Leib, Seele und Geist.
Es bleibt nichts übrig, als daß wir uns anpassen, das ganze Leben lang. Und da ist kein Unterschied zwischen Mann und Frau, vornehm und gering, gelehrt und ungelehrt. Leben ist ein Sich-Anpassen ... und es bleibt nur ein kleiner Spielraum zwischen Können und Müssen und Sollen und Wollen.

Wer will haben gute Streu,
Sommergras und Winterheu,
muß sich durch die Morgengassen
zu der Allmand [1] treiben lassen.

Was sagen die Menschen vom Leben?
Was halte ich selber davon?
Wer Wein will, pflege die Reben,
die Erde bezahlt ihren Lohn.

Das Leben mag sein, wie es will, es ist wert, ausgelebt, ausgekämpft und ausgeliebt zu werden. Nur das berechtigt zu dem, was man „in den Himmel kommen“ heißt, das heißt zu einer Fortsetzung in erhabener und seliger Form. — Dieser Zustand der Seligkeit wird nicht erreicht und nicht verdient ohne Läuterung und ohne schweren Kampf. Die Flügel hängen lassen, weggehen — das hilft nichts. Das Hindernis, die Bitternis kommt wieder, der Kampf kommt wieder, irgendwie, irgendwann, so lange, bis die Seele überwindet, sich überwindet.

Heftig lieg' ich und alltäglich
mit dem Kerl in mir im Streit,
der grundsätzlich unverträglich
spioniert und nicht verzeiht.

[1] Gemeindeflur

Ja, ich lebte ohne Blöße,
unbeschwert und sorgenleer,
jenseits schön von Gut und Böse,
wenn der Kerl in mir nicht wär'.

Sagen will mir diese Spaltung,
daß „der Mensch" erst da beginnt,
wo in seiner Selbstverwaltung
einer gegen sich gewinnt.

Das Unentbehrliche

Des Lebens geistige Substanz
das ist und bleibt die Dissonanz,
nicht denkbar wäre ohne sie
die Harmonie.

Wer nicht kann, was er will,
tut gut,
wenn er das, was er kann,
gut tut.

Willst du leben sorgenfrei,
froh und wohlgemut:
treibe niemals vielerlei,
eines mache gut.

Fang nicht an, was über Kraft
und Begabung wär':
nicht bewährte Meisterschaft
schadet Gut und Ehr.

Dieses bleibt als Offenbarung:
Unten ist so wert wie Oben;
was zum Lieben nicht und Loben,
ist doch heilsam als Erfahrung.

Enttäuschung ist nur das Loskommen von einer Täuschung, also ein Schritt hin zur Erkenntnis der Wahrheit. Aber immer muß man diese mit Schmerzen bezahlen.

Zur Weisheit leiten drei Wege: der erste führt durch fremde Weisheit, der zweite durch fremde Torheit, der dritte durch die eigene Torheit; dieser ist der kürzeste.

Eine begangene Torheit oder Sünde läßt uns keine Ruhe, bis wir sie durchgelitten und ganz mit ihr fertig geworden sind, so daß sie für immer wie eine Warnungstafel vor uns steht.

Das sind schlechte Menschen, die das menschliche Leid verachten.

Leid
macht das Herze bereit.

Auch das Leid ist köstlich, wenn man es überstanden hat. Dann will es einem scheinen, als sei es der schönere Teil der Freude, der heimliche stille Begleiter des Lebens, der das Tor bildet zum wahren Menschentum.

An Albertine ins Krankenhaus Bethesda

Denk nicht in diesen Tagen,
daß ohne Sinn dein Leiden sei:
das Leid ist stets ein Fragen
aus unsres Herrgotts Kanzelei!

Die rechte Antwort finden,
heißt künftig menschlich erst gelebt,
heißt sich dem Land verbinden,
dahin rastlos die Seele strebt.

Immer steigen aus dem Herzen,
unsre Gegenwart begleitend,
früher Tage Lust und Schmerzen —
tröstend, mahnend, bindend, scheidend.

Und so weist geheimes Sorgen,
und so leitet stilles Wissen
unaufhörlich dienstbeflissen
aus der Nacht zu schön'rem Morgen.

Wer schweres Leid erlitten hat,
der liebt das laute Wesen nicht.

Beim Perpendikel der Uhr folgt auf den Ausschlag links der Ausschlag rechts. Der eine geht so weit wie der andere. Es ist in den Angelegenheiten des menschlichen Lebens nicht anders.
Und Glück und Unglück tragen einander auf dem Rücken.
Jeder Tag ist des andern Schüler und Lehrmeister.

Vieles ist nur Nichtigkeit
und ein Ding zum Lachen,
bis wir es zur Wichtigkeit
unsres Lebens machen.
Was wir heut zur Wichtigkeit
unsres Lebens machen,
ist schon morgen Nichtigkeit
und ein Ding zum Lachen.

Sieger bleibt in jedem Streite,
und zuletzt wird lachen,
wer das kann: die schwächre Seite
zu der stärkern machen.

... Schenken ist etwas anderes. Es fängt mit Denken an, mit dem Sichbesinnen, nicht was man übrig hat, sondern was der andere braucht und brauchen kann, was er sich selber wünscht, was ihm Freude machen würde! Man muß beim Schenken von dem zu Beschenkenden ausgehen — andersherum wär's falsch!
Der in der wilhelminischen Zeit durch seine ungeschminkte Aufrichtigkeit bekannte Diplomat Kiderlen-Wächter erzählte einmal die Geschichte eines Geschenks, ich glaube eines Kunstgegenstandes aus Bronze oder so etwas, einer teuren Figur, die ein schmachtendes Liebespaar darstellte. — Man war in der Familie sehr gebildet und schenkte nur echte Sachen! Eine Tante hatte das Stück aus einer Pariser Erbschaft erhalten.
Als sie ihren 70. Geburtstag feierte und anfing, ihre Kostbarkeiten zu verteilen, gab sie es einer Nichte. Von ihr ging die Figur an eine Base als Hochzeitsgeschenk, von da weiter auf den Gabentisch einer Konfirmandin, von da an einen Vetter nach bestandenem juristischem Examen, von da an einen Onkel zum Geschäftsjubiläum, von da weiter und weiter fünf Jahre lang.
Aber es gibt eine Ökonomie der Gerechtigkeit: das vielgereiste Liebespaar kam pünktlich zum 75. Geburtstag zur Erbtante zurück. Kiderlen setzte einen schwäbischen Trumpf drauf und sagte: „Lieber an d'Leut na' als in d' Kutterkist!"
Ja: „Man übereignet einem anderen etwas." Und das ist dann ein Geschenk, für das man Dank erwartet.

Der Wohlstand kommt nicht von den großen Einnahmen, sondern von den kleinen Ausgaben.

Mein alter Freund, der Ziegler Christian Bischoff von Rossach, sagte einmal zu mir, gerade Ziegel machen sei leichter als krumme verkaufen.

Zwei Pfeifenmacher gingen auf den Markt, ihre Pfeifen zu verkaufen. Der eine hatte gute Pfeifen, der andre hatte schlechte Pfeifen. Der gute Pfeifen hatte, konnte nur schlecht und wenig spielen; der schlechte Pfeifen hatte, konnte viel und lustig spielen. Dieser verkaufte seine Pfeifen, der andre brachte die seinigen wieder heim.

Der Anteil, den die Bewohner eines trockenen Landes zu dessen Nutzung beizusteuern haben, kann nur bei dem entsprechenden Einsatz persönlicher Intelligenz geleistet werden.

Ein Volk, dem das Weißbrot auf den Bäumen wächst, braucht den Geist nicht zu belästigen.

Konkurrenz wird dem Tüchtigen immer nützen. Sie erhält ihn wachsam und lebendig. Und sie holt unentdeckte, ungenutzte Kapitalien aus ihm selber heraus, auch aus dem Werkstoff, aus der Arbeitsweise, aus Zeit und Welt.

Sinne und Gedanken müssen
Maße haben und Vergleich:
nur ein Schatz von reichem Wissen
macht das Leben reich.

Bei den erwachsenen Menschen ordnet die Arbeit den Rang, sie teilt die Plätze des Lebens aus. Wer sie gewissenhaft und ernst nimmt, den erhöht sie in seinem ganzen Wesen; wer sie spielerisch nimmt, den erniedrigt sie, zuerst und unfehlbar in seinem Stand.

Das Geld drängt zu dem, der seinen Wert kennt; es ist bei den geistigen Dingen nicht anders.

S'ist halt e G'setz, do hilft koi Brill,
daß's Geld uf graoße Haufe will,
ond daß d'r Teufel, dear verschmitzt,
bloß uf de dongte Äcker sitzt!

„Gell, Vatter, mier Reiche hochziget enander!" hat sell Maidle gseit, „de Arme söllet ou so mache!"

Der falsche Begriff des Reichtums stellt falsche Lebens- und Wirtschaftsgesetze auf. Der Sinn des Lebens ist der edle gütige Mensch. Ein Reichtum hat keinen Wert, der die sittlichen Grundlagen der Gemeinschaft und damit des Staates auflöst.

Selbstsucht beschränkt das Leben auf den Raum des eigenen Ichs. Wie klein wird dadurch die Welt, wie arm das Jahr, wie sinnlos die Natur!

Die Erde ist das große Schatzhaus Gottes. „Nimm!“ spricht er, „es ist alles dein!“
Er hat es aber so eingerichtet, daß wir’s gebrauchen, aber nicht mitnehmen können, wenn wir wieder gehen.

Einem hungrigen Menschen, der keine Arbeit hat, kann der Staat nichts befehlen. Die Polizei ist da machtlos. Und einem hungrigen Magen ist nicht gut predigen.

Es ist eine alte List des Menschen, die armen Leut’ und die Mühseligen an Gott zu verweisen. „Helf’ dir Gott!“ sagt er höflich. Und wenn er ein Gutes empfangen hat, das ihn verpflichtet, sagt er: „Vergelt’s Gott!“ So wird er auf bequeme Art der eigenen Leistung ledig. — Alle Religionen verzeichnen die Geschichte der Knechtschaft Gottes im Dienste der Menschen.

Es war einer, der sich für fromm hielt und zu solchen gesellte, die es auch zu sein meinten.
Als nun sein Nachbar in Not kam und ihn bat, beriet er sich mit seinen Freunden, ob dem Manne solle geholfen werden. Und sie kamen überein, daß es nicht gut sei, Gott ins Handwerk zu pfuschen.

Es ist ein Betrug, wenn man arbeitende Menschen mit dem Lohn im Jenseits vertröstet.
Der Mensch hat das Recht, ein angeborenes Recht auf einen Anteil an den Gütern dieser Erde; seine Arbeit muß ihm sein Auskommen und einiges Behagen sichern.

Der Eifer um Dein Haus ...

Irgendwo in der Bibel steht das harte Wort — die harten Dinge haben eifernde Menschen in die gütige Gottesweisheit hineinpraktiziert — das Wort von der ewigen Verdammnis.

Wer in unseren Jahren vom Leben eingejocht und eingeträngt ist, dem kann nachher wenig Schlimmeres mehr passieren. Der Ausgleich wird schon hier besorgt. Bei manchen bleibt sogar für die Zeit nachher, wenn alle die Überstunden an Sorge, Mühe, Not und Leid zusammengezählt werden, noch ein buchmäßiges Guthaben übrig. Ich möchte gern den Kirchenmännern, wenn sie am Grabe manchmal davon reden, daß Gott „unsere Missetat vor sich stellet und unsere unerkannte Sünde ins Licht vor seinem Angesicht“ (Psalm 90), und von Gottes Zorn reden, als habe er sie herabgesandt wie den Elia, da möchte ich gerne einmal sagen, daß das in unsere Zeit nicht recht passen will, und daß solche Zornreden unseren Menschen den letzten Trost nehmen. Es ist jetzt die Zeit, auch aus den Dogmen, Predigten und Grabreden die mittelalterlichen Foltern zu entfernen.

Es war Einer da, der hat für solche Fälle andere Worte gehabt: „Kommet her zu mir alle, die ihr mühselig und beladen seid, ich will euch erquicken!“ So sagte Er, und um Ihn sammelten sich, die mit ihrer Kirche und mit der Gesellschaft zerfallen waren.

Das würde auch heute an den meisten Gräbern im Sinne des Stifters der christlichen Religion gesprochen sein, und es würde das eine Linderung sein für alle, die von dem Grabe weg wieder in den Frondienst des Tages zurück müssen.

Herbst

Wieder färbt das Laub sich bunt und bunter —
wie das Jahr vergeht, man merkt es kaum;
aber wenn die Sonne geht hinunter,
wird der Schatten größer als der Baum!

Am Abend

Nun ist Zeit, sich zu besinnen,
Außenwelt geht leise fort,
alle Sinne gehn nach innen,
das Gewissen hat das Wort.

Was ich heut erlebt, erfahren,
was gesagt ich und getan,
im Zusammenhang von Jahren
stehet's da und spricht mich an.

Noch ist Zeit, sich zu besinnen,
noch ist nicht der letzte Tag. —
Laß ich wieder sie zerrinnen,
weil mein Stolz und Trotz nicht mag?

Die frohe Zeit

Es ist schon so, und wenn auch das Leben hundert andere Dinge vor uns ausbreitet: wenn man einmal Dezember schreibt, kommt von selber die liebe Weihnachtsstimmung der Kindertage herauf.
Man ist plötzlich ganz zufrieden mit dem Wetter; man

findet das trübe Tageslicht heimelig und gemütlich; man träumt den ziehenden Wolken nach und freut sich der Regentropfen, die an die Fensterscheiben schlagen; man reibt sich behaglich die Hände am warmen Ofen; jede Lebenspause gehört dem lieben Fest. Man visitiert die Geldtaschen und gibt leicht und freudig die Scheine aus, an denen doch Mühe und Arbeit hängen. Man wird ganz erfinderisch im Entdecken von Wünschen und Bedürfnissen!

Das Wort Christtag räumt mit allen Verstimmungen und kleinen Zwistigkeiten auf: das ist doch ganz Nebensache und Kinderei! Man will sich freuen und man will Freude machen: wie ein Strom bricht die Liebe aus den Herzen hervor.

Täglich ist eifrige Beratung: soll man wieder einmal backen? Richtig backen? Springerle? Ausstecherle? Pomeranzenbrötle? Lebkuchen? Zimmetstern? Auch Schnitzbrot? O ja. Alles. — Die Mutter hat ganz rote Backen im Gedanken an die Freuden, die sie machen wird! Und die Töchter verstecken ihre Handarbeiten. Und der Vater erinnert sich, daß er einmal ein leidenschaftlicher Bästler war. Und die Buben sägen und leimen und feilen und zeichnen in aller Heimlichkeit. Und die Geschwister üben, wenn Vater und Mutter fort sind, ein zweistimmiges Lied!

O du glückselige Zeit!

Was ist das eigentlich? Die Frau in der Schürze und die Frau in der Pelzjacke nicken einander zu: jede hat ein Paket unterm Arm, und sie haben so verträumte fröhliche Augen, und sie fangen an miteinander zu reden, als kennten sie sich schon seit Jahren!

Und der Dienstmann, der sonst aussieht, als ob er beißen wolle, hat heut auf einmal einen ganz sonnigen Humor!

Und der Mann hinter dem Postschalter, der sonst die Augenbrauen hochzieht, wenn mehr als drei Leute im Vorhofe seines Tempels stehen, kann schier nicht genug kriegen, nichts ist ihm zuviel! Er hilft und beratet und gibt Auskunft und holt eine festere Schnur und begleitet jedes Paket mit besonderer Fürsorge und steckt auch seine eigene weihnächtliche Liebe noch mit hinein!
Und der Schutzmann hat so eine menschlich-vertrauliche Art und nimmt das Notizbuch den ganzen Tag nicht zur Hand!
Und erst die Kinder! Das ganze Jahr hat man nichts davon gemerkt, daß man so wohlerzogene Kinder hat!
Und die verhärtetsten Landstreicher weinen Tränen der Rührung und sitzen wie scheue Kinder in der Herberge bei ihrem Lebkuchen und gucken selig in den brennenden Weihnachtsbaum!
Was ist das eigentlich, was die Menschen so geändert hat und das Sonnige und Gute aus dem verhärtetsten Gemüt herausholt?
Es ist der Christtag, das liebe heilige Fest der Kinder und der Alten.

Christtag

Es kam der Tag, es schwieg der Sturm,
die Glocken sangen leis vom Turm,
und über Berg legt sich und Tal
der Friede Gottes überall.
Es ruht auf eine Zeit der Schmerz,
ein kindlich Glück füllt jedes Herz,
und jedem ist ein Licht erglommen,
in jedes Haus der Heiland gekommen.

Altjahr-Abend

Der Himmel schneit, die Straße lärmt
ihr letztes Stück in diesem Jahr.
So geht die Zeit. Das uns erwärmt,
das Herzensglück, bleibt immerdar.

Wieder ist ein Jahr zu Ende —
was erbitt' ich mir von Dir?
Ach, daß ich den Weg noch fände,
Gott, zu Dir und so zu mir.

An den Händen, Vater, faß mich,
daß ich nichts verderben mag,
und mit heilger Ehrfurcht laß mich
schreiten in den neuen Tag!

Jeder Jahreswechsel hat den Zauber einer geheimnisvollen Stunde. Der erwartungsvolle Schauer, der uns zuvor erfüllte und in eine außergewöhnliche, demütig-gespannte Stimmung versetzte, geht freilich immer rasch vorbei.
Immer aber erwarten wir von solchen Zeitwenden etwas Umstürzlerisches, so etwas wie einen Purzelbaum der Welt. Sie macht auch einen Purzelbaum, bloß daß sie nachher wieder auf den eigenen Füßen steht wie zuvor und sich selber verwundert die Augen ausreibt.
Wir wissen das alles längst, daß sich, äußerlich gesehen, nichts ändert als der Kalender; aber auch, daß die alten Kalender nun nicht mehr gelten, daß also eben doch die

Menschen und die Lebensdinge zeitlich gebunden sind, weiterschreiten, immer wieder zu neuer Art und neuen Zielen zu.

Neues Jahr hat viel zu denken,
abzurechnen Schuld und Gut;
ach, es kann das liebe Blut
nicht vergessen Gram und Kränken!

Jedes Herz hat seine Klage,
keine Rechnung gehet auf,
und die Toren schlagen drauf
Zins für Monate und Tage.

Das bleibt uns auch im bösen Jahr:
das Land so licht und wunderbar,
ein Lerchenlied im blauen Raum,
darunter Dorf und Apfelbaum,
und dann wir selbst. Wie sich's auch fügt,
gesegnets Gott, es wohl genügt.

Als Friedrich Schiller bei dem ersten schweren Anfall seiner Brustkrankheit im Januar 1791 hilflos darniederlag, wollte er seiner Frau Charlotte und seiner Schwägerin Karoline einige Worte der Liebe und des Trostes sagen ... es ging nicht. Da schrieb er auf einen Zettel die Worte: „Sorget für Eure Gesundheit, man kann ohne das nicht gut sein."

Je mehr Göttliches in einem Menschen ist, desto mehr Gutes bringt er aus sich hervor. Je weniger Göttliches in ihm ist, desto mehr Ungöttliches und Unmenschliches breitet er vor seinen Mitmenschen aus.
Die Menschen unterscheiden sich im Maße ihres göttlichen Geistes. Und dadurch unterscheiden sich auch ihre Werke. Die Kraft des Glaubens und der Liebe wird bewirkt durch das Göttliche. Die Menschen sind nicht gottlos, weil sie böse sind: sie sind böse, wenn sie ohne Gott sind.
Sie müssen ihn suchen! Keiner hat so wenig Göttliches in sich, so wenig Kraft und Licht, daß er das nicht vermöchte. Das Suchen aber bleibt keinem erspart.

Menschensucher

Es ist ja wohl das etwas besonders Großes, Göttliches im Menschen, daß er nach Menschen suchen muß, die zu ihm passen, mit ihm zusammenstimmen, ihn ergänzen, ihn reifer, reicher und besser machen.
Und es ist das beseligende Gefühl der Freundschaft und der Liebe, das aus einem solchen Finden herausquillt, wohl das Beste, was ein Mensch überhaupt haben kann.

Oft verderben sich die Menschen dieses Glück, wenn sie aus Scheu oder aus gesellschaftlicher Enge heraus sich abhalten lassen, die Hand auszustrecken nach einem, der auch die Hand nicht aus der Tasche oder dem Handschuh herausbringt. —

Es gibt keinen Menschen, dem nicht das Wahre und das Gute teuer wäre: keiner erträgt ohne Schmerz den Vorwurf der Lüge; und der Verbrecher, wenn er seine Tat nicht leugnet, sucht er sie doch zu entschuldigen.

Der römische Kaiser Marc Aurel dankte in seinen „Selbstbekenntnissen" den Göttern, daß er einen solchen Bruder hatte, der ihn durch seinen Charakter zur Sorge um seine eigene Seele aufwecken konnte.
Es war dies sein Adoptivbruder Verus, von dem die Geschichte wenig und nur Unrühmliches berichtet.

Such das Göttliche in dir zu finden,
gib dich ganz zum Guten in dir her:
So wirst du die Weltangst überwinden,
lächeln über Geld und eitle Ehr!

Dieses ist der wahre Sinn des Lebens,
daß das Göttliche in uns bestimmend sei:
ohne Gott bemühst du dich vergebens,
mit ihm werden Geist und Seele frei.

Jeder hat neben der intelligiblen eine religiöse Aussteuer, von der die Art seiner Gotteserkenntnis abhängt.

Religiöses Gefühl ist jedem angeboren ... religiöses Verhalten will gelernt sein.

„Reich' mir das Buch"

Als es mit Eduard Mörike zum Sterben ging, ließ er sich von seiner Schwester und Lebensgefährtin Clara Mörike seine Gedichte reichen und fragte sie: „Liebste Schwester, sag, es steht doch nichts Frivoles darin?!" — Er war von dem Literarhistoriker Heinrich Kurz bösartig angegriffen worden, was man im lieben Ländle zur Kenntnis nahm, ohne Mörike im geringsten beizustehen.
Die Sauberkeit seiner Schriften war ihm in diesem Augenblick viel wichtiger als sein Ruhm und als seine Geltung. Und weil ihm das wichtiger war, sein Leben lang wichtiger war, das ist der Grund seiner Geltung und seines Ruhms.

Immer folgt dem Guten Gottes Segen,
und es ernten viele, wo er sät:
reicher blühn die Fluren seinetwegen,
und die Welt wird ärmer, wenn er geht.

Gottes Wille ist, daß wir uns darauf besinnen, was sein Wille ist.

Dieses ist das Wunderbare,
daß dem Teufel nichts gelingt
und das Falsche wie das Wahre
Gottes Sache weiter bringt.

Wenn einer nur fleißig und treu ist, kommen aus dem Unbewußten seiner Seele und seines Geistes Kräfte und Fähigkeiten, von denen er nichts gewußt hat.

Die Seele, auf die nicht das Licht Gottes fällt,
ist wie ein Acker, der im Schatten liegt.

Wer den Tag nicht kennt, dem ist die Nacht hell genug.

Obwohl die Menschen vom Aufgang bis zum Niedergang von Sonne, Mond und Sternen alle Gelegenheit haben, Himmel und Erde zu studieren und bei Gott in die Schule zu gehen, nehmen sie doch lieber Nachhilfestunden beim Maulwurf.

Mancher zündelt mit der Stallaterne,
und er glaubt, er sei das Licht der Welt —
oben stehen Sonne, Mond und Sterne,
die er sozusagen für entbehrlich hält.

Das Glauben, Staunen, Ehrfurchthaben fällt mir nicht schwer. Es ist für mich Glück und Sicherheit, zu wissen, daß über mir eine Macht, ein Sinn, ein Wille lebt, mit dem ich sinnen und wollen darf und kann.

Ich glaube nicht, daß die Menschen eine so leidenschaftliche Sehnsucht nach Unsterblichkeit in sich tragen und bewegen könnten, wenn es diese nicht gäbe oder wenn sie nicht möglich wäre.

Warum werden die Menschen, die an die Unsterblichkeit glauben, heiter und sicher im Leben, und die nicht daran glauben, unsicher und ängstlich, um so mehr, je näher es zum Tode geht?

Selbstgespräche

Lieber Mensch, wie lang noch willst du warten,
bis du deinen Weg zur Heimat lenkst?
Ach, der Herbst ist längst in deinem Garten,
und es ist schon später, als du denkst!

Wenn man mich fragen würde: „Lieber, was wünschest du dir, daß Gott dir bescheren möge als ein besonderes Geschenk?" So würde ich antworten: „Von allen guten Dingen des Erdenlebens wünsche ich mir das eine, daß ich einmal möge freudig sterben können!" [1]

[1] Dieser Wunsch wurde August Lämmle erfüllt. Die einzigen Worte der letzten Tage des Sterbenden waren „Es ist nicht zum Sagen, wie leicht sichs stirbt" und „Es kommt nur auf eins an im Leben, aufs Gutsein." D. Hrsg.

Abschied

Ich habe, was schön ist und gut in der Welt,
ich hab' auch des Leid's viel gekannt,
und wenn nun mein Apfel vom Lebensbaum fällt,
das Liebende bleibet dem Land.

Ich gehe nur still in den Tod hinein,
wie der Fluß still hingleitet ins Meer —
und es wird dann mein Herze ganz stille sein,
und die Seele sie schämt sich nicht mehr.

Aus August Lämmles Leben

Du alterst nicht, mein Land.
Ob auch der Zeiger rückt,
du bist im Tag- und Nachtgewand
beglückend und beglückt.

Dein Vogel fliegt zu mir —
das Lied hebt an in meiner Brust,
es drängt der Strom von Lieb und Lust
aus mir zurück zu dir!

Ich habe mich hingesetzt, einiges aus meinem Leben aufzuschreiben, und besinne mich, wo ich anfangen soll. Des Gedächtnisses wegen brauche ich mir keine Sorgen zu machen. Da sitzt ein Schreiber, der alles notiert hat, gewissenhaft und unbarmherzig. Es hätte keinen Sinn, wenn ich etwas verheimlichen oder verblümeln wollte.
Aber ich bin besorgt, ob mein Verstand verständig genug sein wird, Korn und Stroh zu unterscheiden. Dabei weiß jedermann, daß ich auf dem Boden der Heimat stehe und von hier aus das Leben betrachte — freilich immer mit der Weltgläubigkeit und Weltsehnsucht, die besonders den Schwaben erfüllt, der in seine Heimat verliebt ist.
Es ist nun bald zehn Jahre, daß das kleine Gartenhaus über dem Glemstal die Zelle ist, darin ich lebe.
Die Zelle? Gewiß. Ich bin in meinem Leben oft umgezogen, in eine andere Gemeinde, in eine andere Landschaft, in eine andere Gesellschaft. Es war dann immer so: wenn ich bleiben wollte, der ich nun einmal bin, mußte ich schließlich doch zu mir selber kommen und bei mir selber bleiben. Die „Existenz“, wie wir heute sagen, ist eben der Urgrund, aus dem und zu dem hin wir leben, wir mögen wollen oder nicht. —
Von meiner Stube aus sehe ich ein großes Stück Himmel mit selbstherrlichen Wolken, die um selige Inseln kutschieren. Oder ob sie wohl einen Fahrplan haben? — Und ich schaue bei Nacht, wenn auf der Erde sich das Ameisenvolk beruhigt hat, das himmlische Goldbergwerk als ein Sinnbild der göttlichen Herrlichkeit.
Und ich schaue das Land, das ein Bauernland ist und eindringlich daran erinnert, woher ich komme und wohin ich gehöre.
Zwischen meinem Berghang und den Waldhöhen gegenüber ist ein Tal mit Äckern und Wiesen und Bäumen,

die mich täglich mit ihrer Freundlichkeit beschenken. Ich weiß, welche Vögel da wohnen und daß hier die Igel eine Kolonie haben; ich kenne die Nachtstimmen der Hunde, ich sehe um die Kirschenzeit die Rehe aus dem Walde treten, und ich höre die Sonntagsglocken aus dem alten Alemannendorfe Eltingen.

Ich kenne auch die Vorzeichen und die Zeichen des Frühlings und des Herbstes — ich kenne das alles ziemlich genau. Und doch kann ich mich daran nicht satt sehen, alles ist täglich neu und immer wieder anders! Freilich, auch ich bin täglich ein anderer an Erfahrung und Erkenntnis, Maßstäben und Werturteilen, heute mit heiteren, morgen mit grilligen Sinnen, und immer mit den Brillen der Vorurteile, der Sympathie und der Antipathie oder, was das Schlimmste ist, der Gleichgültigkeit. Meine Stube ist ausgestattet mit hundert Dingen, die mir vertraut und lieb sind, die mir dienen und die mich nun schon lange schweigsam begleitet haben.

O ihr heimlichen Schelme, die ihr mich immer wieder hinüberlocket zu euch, zu eurer Gesinnung und Haltung — nicht durch das, was ihr tut, aber durch das, was ihr seid! Ihr wisset, warum wir uns fanden, ihr und ich und das Gartenhaus und das Land. Das macht das Leben reich und sinnvoll, wenn zusammenfindet und sich zusammentut, was zusammengehört — Menschen und Dinge.

Ja, auch die Dinge! Sie bewahren die gemeinsamen Erlebnisse, als wären sie ihnen ins Herz geschrieben; und da sie immer nur Zuschauer sind, jenseits von Gut und Böse, kann ich mich darauf verlassen, daß sie mir die Wahrheit sagen!

Die Heimat

Und vor mir stieg der Heimat Pracht
mit Berg und Flusseslauf,
dazu das Tal im Ernteschmuck
aus Morgennebeln auf.

Der Acker, wo der Vater mein
einst hinterm Pfluge ging,
der alte Apfelbaum, der schon
voll gold'ner Früchte hing! . . .

Ich hab dich immerdar geliebt,
weil ich dich lieben mußt —
doch daß ich so, ich so dich lieb,
das hab ich nicht gewußt.

Über wenig Begriffe ist so viel gedacht und geschrieben worden wie über diesen Liebling unserer Sprache, darin Stoffliches und Seelisches und Musisches wie Text und Weise eines Volksliedes zusammenklingen.
Seine letzte Macht und Innigkeit offenbart das Wort freilich erst bei einem unfreiwilligen Abschied von den Dingen, die es umschließt, und bei der Gefahr ihres Verlustes. Als die bösen Kriege ausbrachen, lohten überall wie flammende Herzen die Heimatlieder auf, in Dorf und Stadt, und vereinigten Menschen, die sonst nichts voneinander wissen wollten. Unvergeßlich ist mir die Sommernacht 1914, als die Freiwilligen des württembergischen Dragonerregiments ins Feld zogen. Die Hufe der Pferde gingen leise, als fielen Regentropfen vom Himmel; und über den Uffriedhof hin klangen, wie Gesänge von Geistern, die Stimmen der blutjungen Soldaten:

„Fahr' wohl, mein Lieb, mein Heimatland!
Fahr' wohl, fahr' wohl, fahr' ewig wohl!"

Aus solchem, alles andere auslöschenden Erlebnis heraus haben sich die oben stehenden Verse ausgelöst. Da sich damit eine für mein Denken wichtige Erinnerung verbindet, müssen sie hier stehen.

Worüber ich schreibe? Um es kurz zu sagen: nicht über das Problematische, sondern über das Alltägliche unserer Heimat und unserer Menschen. Da es unscheinbar geworden ist in seiner Alltäglichkeit, zeige ich seine geheimen Lichter. Ich bin dazu da, daß ich über das Leben der Menschen, zu denen ich gehöre, nachdenke und das, was ich erfahren und gefunden habe, niederschreibe in einer Sprache, die alle verstehen, und in einer Form, die auf Heiterkeit ausgeht. Das Wort ist so gemeint, wie wenn man von einem heiteren Himmel spricht. Warum? Damit unsere durch so schwere Schicksale getriebenen guten Menschen an das Gute und an das Schöne glauben lernen, oder wenigstens bei mir eine frohe Stunde haben. Dabei ist mir alles wichtig, ja ehrwürdig, was wir an allerlei Aussteuer von unseren Vorfahren überkommen haben. Und ebenso wichtig und lieb ist mir meine schriftstellerische Arbeit. Ich bin zehn Jahre meines Lebens mit dem Wagen durch Europa gefahren, um meine Heimat Württemberg kennen zu lernen, nämlich durch Vergleich das Besondere und damit das Eigene des Landes und der Menschen zu erfahren. Die Gegebenheit, die Gabe zur Aufgabe zu machen, ist der Weg zu einem fruchtbaren und schönen Leben. Nur so wird ein Volk den Völkern angenehm und wichtig. — Bei solchen Erlebnissen und Begegnungen erschlossen sich mir auch die Grundlagen und die Möglichkeiten unsrer Wirtschaft.

Meine Oßweiler Kinderzeit hat, äußerlich betrachtet, wenig Ungewöhnliches und gar nichts Bedeutendes von dem, was große Leute darunter verstehen. Für mich war sie voller Abenteuer.

Und sie war reich an Kinderglück, das mir die Fürsorge der Mutter und Großmutter, des Vaters und der Geschwister täglich bereitete. Diese Fürsorge war zärtlicher und nachsichtiger, als es meiner lebhaften, zum Wildtun neigenden Natur angemessen gewesen wäre.

Ja, in meiner Erinnerung ist da eine Zeit unbegrenzter Freiheit. Gebot und Verbot, womit man glaubt, Kinder erziehen und Erwachsene leiten zu können, gab es eigentlich nicht. Es war uns Kindern überlassen, das Rechte zu tun. Und dieses Rechte war die Gewohnheit des Hauses. Wenn die Ahne sagte: „Das ist bei uns nicht der Brauch!“, dann wußten wir, was wir zu tun und zu lassen hatten. Von frühester Jugend an war das Bewußtsein, der Sohn meiner Eltern zu sein, für Wollen und Tun entscheidend und bestimmend. Immer fragte uns der liebevolle Vater, die gute Mutter: „Was möchtest du gern?“ Und sofort stellte sich dieses unser Begehren auf das Mögliche im Sinn des Hauses ein. Es ist erstaunlich, wie rasch sich Kinder anpassen, und wie stolz sie sind, es zu tun.

Auch hat das Bauerntum vor vielen anderen Lebensformen das voraus, daß hier nicht nur die Familiengemeinschaft, sondern auch die Arbeitsgemeinschaft Eltern und Kinder auf das engste verbindet.

Was das Jahr über in Äckern und Wiesen, in Stall und Scheuer zu tun ist, daran nehmen neben Vater und Mutter die Kinder teil. Und sie haben bald eigene kleine Dienste, die wichtig sind. Solche Arbeit und Mitarbeit erzieht besser als gutgemeinte Worte und Lehren. Tätig sein ist menschliches Bedürfnis, und Freiwilligkeit ist der einzige Weg zu wirklicher Freiheit.

Meine Eltern waren mäßig begüterte Bauersleute. Das Haus, das der Großmutter Haußmann gehörte, lag an der Straße, die von Ludwigsburg über Oßweil hinunter zum Neckar nach Neckargröningen und Aldingen führt. Diese Straße war für mich seltsam und höchst bedeutsam. Denn hier spazierte ja die Welt an unserem Fenster vorbei! Die kleine und die große Welt! —

Kinder und Vögel sehen alles. Unser Gedächtnis hat viele Millionen kleiner Kammern; und es hat einen Kunstmaler und Schnellschreiber, der in einem Augenblick seine Bilder fertig macht und in die entsprechende Kammer schiebt.

Hundertmal hat dieser mein guter Hausgeist den Schmiedmeister Sigloch, unseren Nachbarn, abgezeichnet, wie er den Blasbalg zieht, wie er das Feuer schürt, wie er das Eisen glüht, wie er es blitzschnell aus der Glut, auf den Amboß, unter den Hammer bringt, der mit unfehlbar sicheren Schlägen daraus schmiedet, was der Meister haben will, eine Axt, einen Karst, die Glieder einer Kette, einen Radschuh, einen Leuchselring, ein Wagenrad, eine Heugabel, Kloben und Band und Riegel für eine Stalltüre, ein Grabkreuz — hundert und aberhundert Dinge, die das Dorf braucht, um wohnen, arbeiten leben zu können. Mein Kunstmaler hat das alles aufgezeichnet, wie es der Tag brachte, und dazu die sehnige, biegsame Gestalt des Schmieds, die muskulösen Arme, das über der Brust offene blaue Hemd, das Schurzfell, das stroblichte Haar, die Rußflecken um die Augen und die Schweißtropfen auf der Stirn. Und auch die Schmiedin, die meine Patin war, wie sie ihm und dem Gesellen das Vesper brachte, einen steingutenen Krug voll Most, ein Stück Backsteinkäs, den Brotlaib und einen gesalzenen Rettich.

Die Amsel. Eine Jugenderinnerung

Es war an einem Tag vor dem Heiligen Abend. Der Winter war schon vor dem Christkind gekommen, hatte aber, wie ein Weißputzer, der die Arbeit anfangt und dann eine Weile liegen läßt, nur einmal zur Probe ein paar geschickt gelegene Hänge mit einem weißen Strich überzogen.

Doch konnte es nun jeden Tag anders kommen; der Himmel hing tief und mit schweren Schneesäcken über dem Land, so tief, daß man mit einem Stein ein Loch hineinwerfen konnte und daß unser kurzstumpiger Kirchturm drinsteckte wie in einer wollenen Haube.

Also meinte der Vater, als er am Morgen nach dem Wetter guckte, es wäre das beste, wenn man noch vor dem Fest das Brennholz vom Walde heimholte. Es wurden also die beiden starken schwarzen Kühe eingejocht und vor den Wagen gespannt, es wurden ihnen die warmen wollenen Decken übergelegt, und hinaus ging's dem Walde zu. Da ich noch nicht in die Schule ging, so war ich selbstverständlich dabei.

Unser alter Jörg, der immer den Winter über bei uns half, im Frühling aber sich in Freiheit verzog, leitete das Gespann. Der Vater und ich gingen hinter dem Wagen. Man sah nicht über zwei Ackerlängen hinaus. Und als wir das Dorf hinter uns hatten, kam es mir vor, als seien wir allein auf der Welt, so ruhig lag alles Land, so fest schlossen Wolken und Erde sich um uns zusammen. Nur das Rumpeln des Wagens auf dem hartgefrorenen Boden und die gutmütigen Worte des Jörg, mit denen er die Tiere leitete, unterbrachen die Stille.

Der Vater und ich redeten leise, fast im Flüsterton. Denn ein Bub kann ja nicht ohne Fragen sein, alles ist doch so voll von Wundern, Rätseln und seltsamen Dingen, daß den Kindern das Fragen nicht ausgeht, wohl aber oft den Alten das Antworten.

So fuhren wir entlang den Äckern, hinein in den Wald, darin es nach der windigen Luft des freien Feldes war wie in einer durchwärmten Stube.

Es ging oft bergauf bergab, an alten Eichen und Buchen und an niedrigem Holz vorbei, über holprige steinige Stellen. Die Männer hatten mit dem Fuhrwerk zu tun, ich ging hinten drein, hatte eine schlanke Gerte gebrochen, peitschte damit das Laub und sang und redete vor mich hin, wie es Brauch ist bei den Buben. Da und dort huschte ein Vogel oder ein Eichhorn durch die Äste oder raschelte eine Maus durch das dürre Laub.

Endlich kamen wir an den Platz, wo das Holz aufgebeigt lag. Die Kühe wurden ausgespannt, der Wagen gedreht und geladen. Ich stand bald bei den Kühen, denen der Vater ein Bündel Heu mitgenommen hatte, bald war ich beim Holzladen.

Dies ging rasch und wie im Spiel. Bauer und Knecht brauchten kaum ein Wort zu reden, so gut verstanden sie sich und ihre Arbeit. Jeder griff da an, wo er stand, gleichgültig, ob die Last leicht war oder schwer.

Die Kühe hatten das Futter noch nicht halb gefressen, da wurden sie wieder angespannt, und willig und sicher zogen sie den schweren Wagen, geleitet von der sorgsamen Hand des Vaters und des Knechts, die mit der eigenen Kraft nachhalfen, wo es schwer ging.

Um mich konnte sich niemand kümmern. Ich war aber recht dabei, schob mit am Wagen, rief sachverständig „hist" und „hott" und kam mir wichtig vor, als ob es ohne mich nicht ginge. Denn so, und wie im Spiel, wächst der Bauernbub in Arbeit und Lebensaufgabe hinein.

Es kam aber ein Wasserlauf, da war in der Nähe der Boden weich. Und als wir dorthin kamen, schnitten die Räder tief ein, und der Wagen blieb trotz ermunternder Zurufe, trotz Peitschengeknall und der Männer und meiner Schiebhilfe stecken. Der Vater ließ die Kühe verschnaufen, krabbelte ihnen zwischen den Hörnern, was sie gerne haben, und liebkoste sie, so daß sie ruhig wurden und lustig. Dann probierte er es nochmals, wegzukommen. Es ging nicht.

Nun hätte mancher zur Peitsche gegriffen und ein Ausgiebiges dazu geflucht, und mit Schlagen und Schreien wäre es dann gegangen, oder auch nicht. Der Vater und der Jörg aber spannten die Kühe aus und führten sie an einen trockenen Platz. Der Jörg holte den Bund Heu herbei und sprach mit den Tieren freundlich, als wären es Menschen. Der Vater nahm die Waldhaue, räumte Boden und Steine vor den Rädern weg und warf die schwersten Scheiter, die obenauf lagen, herab. Dann lehnte er sich an die Wagendeichsel und redete einiges mit dem Jörg.

Mir war es langweilig geworden, auch ging es mir bei dem Holzfuhrwerk nicht lebhaft genug her. Ich suchte für meinen Tatendrang einen Gegenstand, sah auch am Wasserrinnsel eine schlanke schwarze Amsel mit leuchtend gelbem Schnabel, die hupfte hin und her, ohne auf uns zu achten. Da hob ich ein Stück Holz auf und warf mit der Sicherheit des Bauernbuben nach der Amsel, bemerkte auch, daß ich getroffen; aber nimmer weiter — auf den Klageruf des Vogels folgte ein solcher aus meinem Munde, denn der Vater hatte mir mit seiner schweren Bauernhand eins hinter die Ohren geschlagen, daß ich das Feuer im Schwarzwald sah und sich der ganze Wald im Kringel um mich drehte.

Gesagt hat der Vater nichts als das Wort: „Erdewelts-lausbue!"
Gesagt habe ich auch nichts, auch nicht geheult, denn das konnte der Vater nicht ausstehen. Ich verschwand so schnell als möglich hinter dem Wagen, sah von dort aus, wie der Vater aus einem Säcklein ein paar Rübenschnitze nahm und sie den beiden Kühen aus der Hand fütterte. Dann wurde angespannt: es brauchte kaum eines Zurufs, da gingen die beiden Schwarzen so ins Zeug, daß der Wagen wie im Flug aus der bösen Wegstelle herausgezogen und ohne weitere Störung nach Hause gefahren wurde.
Der Vater tat, als sei ich nicht da. Ich aber hatte ihn wohl im Auge, schlich hinter dem Wagen her und sah, daß er, als wir auf dem guten Wege waren, zurückging in den Wald. Vor dem Dorfe holte er uns auf einem Fußwege ein, und ich bemerkte, daß er etwas Lebendiges in seinem zusammengeknüpften Sacktuch mit sich trug. Da aber zwischen ihm und mir Kriegszustand herrschte, getraute ich mich nicht zu fragen.
Die Frauen daheim hatten mit den Zurüstungen auf den Christtag zu tun und bemerkten das gestörte Friedensverhältnis zwischen Vater und Sohn nicht. Und ich hörte es mit Erleichterung, daß der Vater kurz vor dem Nachtessen, als er vom Stall heraufkam, sagte, er müsse noch einen Ausgang machen.
Wenn er dagewesen wäre, hätte ich mich an dem Abend nicht mehr mausig gemacht. Nun aber saß ich gleich hinterm Tisch und tat, als hätte ich das verbriefte Anrecht auf alle Aufmerksamkeit der Familie und ein rechtes Christkindlein obendrein. Der Bruder lernte an einem Spruch für die Schule, die Großmutter stand am Ofen und wärmte die Hände, die Mutter kochte die Suppe, und

die Schwester war eben daran, den Tisch für das Abendessen zu decken, da — kam es polternd die Treppe herauf, da polterte es mit klirrenden Ketten und schellenden Schellen in die Stube herein! Und ehe ich mich in die Kammer flüchten konnte, stand der Schellenmärte vor mir mit großem grauem Bart, breitem Hut, Ketten und Schellengeschirr um den Leib, einen Sack auf dem Buckel und eine mächtige Rute in der Hand:

„Will bloß au", sagte er mit einer bärenmäßigen Stimme, „will bloß au gucke, ob d Kender brav send ond fleißig lernet!" Und es war mir, als wolle er mich mit den Augen zu sich herholen.

„s könnt besser sei", sagte die Ahne, „s könnt iebott besser sei, i ka's et grad älleweil lobe!"

„So so, s könnt besser sei? Do muß i am End no d Ruate nemme?", und nun wurden Schwester und Bruder, die aber gar nicht so verschrocken waren wie ich, verhört wie vor Gericht, mußten Sprüche aus der Bibel und Verse aus dem Gesangbuch aufsagen, auch den Strickstrumpf und die Schiefertafel vorweisen. Und da alles gut gegangen war, bekam jedes ein paar Händevoll Schnitz und Nüsse. Dann kam's an mich:

„So?" sagte er und fuchtelte mit der Rute, „so? Ist dees Uier Kleiner? Was muaß mr von dir haöre? D Nochber saget, du seiest em Adam sei Baöser?" Und damit hob der fürchterliche Schellenmärte die Rute und kam immer näher zu mir her: „So? So e Bürschle bist du? Do will i — — —!"

„Ach was", sagte da die Ahne, die einen Affen an mir gefressen hatte und fürchtete, es könnte dem Liebling etwas geschehen, „ach was, de andre send au net bräver! Die Nochberskender rätzet ehn au ond teant et, was r

sait. Was isch no, wenn r no emol ois en Dreck nei schmeißt? Dees ka' mr wieder putze!"
„So, en Dreck nei' schmeißt du d Nochberskender? Ja, ond wie isch no sonst?"
„Sonst ist r reacht ordelich und folgsam, r tuat schao reacht helfe em Stall ond beim Angerschestoaße, und heut ist r mit dusse gwea em Wald."
„So, em Wald ist r gwea? Hot r au verzählt, was r do a'gstellt hot?"
„Was soll er denn wieder a'gstellt hao? r hot nex verzählt!"
„So, no will i's halt verzähle!" sagte der Märte und langte aus seinem Sack des Vaters Schnupftüchle heraus und legte es auf den Tisch: „Wisset r au, Ahne, was do dren ist? I will's Uich zeige!" Er knüpfte auf, und da lag flügellahm und mit gebrochenem Füßlein die Amsel, versuchte zu flattern und schaute ängstlich zu mir herüber.
„Gucket, Ahne, des hot Uier bravs Büable tao!"
Ich bin an diesem Abend ein für allemal von jeder Tierquälerei geheilt worden; den ganzen heiligen Tag und die Tage nachher stand meine Bubenseele unter der Scham und Reue über die dumme Tat.
Die Amsel pflegten wir mit jeder nur denkbaren Liebe. Der Jörg, der in der Natur daheim war und jedes Vögelein nach seinen Gewohnheiten und Bedürfnissen kannte und zu dem alle Tiere ein unbedingtes Zutrauen hatten, schindelte den gebrochenen Fuß, daß er wieder zusammenwuchs, und heilte auch die Flügelwunde. Und wir suchten Nahrung zusammen, die der Vogel brauchte.
Und daß ich für den Vogel nicht Mühe noch Sorgfalt scheute und mit Zärtlichkeit um ihn war, das gab mir bald wieder die angenehme Stellung in der Familie zurück. Denn es wurde auch sonst manches besser, da ich

gegenüber den Geschwistern und den Nachbarskindern nicht mehr das kecke Wesen ausübte.
Der Vogel wurde geheilt und blieb bis im Frühjahr. Als aber die Sonne so warm schien, da war eines Tags der Jörg heimlich auf die Wanderschaft, und die Amsel war durch das offene Fenster davongeflogen in den Wald, wo jetzt die zarten Buchenblättlein und die Vogellieder hervorbrachen.

Die Herrenstiefelein

Es ist schon so, und ob man gleich das ganze Jahr nicht daran denkt: Wenn's in den Dezember hinein geht, fallen uns die alten lieben Kinderdinge wieder ein. Es ist, als seien Jahre und Schicksale ausgelöscht; man steht wieder wie einst als Kind staunend und mit wundergläubigem Herzen am Fenster, sieht Garten und Bäume in Ruhe und Behaglichkeit gehüllt, folgt dem zierlichen lustigen Spiel der Schneeflocken und erhorcht und erspäht und kostet die Klänge und Gänge und Düfte, die den lieben Christtag verkünden.
In der Erinnerung verschwimmen alle die Kinderchristtage zu einem Himmel der Unschuld und des Glücks.
Ich war sieben Jahre alt, ging schon seit Ostern in die Schule, kannte die Fibel in- und auswendig, schrieb und rechnete mit Eifer und Stolz auf die Schiefertafel und hatte das Lob meines Lehrers, das ich nachher nie mehr so wirklich und ganz verdiente. Und da ich dazu von drei Geschwistern das jüngste war, so konnte das „Christkindlein“ nicht schlecht ausfallen. Daß es mir aber meinen großen Wunsch nach ein Paar richtigen Rohrstiefeln erfüllen würde, daran getraute ich mir nicht zu glauben.

Denn der Vater war nun einmal für Schnürstiefel und konnte das neumodische herrenmäßige Zeug nicht leiden. Es kam aber schließlich doch so weit, nachdem sich die Großmutter nicht nur mit Worten, sondern auch mit einem blanken Taler dafür eingesetzt hatte.

Also verkündete der Vater am Thomasfeiertag beim Morgenkaffee: „Zieg de a', du därfst mit uf de Christkindlesmärkt in d Stadt!"

Über dieser frohen Botschaft trat alles andere in den Hintergrund. Mutter, Großmutter und Schwester beteiligten sich an meinem Anzug, und bald stand ich da, wohlverpackt und ausgerüstet mit der Schwester warmen Handschuhen, davon ich einen auf dem Heimweg verlor, der guten Mutter seidenem Halstuch und des Bruders Pudelkappe. Der Vater setzte die Sonntagsmütze auf, griff zum Marktstecken, und los ging's, Ludwigsburg zu. Es war gut, daß er mich wie immer an der Hand führte, sonst wäre ich wohl davongerannt und über mein eigenes Glück gestolpert.

Der Himmel hing voll Schnee, die Straße zog sich wie ein breites weißes Band zwischen den eingesäten Feldern hin, die bereiften Zweige der knorrigen Birnbäume, die ich später alle so gut kannte, standen wie Zuckerwerk in der Luft. Der üppige Muschelkalkdreck war zu einer raupeligen Decke erstarrt, und die gefrorenen kleinen Wasserlachen darin glänzten wie Spiegel. Ein feiner goldener Dunst hing wie eine rosige Gegenwart über dem langen Feld, und der Wind lag schön und prall im Rükken und trieb mich seligen Burschen dem Glücke zu.

Frühe Marktbesucher, die schon auf dem Heimweg waren, begegneten uns; Frauen trugen Körbe auf dem Kopf, darin, in buntgewürfelte Decken gewickelt, geheimnisvolle Dinge ruhten; einmal und noch einmal führte einer die auf dem Markt erstandene bunte Kuh mit sich. Die Begegnungen gaben jedesmal einen kleinen Ständerling und einige wichtige Reden, was meiner Ungeduld eine harte Probe war.

Aber endlich bogen wir doch in die Eberhardstraße ein und zogen an der katholischen Kirche vorbei, die damals noch Garnisonkirche war, hinein in die Wunder des Markts.

Was gab es da zu sehen!

Ganze Berge von Christbäumen, ganze Schachteln voll roter und blauer und grüner Glaskugeln und Sterne, Lebkuchenherze, Pfeffernüsse, Kinderuhren mit Ketten, Pistolen, Trompeten, Trommeln, Hosenträger, Halstücher, baumwollene buntfarbige Hemdenstoffe, warme Unterjacken, Hüte und Kappen, Spielwaren aller Art, Rößlein, Kühe, Schäflein mit Hürden, Schäfer und Schafhaus, Mundharfen — alle Herrlichkeiten, davon ein Bauernbubenherz träumen kann, lagen hier aufgebeigt, und ich verschlang mit den Augen die glitzerigen Wunder, und es kam mir kurios vor, daß die Händler, die doch im Besitz dieser Dinge waren, mit blaugefrorenen Backen und Nasen, die Hände reibend und mit den Füßen stampfend, umhergingen!

Der Vater mußte Gewalt brauchen, um mich von den herrlichen Dingen wegzubringen, hinüber hinter den Brunnen, wo die Schuhmacher ihre Stände hatten. Da stand einer, den der Vater zu kennen schien, einer in einem grauen Bart, einer großen Pelzkappe, einem dicken kurzen Rock und mächtigen schwarzen Filzstiefeln, der sah aus wie der Pelzmärte, und: „Adem", sagte er, „du witt gwiß e Paar Sufrohr fer dei Büable? — Aber, was ist dees, Büable, friert di's et en Zong, wenn dei Maul so ufsperrst?"

Ich klappte erschrocken zu, der Vater aber lachte breit und behaglich und sagte: „Sufrohr? Moanst et, Schnürschuah tätets au fer dean Hosema'?“ Mir fiel schon das Herz in die Hosen, aber der Herr Pelzmärte langte von seinem Gestell eine ganze Handvoll Rohrstiefel herunter: „Do schlupf nei“, sagte er, „aber paß uf, daß net drei' nei fallst!“ Denn ich war ein kleiner Knirps.

Nun ging's ans Probieren. Es war aber ein Paar dabei, die hatte der Vater auf die Seite gestellt, mit schönem glänzendem Rohr und mit gepreßten Falten. Die andern aber waren von ungefärbtem Leder. Mit diesen fing der Vater an.

Aber wenn er fragte: „Passet se?“, dann sagte ich und verzog das Gesicht: „Se drücket!“ Schließlich blieben nur noch die Herrenstiefelein. „Drücket se?“ fragte der Vater. „Noa“, sagte ich, „die passet!“ — Es stimmte aber nicht, und ich mußte es auch nachher büßen.

Den Handel um den Kaufpreis kann ich nicht mehr ganz erzählen. Er dauerte eine Zeit. Damals wurde immer um den Preis gehandelt. Und kein Bauer und erst recht keine Bäuerin kauften auf dem Markt ein, ohne einen Preisnachlaß erreicht zu haben. Und als wir mit den Stiefeln heimkamen, war der Großmutter erste Frage: „Hat Er au ghandelt?“ Denn der Vater und die Großmutter beredeten sich mit „Er“ und „Ihr“.

Ich hätte die Stiefel auf dem Markt am liebsten gleich anbehalten. Aber das war nicht Brauch. Der gute Pelzmärte hängte sie mir also, an den „Strupfen“ mit einer Schnur zusammengebunden, um den Hals. Und wir wandten uns Oßweil zu, und ich ging vor Freude einen Schuh hoch über dem Boden.

Wenn er zu Markt geht, trinkt der Bauer einen Schoppen. Ich hätte diesmal gerne darauf verzichtet, um die

Stiefel zeigen zu können. Beim Schorndorfer Tor ist eine Wirtschaft, wo der Vater seine Einkehr hatte. Dort tranken wir ein Bier und aßen eine warme Wurst dazu. Aber als wir fertig waren und der Vater noch ein Gespräch hatte mit den Bekannten, da dauerte es mir zu lange, und ich zog hinterm Ofenschirm die neuen Stiefel an, was der Vater erst bemerkte, als wir schon unterwegs waren beim Stadtbrünnele.

Es war aber der gefrorene holprige Weg nicht gut zum Einlaufen der Stiefel; und als wir nach Oßweil kamen, hatte ich Mühe, ohne Hinken und Heulen durchs Dorf zu kommen. Denn die neuen Stiefel zwickten und klemmten erbärmlich und rieben mir die Knöchel wund, so daß ich sie zur Verwunderung meiner Angehörigen über Weihnachten unter den Baum stellte, bis die Wunden verheilt waren.

Später taten sie mir dann beim Schleifen, „Stefzgen" und Schlittenfahren gute Dienste und verschafften mir ein rechtes Ansehen.

Aber ich habe gleich als Bub das aus der Stiefelgeschichte gelernt, daß die Eitelkeit viel zu leiden hat. Und wenn mir später einer geschniegelt und gebügelt und mit so recht aufdringlichem Glanz begegnete, mußte ich immer heimlich lächeln, wenn ich mir dachte, wie den wohl der Schuh zwicken möchte.

Eine kleine Geschichte vom „Winterjörg"

Es war im Winter, wo auch die Oßweiler Bauern ruhige Tage haben. Das Futter für die Tiere im Stall war für eine Woche hinaus zum voraus geschnitten. Sich in der

Stube herumzudrücken, das lag dem Jörg nicht. Zu fremden Leuten ging er nie, und im Stall war es ihm zu warm. Also ging er nach dem Morgenkaffee hinaus in unseren kleinen Wald, „Büschele machen".

Das ausrangierte Holz war umgeschlagen, die Stangen waren geputzt. Nun lag Krummes und Dürres und Reisig auf Haufen. Daraus sollte der Jörg die zum Anfeuern so beliebten „Büschele" machen.

Er hatte nur eine Kleinigkeit mitgenommen, denn er aß ja wie ein Vogel. Es war zu erwarten, daß er zu Mittag heimkomme; aber er kam erst beim Dunkelwerden gegen Abend.

Wir saßen dann alle um den Tisch beim Abendessen. Wie immer gab es geschmälzte Wassersuppe mit Brotschnitten, Kartoffeln in der Schale und aus der gemeinsamen Schüssel gestandene Milch.

Es pressierte nicht. Man plauderte eins, aß eins und plauderte wieder. Die Mutter hatte die Gewohnheit, den Jörg ein wenig zu necken. Sie fragte ihn:

„Wo hent r heut gschafft, Jörg?"

„Im Wald."

„Was hent r gschafft?"

„Büschele gemacht."

„So, Büschele? Des ist recht. Wieviel hent r gmacht?"

„Zwoi, Pauline, zwoi."

„Ei ei, zwoi?!" sagte die Mutter.

„Ja, Pauline, zwoi — ond glei' beigt!" —

O du unschuldiger Jörg, was hattest du für versonnene Augen! Was magst du erlebt haben den langen Tag im Wald! Hast gewiß den Fuchs gesehen, Igel und Hasen, Spechte, Wildenten, den Eisvogel und den Fischotter im Bach! Und hast dazu noch zwei „Büschele" gemacht „und glei' beigt!"

Ach, wie sich unsre ganze Familie über das Glück des Wandervogels freute. Die Arbeit? Auf die kam es daneben gar nicht an.
Der Jörg blieb an dem Abend länger in der Stube als sonst, und er sonnte sich in seiner Beliebtheit. Und die Ahne brachte ihn dann dazu, daß er uns mit seiner feinen hohen Stimme wieder einmal sein Lied sang:

„Jetzt fangt das holde Frühjahr an,
und alles fangt zu blühen an
auf grüner Heid' und überall.
Es blühen Blümlein auf dem Feld,
sie blühen weiß, blau, rot und gelb —
so wie es meinem Schatz gefällt."

Als er gesungen hatte, ging er strümpfig die Bühnenstiege hinauf, wo in einer Kammer unterm Dach sein Strohsack lag.

Es löst sich keiner, ohne Spott zu erfahren, aus der Dorfgemeinschaft. Nicht daß man es mit dem Außenseiter nicht gut meinte! Sehr gut meint man es mit ihm! Und Fremde irren sich, wenn sie solche Spiele ernst nehmen. Wenn sich einer drein mischt, ist er verkauft. Das geht die Fremden nichts an, was die Einheimischen miteinander zu „vergrechten" haben! Und es geschieht auch nur, daß es dem Landsmann nicht zu wohl wird! Immer bleibt er unter dem Gesetz des Dorfes und hat dessen Wesen zu vertragen.

Bei mir fing es an, als ich von der Oßweiler Dorfschule in die Ludwigsburger Lateinschule übertrat. Ich hatte nun einen richtigen ledernen Bücherranzen und war halbstädtisch gekleidet. Besonders die alten Schulkameraden beobachteten mich scharf.

„Du bist koa reachter Aoßweiler maeh!" sagte eines Tages mein liebster Gespiele Albert Merkle, „du saist Gsicht, ond mier saget Gsiicht!"

„So guet wenn i's e'mol hätt!" sagte der Gustav, dessen Vater steinreich war, den Buben aber einspannte, ärger als einen Knecht.

„Was, em Adam sei' Baöser bist du? Was witt denn du werde? Am End gar e' Pfarrer, weil d' Lateinisch lernst? Dô mueßt de aber noh bräver a'lao, als de bist, sonst schmeißet se de weg!"

„Ja, nemmet se jetzt en de lateinische Schuele' au' Baure'-buebe'?" — „Narr, bloß weagem Schuelgeld! Nochhear wurds au' hoiße: Putz 's Maul a', därfst trenke'!" So dachte und so redete man. Daß die Pfarrers- und die Lehrersbuben in die Stadtschulen gingen, das erregte niemand. Bauernbuben, wenn sie nicht auf den Hof kommen konnten, sollten Bäcker oder Metzger werden! Das war die alte Dorfgewohnheit.

Als ich dann aber bei der Schlußfeier eine öffentliche Belobung erhielt, Jahr um Jahr, nahm das Dorf daran lebhaften Anteil und war befriedigt. „'s ist guet, daß mrs deane Gispel e'mol zeigt, daß d'Baure' au' Leut send, was dô!" sagte der Merkles Zwilling, die Marie.

Mein persönliches Verhältnis zu den Kindergespielen und den Nachbarn war nun eher inniger geworden, da wir uns seltener sahen. Und die Geschwister wußten, daß das Ludwigsburger Lyceum keine Faulbank sei, und daß es von nun an mit meiner Freiheit aus war. Sie sahen, wie es da zu lernen galt, zuerst Latein, dann Französisch, dann Griechisch, Wörter, Wörter, Wörter und immer dickere Bücher. Und sie sahen, daß ich mit ganzem Eifer dabei war und doch meine Liebe für die bäuerliche Arbeit nicht einbüßte.

Aber ein bißchen Neckerei blieb. Sehr selten bekam ich nun den groben Spottvers

„Suppelateiner,
Hose'latzknopf,
Mädlesverführer,
elender Tropf"

zu hören. Und wo es geschah, rächte ich mich dadurch, daß ich zeigte, wie ich in den bäuerlichen Dingen nicht zurückstand.

Das geschah, als der Vater 1891 den Gutshof bei Ulm gepachtet hatte. Vater und Mutter und Bruder und Schwester waren mit der Fahrnis und dem Milchvieh im

April abgezogen; ich blieb noch auf ein paar Wochen bei der Ahne. Und ich half ihr, die beiden „Rindle“ versorgen, die der Vater dagelassen hatte. „Wenn sich ein Käufer findet, 160 Mark für das kleine und 170 Mark für das große wär' etwa der Preis“, sagte er beim Abschied zu mir. Die Ahne, die als Schäferstochter einen ungewöhnlichen Verstand für das Vieh hatte, fütterte und striegelte die Jährlinge, daß die dunkelbraune Haut nur so glänzte und die Blassen auf der Stirne hervorleuchteten. Auf jeden Fall: für den Verkauf wurde vorgesorgt; freilich hätten die Ahne und ich es viel lieber gehabt, wenn wir das edle Jungvieh hätten behalten und zu den Kuhmüttern nach Ulm bringen können. Aber es ging dann sehr schnell mit dem Verkauf.

Ich schloß eben das Haus und wollte weggehen, die Ahne abzuholen vom Feld, als der Wagnerfritz, ein wohlhabender Bauer, die Straße herabkam.

„So, Suppelateiner“, sagte er spöttisch, „bist du au' noh dô?“ Ich sah, daß er getrunken hatte und deshalb übermütig war.

„Jawohl, Herr Wagner“, sagte ich, „i bin so frei.“

„No net glei beleidigt sei'! Dein Vatter hot mr net gern verlore. Send die Rendle noh dô?“

„Em Stall standet se“, sagte ich, schloß die Haustür auf, ging hinein und öffnete die Stalltür.

Der Wagnerfritz kam herein. Im Stall war es hell. Die Rindlen streckten die Köpfe her. Da sie allein standen, kamen sie recht zur Geltung.

„E bißle mager, moan i“, sagte er.

„Raßvieh wurd net fett“, sagte ich.

„Wo ist d' Haußmänne?“

„D' Ahne ist em Acker.“

„Wer verkauft?“

„Ich verkauf."
„Du?? Was soll des graößer gelte'?"
„I verkauf bloß ällboid z'seme'. 's graoß kost 190.—, 's klei' kost 180.— Mark."
„Send se net rauh en de Hoor?"
„Rauh?" sagte ich, fuhr dem großen über den schnurgeraden Rücken und hob, wie im Spiel, die geschmeidige Haut.
„Froge' därf mr. Ond ebbes weghandle' wurd mr au' dürfe'."
„Handle'? Dr Lämmles-Adam handlet mit em Wagnerfritz net."
„Also mei'tweage'. Die Rendle send kauft. Wenn ka' mrs hole'?"
„Glei. Zerste' 's Druffgeld."
„Donnder!" sagte er, zog den Beutel und gab mir ein Fünfmarkstück. Das Draufgeld macht den Kauf gültig.
Ich wartete, bis der Bauer mit dem Geld kam und die Rindlen holte.
„Lernt mr des uf dr lateinische Schuel?" sagte dann der Wagnerfritz, der einstweilen erfahren hatte, daß mein Vater die beiden Jährlinge je um zwanzig Mark billiger angeschlagen hatte. „Schad, daß du koa Bauer bist. Nemmt mier dear Donnder vierzg Mark z'viel ab, weil ehm Suppelateiner g'sait hao!"
„Zviel?" fragte ich. „Billig send die Rendle! Billig!! Ond guet! D Ahne hat für meh als für fufzg Mark dra' na'g'fuettert, seit dr Vatter furt ist! Ond 's Viech schlagt uff!'s geit jô Heu grad gnueg!"
Wir führten die Rindlen aus dem Stall. Nun sah man erst, was das für gattige Tiere waren. Die Ahne, die einstweilen heimgekommen war, gab ihnen noch ein Mehl-

saufen. Sie waren zutraulich und schleckten ihr die Hände ab.
Der Bauer übernahm das Vieh. Und er sagte vor sich hin im Selbstgespräch: „Schö' send se. Ond guet. Ond net z' teuer. 's Viech schlagt uff. 's geit jô Heu gnueg! Lateinisch! Lateinisch! Bue, mach so furt!“ sagte er. Dann zog er ab.

Wenn Oßweil für uns die kleine Welt war, so war Ludwigsburg — kurzerhand „die Stadt“ genannt — die große Welt. Da war der Bahnhof, das Schloß, der Park, die Anlagen, die Alleen.
Da wohnte Prinz Wilhelm mit dem „Päule“. Aber sie wohnten nicht im Schloß — er war schon damals nicht dafür. Er wohnte im „Marienwahl“ — das war ein Haus wie ein Pfarrhaus, nur daß ein Soldat mit Helm und Gewehr davor stand. Vor dem Essen machte der Prinz mit seiner Tochter, mit der er, da die Mutter gestorben war, ganz eng zusammenlebte, einen Spazierritt in der Reitallee. Er ritt einen Falchen, die Prinzeß ritt ein Pony. Wenn es galoppte, flogen ihre falben Haare im Wind. Männer und Buben zogen den Hut ab, wenn der Prinz vorbeiritt: jedermann wußte, daß er einmal ein guter König für uns sein werde.

Und da waren die Kasernen und die Soldaten: Ulanen, Dragoner, Artillerie, Infanterie, Train. Überall geben die Soldaten einer Stadt den gesellschaftlichen Charakter, sowohl die Offiziere wie die Mannschaften. Und es gab die ganze Zeit, seit ich denken kann, in Ludwigsburg einen Überfluß an Köchinnen, Stubenmädchen und Kindsjungfern, so wie es in dem schönen Soldatenlied heißt:

Ein' Offizier, das lieb ich nicht,
weil er's den Mädchen viel verspricht;
ein Grenadier, das muß es sein,
denn ihm gehört mein Herz allein!

Um 9 Uhr im Winter, um 10 Uhr im Sommer mußte der Soldat im Quartier sein. Eine Viertelstunde vorher bliesen die Hornisten von allen Kasernen das „Locken“. Man hörte es in den Dörfern draußen. Ich habe bei keinem Sportfest jemand so laufen sehen wie damals Soldaten, wenn sie sich bei ihren Mädchen verspätet hatten. Denn Schlag neun oder zehn wurde die Vergatterung geblasen, das Kasernengitter wurde geschlossen, wer zu spät kam, „verpaßte“ drei Tag Mittelarrest.
Auch diese abendliche Gefahr gehörte zur soldatischen Romantik. Keiner vergißt, wer dabei war. Soldaten und Mädchen — ohne diese Zweiheit ist das Soldatenlied nicht denkbar:

„Mein schönster Schatz, erlaub' es mir
eine kleine Viertelstund'
deinen Rosenmund zu küssen,
eh' die Nachtpatrullje kommt!“

Sommer und Winter, an bestimmten Wochentagen, zogen sie zug- oder korporalschaftsweise ins „Schießtal“. Gut schießen gilt als Zeichen militärischer Tüchtigkeit. Dazu gehört „Ruhig Blut“! Deshalb wird auf dem Weg zum Schießplatz gesungen. Nichts beruhigt und versöhnt so sehr wie Gesang. Bei Tier und Mensch. Für mich gibt es keine ergreifendere Musik als den Gesang junger Männer, den ein- oder zweistimmigen Gesang. Und die Lieder, die ich, vom Erwachen meines Selbstbewußtseins an, von den an unsrem Haus vorbeiziehenden Soldaten hörte und lernte, sind in Kopf und Herz aufgeschrieben und haben mich ein Leben lang begleitet als in die Poesie geflüchtete Menschlichkeit.

Man mag es nehmen, wie man will: „Soldatenleben ist ein hartes Leben!“ Es bedeutet Verzicht auf persönlichen Willen. „Caesar, morituri te salutant!“ (Caesar, es grüßen dich, die zu sterben bereit sind!) ist Los und Losung des Soldaten in allen Zeiten gewesen.

Davon geht sein Lied. Das Soldatsein bringt das mit sich. Deshalb sind Soldatenlieder wehmütig — und übermütig!

Mein Kinderleben war ohne Wirrung und Zwiespalt. Aber die Soldatenlieder gaben mir eine Ahnung von dem Leid, den Schmerzen, die das Leben bringen kann. —

„Der König trägt die Kron,
in der einen Hand das Szepter,
so sitzt er auf dem Thron,
in der andern Hand das blanke Schwert! —
Das bedeutet keinen Fried und keine Einigkeit,
keine Gnad und kein Pardon.“

Wohl hundertmal hatte ich in den Morgenstunden das Lied singen hören. Als ich dann 1885 den alten Kaiser und Bismarck und Moltke sah, die im Sonderzug von Berlin gekommen waren und nun von Ludwigsburg aus zur Kaiserparade fuhren, wo das württembergische Armeekorps feldmarschmäßig angetreten war, ging mir der Soldatenvers durch den Kopf „das bedeutet keinen Fried und keine Einigkeit“. Viel später erst begriff ich, warum die Menschen so schweigsam dabeistanden.

Ich habe von da an die Volkslieder noch mehr geliebt als vorher. Mehr als jede andere Poesie. Immer wieder und mit großer Aufmerksamkeit und Andacht mußte ich diese einfältigen, ungebildeten Stimmen der Seele hören und lesen. Wenn man nach zuverlässigen Urkunden des

Volkstums sucht, darf man die Volkslieder einer Zeit nicht vergessen.
Ich weiß, woher Silcher, der mehrere Jahre in meiner Heimat Ludwigsburg lebte und alles erlebt hat, ganz anders noch als ich — ich weiß, warum er nicht mehr vom Volkslied wegkam, warum ihn, der doch gar nichts Gewaltsames und Militärisches an sich hatte, das Soldatenlied als Ausdruck stärkster seelischer Konflikte lebenslang nicht losließ!

„Sonne, Mond und Sterne
mit ihrem Silberlicht,
die leuchten dem toten Soldaten
ins blasse Angesicht."

... Ja, und dann waren in Ludwigsburg die Märkte, die Wochenmärkte, der Jahrmarkt, der Maimarkt, der Christkindles-Markt, von dem ich schon früher berichtet habe. Wir Kinder waren dabei. Nirgends so wie hier tat sich das Tor auf hinein in die Vielseitigkeit des Lebens und in die Rolle, die das Geld spielt.

Für ein Oßweiler Kind ist es selbstverständlich, daß es zum Ludwigsburger Wochenmarkt geht und dort, zunächst in Begleitung der Mutter oder eines älteren Geschwisters, Kartoffeln, Rettiche, Bohnen, Gelbrüben, Obst feil hat. Größten Wert legen Bauerneltern darauf, daß Buben und Mädchen das Auswiegen und Verkaufen lernen. Ich habe Schulkameraden gehabt, die sich in der Rechenstunde hilflos, auf dem Markt dagegen nie verrechneten! Und so nahm mich mein Vater, obwohl es mir von Anfang an bestimmt war, daß ich mir mein Brot einmal außerhalb des Bauerntums verdienen müsse, mit auf den Viehmarkt, nach Ludwigsburg, Waiblingen, Bietigheim, Markgröningen. Wie hätte ich auch ohne diese Lehre meine Schwänke und Geschichten schreiben können! Die ganz sichere Kenntnis dieser bäuerlichen und menschlichen Welt gehört zum Abc meines Wissens und meiner Vorstellungen; diese Kinderfibel ist der eiserne Bestand meiner Begriffe.

1891 hat unser Vater das Hofgut Ruhetal bei Ulm gepachtet. Die Eltern, Schwester und Bruder, später auch die Ahne waren nun dort „daheim“. Ich kam ins Lehrerseminar nach Nürtingen, dann nach Eßlingen, später auf der Berufswanderung auf die Blaubeurer und die Neuffener Alb, auf die Tübinger Härdten, ins Remstal, ins Strohgäu, ins Teuringer Tal, ins Allgäu, ins Frankenland, ins Wieslauftal, dann nach Ulm, Göppingen, Cannstatt. Ich kann es nicht einmal beiläufig sagen, was ich all diesen Landschaften und Ortschaften an Unterricht und Lehre, an Wissen und Können, an Erkenntnis und Erfahrung verdanke, welche unbeschreiblichen Geschenke ich von Männern und Frauen, besonders aber aus dem Umgang mit den Kindern empfangen habe; was täglich an Vertrauen und Liebe zu mir kam und was mir die dörfliche Kultur von ihren unerschöpflichen Schätzen und Reichtümern der Sprache, der Lieder und Geschichten, der Lebensform in Sitte und Brauchtum mit auf den Lebensweg gab. Die Heimat war mir der beste Lehrer, und ihre Schule war Volks- und Hochschule zugleich! Noch in meinen späten Jahren umgeben mich die Gestalten schwäbischer und fränkischer Dörfer und Städte; sie wurden mir Offenbarung unseres Volkstums und damit meines eigenen Wesens.

„Weißt du noch“, sagt der Schreibtisch, „wo ich zu dir kam? Es war im April 1899 im Rößle in Kusterdingen. Ich stand im Herrenstüble, die gute Wirtin, die Marxin, hat ihre Schreibsachen in meinen Schubladen gehabt! Freilich das Schloß war ausgeleiert, der Deckel hing schief, weil das Gewerb zerbrochen war, im Fuß mahlte der Holzwurm, und die Politur war ganz verblaßt!“

Richtig! Ich erinnere mich selber wieder ganz genau! Es war an einem Regentag, wo man Schach spielt oder Karten, wo man sich auch einmal die Stuben genauer ansieht. Der Andreas, der noch Student war, saß mir gegenüber hinterm Tisch. Er deutete auf den schiefen Deckel:
„Der gehört zum Schreiner!" sagte er.
„Da käm dr Gulde' auf achtzehn Batze'!" sagte seine Tante. „Dr Salomo hat fünfezwanzig Mark bote'. Sie" — und damit wandte sich meine gute Kostgeberin an mich, denn sie wußte, daß ich das alte Erbstück gern gehabt hätte — „Sie krieget ihn um zwanzig!"
„Gilt!" sagte ich, „und ich dank recht schön!"
So kam das Möbel zu mir. Der Schreinermeister Mozer, der einen begabten Buben bei mir in der Schule hatte, flickte dann den Invaliden und richtete ihn her, daß es ein Staat war. „E rars Stückle!" sagte er, „von de Alte kann mr lerne!"
Von da an stand „der Kommod" der Rößleswirtin in meiner Stube und, wenn ich auf der Wanderschaft war, bei den Raible-Eltern in Eßlingen. Und er ist dann in Waldsee und in Rossach, in Steinenberg und in Göppingen und in Cannstatt immer dabeigewesen.
Man kann sich nicht leicht etwas Kommoderes denken: links und rechts sind tiefe Schubladen; der mittlere Teil ist frei, daß man beim Sitzen bequem die Füße hineinstellen kann. Wird der Deckel zurückgeschlagen, dann entsteht der geräumigste Schreibtisch, der geradezu einladet, gute, heitere Sachen auszudenken. Auch fehlen nicht die geheimen Schublädlen, wo man Wertsachen und Geld verschließen kann — so man hat!
Das Schreinwerk ist mit Nußbaum überblattet und mit goldfarbenen Ahornbändern eingelegt. Ein besonderes Zierstück ist der trefflich geschnittene Papagei mit Ha-

kenschnabel und starken Krallen — ein sehr vornehmer Herr, der es nicht duldet, daß geringwertiges Gesindel von Hausgestühl oder Bildern sich in seiner Umgebung niederläßt! — Er regiert nun seit fünfzig Jahren meine Wohnstube. Bei allem, was ich anschaffte, mußte ich mir wohl überlegen, ob es sich zu meinem Papagei schicke. Daß er sich auch in mein Denken und in meinen persönlichen Geschmack eingenistet hat, das kann ich nicht geradezu beweisen, aber für mich bin ich der Sache gewiß. Ja, mein lieber alter Freund, du bist immer dabei gewesen! —

„Ein! Zwei! Drei! Vierrrr" — Herrjee, die „Hex" meldet sich, die kleine Schottenuhr aus der Biedermeierzeit! „Hör auf!" sagt sie und haut ihren Perpendikel links und rechts hinaus wie ein Fechtmeister — „hör auf mit dem Gesalbader! Mich wenn du nicht hättest, wär nix aus dir geworden! Verträumt, versäumt, verschlafen hättst du deinen Tag wie damals in Aidlingen!"

Das war eine ziemlich monströse Sache gewesen! Nun ja! Schließlich bin ich froh, daß ich den guten Schlaf hab! Ich hatte vergessen, am Abend vorher meine Uhr aufzuziehen, die mich sonst immer mit ihrem energischen Schlag aufweckte. Da ich dann nicht in die Schule kam, die Tür verschlossen, die Fenster verhängt waren und alles Klopfen ohne Antwort blieb, meinten die guten Leute, es sei mir etwas passiert. Um halb elf holten sie den Schlosser, der die Tür zu meiner Schlafstub aufbrach. Darüber wachte ich auf. Der Schlosser riß das Fenster auf; unten hatte sich das halbe Dorf versammelt und wartete auf etwas Grausiges, bis der Schlosser hinunterrief: „Er lebt! Er lebt!" Vor meinem Bett hob der gute Pfarrer Mäule, den sie auch geholt hatten, ein Dankgebet an.

Alle Leute im Dorf waren von da an merkwürdig freundlich zu mir und lächelten mir zu. Und alle grüßten mich nun mit dem Gruß „Guten Morgen, Herr Lehrer!" Auch mittags.

Die „Hex" hab ich im gleichen Jahr gekauft wie „den Kommod", auf einer Auktion in Esslingen. Ich bekam sie um den Anschlag, um eine Mark fünfzig; es hatte niemand außer mir darauf geboten. Meine Leute waren etwas erstaunt, als ich sie heimbrachte.

Und sie war doch so hübsch, nur eine Spanne hoch und dreiviertel Spannen breit! Aber sie hatte echt messingene Gewichte und ein bemaltes Porzellanschild! Über dem Zifferblatt sieht man ein Wasser mit Buschwerk und Uferweiden und im Hintergrund blaue Berge. Im Vordergrund steht einer mit einer Angelrute. Seit ich die Hex nun habe, steht er dort und hängt die Angelrute ins Wasser und kümmert sich nicht um Welt und Geld. Ich habe viel daraus gelernt und mich an ihm getröstet! Die kleine Uhr ist aus der guten alten Zeit, wo man von Symbolen lebte und glücklich war.

Es ist wahr, sie sah nicht besonders gut aus, als ich sie heimbrachte. Das Zifferblatt war matt und alles voll Staub. Ich habe dann den Perpendikel und die Messinggewichte geputzt, daß es nur so funkelte, und das Räderwerk mit einer Gansfeder geölt. Der Schwiegervater beobachtete meine Arbeit mit Wohlgefallen: „Wenn sie geht", sagte er, „ist sie nicht zu teuer!"

Aber sie ging nicht. Als ich sie aufgezogen und angeschuckt hatte, machte der Perpendikel dreißig Schläge — hin und her zusammengerechnet.

Bei den Eltern war damals ein Vetter aus Amerika auf Besuch, der drüben nicht „prosperiert" hatte, wie er sagte, und sich nun in unserer Seifensiederei wieder etwas an die Heimat gewöhnen sollte. Als meine Uhr nach fünfzehn Doppelschlägen aufhörte, sagte der Schwiegervater: „Schlag mir de' Buckel, wie dr Vetter! Grad wie dr Vetter!"

Ich habe darnach einige ungute Tage gehabt wegen meiner Uhr. Aber ich gab nicht nach. „Ihr kennt mich noch nicht!" sagte ich, „eines Tages geht sie!"

Nach drei Tagen war es soweit; ich hatte entdeckt, daß man sie schief aufhängen muß! Es war eine besondere Uhr. Und wie sie nun ging! Sie ging nicht, sie lief! Und wie sie lief und schlug und schlug und lief — nie habe ich so etwas Eifriges gesehen, so etwas Unbedingtes! Kein Befehl kann knapper klingen und resoluter als ihr Schlag. Und mit dem Perpendikel haut sie hinaus rechts und links, wie ein Fechtmeister. Darum heißt sie auch „die Hex". Ihr Eifer macht mir täglich Freude.

Aufziehen bei Zeit und pflegen muß man sie. Es ist wie beim Feuer und bei der Lieb', wo man auch von Zeit zu Zeit ein Scheitlein zulegen muß, wenn sie nicht ausgehen sollen! Und man muß ihr die Freiheit lassen, schief zu hangen. Sie ist eine besondere Uhr. Wenn ich es recht überlege, hat mich diese Erkenntnis den Menschen gegenüber vor manchem Unsinn bewahrt.

Meine kleinen Freunde Emil und Traugott Sautter,
die beide im ersten Weltkrieg gefallen sind

Ich war am 3. März 1900 für einen gemütskranken Lehrer nach Geradstetten gekommen. Der Pfarrer Sautter war mein „Ortsschul-Inspektor", mein Vorgesetzter. Es war am Geburtstag meines Vaters.
Mir liegt, was nach Tagewählerei oder Aberglauben aussieht, fern. Ich bin nicht dafür. Aber die Geburtstage meines Vaters und meiner Mutter waren nach ihrem Tode, ich möchte nicht sagen heilige, aber Tage einer Weihe und eines unendlich schönen Erlebens. Und es waren, menschlich geredet, auch „Glückstage" für mich. Die Liebe und die Hilfe von Vater und Mutter sind ja immer bei uns, wenn wir sie nur annehmen wollen. Und an Gedenktagen ist der Drang hinüber, und darum auch herüber, stärker zu spüren als an anderen, an gewöhnlichen, dürren Lebenstagen.

Ich kam von dem Dorfe Kusterdingen auf den Härdten bei Tübingen, wo man im Vorland der Alb unter dem Gesetz des Albklimas steht. Im Remstal aber war schon der Frühling zu spüren, wenn auch der Winter mit einem ironischen Schneegestöber dazwischenfuhr! Vielleicht erlebte ich darum das Wunder und die Anmut der von mir so geliebten Landschaft an diesem Tage so stark, weil ich sie suchen mußte.
Ich machte nach der Kirche meine Aufwartung im Pfarrhaus, hielt mich aber nicht auf, da ja der Pfarrherr zwischen Predigt und Kinderlehre den Besuch der Pfarrkinder vom Dorf und besonders von den Höfen empfan-

gen mußte. Er nahm das sehr wichtig. Die von den Höfen wollen eine persönliche Beziehung, eine Verbindung mit ihren Pfarrleuten haben! Taufe, Konfirmation, Abendmahl, Hochzeit, Tod sind die großen Stationen des Lebens — und da ist der Pfarrer dabei, da hat sein Amt die große Wichtigkeit, und auf dieser Tatsache steht der unzerstörbare Einfluß, der seiner Person und seinem Amt zukam, zukommt und zukommen wird.

Der Geradstetter Pfarrer Sautter nahm sein Pfarramt und seine Pfarrkinder sehr ernst. Ebenso auch sein Amt an der Schule, und selbstverständlich auch seine eigene Familie — er umsorgte sie alle mit großer seelsorgerischer Treue. Und dabei vermied er nach außen die Gesten, die Gebärden des Frommtuns. — Es kann's einer ja auch in den profanen Stunden des Tages gar nicht durchhalten, ohne daß eine Verkrampfung entsteht.

Ich erinnere mich, wie streng er daheim auf Hausordnung hielt. Es gab da Termine im Tageslauf, die auf die Minute eingehalten werden mußten. Mußten! Wenn der Hammer der Kirchenuhr anschlug, liefen die Pfarrersbuben heim wie die Wiesel. „Reinhold, Emil! lauf!" sagten die Nachbarn, „der Vater hat schon gepfiffen!"

Unsere Freundschaft, wenn ich so von einem guten Verhältnis zwischen einem Pfarrherrn und einem jungen Lehrer um 1900 sagen darf, fing auf eine seltsame Weise an, die das ganze Herz des Pfarrers Sautter zeigt. Ich war in meinem Leben immer mit einem guten, zeitweise mit einem hartnäckigen Schlafe gesegnet, besonders, wenn ich abends bald zu Bette gegangen war! Und da passierten mir in den Jahren der frühen Männlichkeit solche schnurrigen Dinge, wie ich sie in meinem Lebensbüchlein „Unterwegs" aus meiner Aidlinger Zeit erzählt habe und die mich recht eigentlich „volkstümlich" machten — die

Leut' haben es ja so gerne, wenn denen, die wichtig sind oder sich wichtig machen, etwas Lächerliches passiert. — In Geradstetten sah es zunächst gefährlich aus. Die Pfarrbuben, der Emil und das Traugottle, kamen wieder heim und sagten, der Lehrer sei heute nicht da. Natürlich ging der Pfarrer Sautter hinunter ins neue Schulhaus, wo ich wohnte, um nach der Sache zu sehen. Wie er dann energisch an meine Stubentüre klopfte mit seinem schwarzdornenen Stock, den er wegen eines Fußleidens immer mit sich trug, da wachte ich auf. — Es war eine schweigsame Begegnung. „Ach", sagte ich, „ich bin scheint's wieder einmal verschlafen!" Es ist wahr, das war zu wenig; aber ich hab mich nie gerne entschuldigt. Das konnte sich ja der Pfarrer schon selber denken, daß mir das höchst unangenehm war! — Da er aber ein viel disziplinierteres Pflichtbewußtsein hatte als ich, sagte er, nur so beiläufig: „Ein rechter Mann verschläft nicht." — „Gut", sagte ich, „dann bin ich eben kein rechter Mann."

Ich machte die Türe zu, mich anzukleiden. Als ich wieder herauskam, stand der gute Pfarrer noch da und wartete auf mich und sagte zu mir: „Gehen wir ein bißle spazieren, die Rems hinauf. Es liegt so ein schönes Licht über den Weinbergen."

Nun gingen wir das ganze Dorf hinauf. Und er hängte zum Zeichen unserer Zusammengehörigkeit bei mir ein. — Und er hat mich dadurch vor jedem Gerede gerettet, das mir sonst unfehlbar zuteil geworden wäre.

Das war der Pfarrer Sautter, der Vater von Reinhold Sautter. Dieser hätte im gegebenen Fall genau so gehandelt. Man muß einander helfen. Und man muß verhüten, daß der andere in Not kommt. Ach, und der Vater Sautter war doch so ein strenger Mann! „Emil, Traugott, lauf! Der Vater wartet schon!"

Emil, der dritte der vier Pfarrersbuben, war am Georgii zu mir in die Geradstetter ABC-Schützen-Schule gekommen.

Wenn ich von meinem Leben einiges repetieren könnte, würde ich die ersten Wochen mit meinen ABC-Schützen repetieren! Kinder sind an sich schon immer die Geschöpfe gewesen, die das Ebenbild Gottes am schönsten widerspiegeln! Aber ABC-Schützen sind Kostbarkeiten des Wachstums — es gibt in der Gattung „Mensch" nichts so Persönliches, so Ernsthaftes, so Offenbares, so Schicksalhaftes, so rein Menschliches, zur Heiterkeit und zur Menschenliebe Verlockendes wie einen ABC-Schützen und eine ABC-Schützin! Auch wenn es Pfarrkinder oder Ministerialratskinder sind! Und der Geradstetter Pfarrersbub war gleich zu zweit — denn mit ihm erschien das „Traugottle", das war fünf Jahre alt und unzertrennbar von seinem Emil. — Sie sind beide im ersten Weltkrieg gefallen, der eine da, der andere dort; aber sie sind gewiß wieder beieinander in der alten Liebe und Bruderseligkeit. —

Der Emil trug rechts eine Schiefertafel und eine Griffelbüchs, links hatte er das Traugottle. Da war gar kein Zweifel, die Zweisamkeit war gegeben. Auch für mich war das gleich selbstverständlich, wie es für den Vater der beiden Buben später selbstverständlich war, daß ich eben einmal verschlafen könne.

Das Traugottle erhielt unter den 25, oder wieviele es

waren, auch seinen Platz. Am Unterricht nahm er ganz als ein Gasthörer teil. Er ging drunter hinein ans Fenster und sagte mir, was er draußen sah — ich weiß heute, daß das nicht bloß für das Traugottle, sondern auch für mich und die 25 wichtiger war als „auf — ab — auf — Dipfele drauf!". Er hatte es gern, wenn ich ihn ein bißle auf dem Arm herumtrug — auch die Schüler hatten das gern! Und wenn er „hinaus mußte", begleitete ich ihn. Die Anwesenheit des Kindes machte unser aller Verhältnis überaus herzlich und zeitweise sehr fröhlich, so daß das Lachen der Schulklasse bis auf die Straße drang.

Ja, wir liebten uns gleich von Anfang an. Es war selbstverständlich, daß der Emil zu zweit kam. — Der älteste der vier Söhne, der Reinhold, ging damals schon ein paar Jahre nach Schorndorf in die Lateinschule zum Präzeptor Großmann und fing damals mit dem Griechischen an. Als er schon Oberkirchenrat und durch die Welzheimer Prüfung gegangen war, hat er mir die damalige Situation im Geradstetter Pfarrhaus geschildert:

Bei Pfarrers stand man frühe auf. Am Kaffeetisch mußten alle da und fix und fertig sein.

„Wo gehst heute hin, Traugottle?" fragte der Vater.

„Zum Lämmle", sagte der Bub.

„Herr Lämmle!" sagte der Vater, „Herr Lämmle heißt's!"

„I sag Lämmle", sagte der Bub. Und dabei blieb's.

Es war im Pfarrhaus schwäbische Sitte, daß an den Geburtstagen für alle ein Kuchen gebacken wurde, der nach dem Mittagessen auf den Tisch kam und von der guten Mutter in acht Stücke aufgeschnitten wurde. Der kleine Traugott holte einen Teller von der Küche, nahm ein Kuchenstück von der Platte und trug es hinaus. Als er

wieder hereinkam — alle waren erstaunt, aber niemand hatte ein Wort gesagt — fragte der Vater:
„Was isch mit dem Kuchen?"
„Den kriegt dr Lämmle!" sagte das Kind.
Ich gehörte nun eben dazu. Das war eigentlich für alle selbstverständlich geworden. — Und da soll mir noch einer kommen und sagen, daß der Lehrerberuf kein herrlicher Beruf sei!

Ich war nur vier Monate in Oberteuringen; aber es kommt ja auf die Erlebnisse an und nicht auf die Zeit. Mein Aufenthalt in Oberschwaben, der in der beseligenden Landschaft am Bodensee begann, bedeutete für mich mehr als nur einen Schritt hinaus über mein Wissen und Erkennen. Da war zunächst in den Februartagen 1901 das Glück, das ich mit dem Föhn erlebte und mit dem Bodensee im Sturm.

Den Wind hatte ich von Kind auf als einen Freund geliebt. Nun trat er mir hier, in der Einsamkeit meiner Tage und Nächte, entgegen als die Stimme der Geister, die in der Bergwelt wohnen!

Es gibt auf Erden keine herrlichere Musik als den Frühlingswind, es gibt keinen schneidigeren Gesellen als den Föhn! Er ist, wie wir uns die Helden der Vorzeit vorstellen, ein Sänger Taillefer, ein Weltumarmer, ein Schelm! Er jagt die Wolken am Himmel; er stellt sich, als wolle er Bäume und Häuser und Berge umblasen, und hat doch den Kopf voll Lieder und die Hände voll Blumen! Da kriegt der Schnee an den Berghalden eilige Füße, als könne er nicht schnell genug hinunterkommen ins Unterland, wo schon heimliche Veilchen und Himmelsschlüssel auf ihn warten.

Der Föhn ist wie junger Wein! Wenn er anfängt zu blasen, kommt für ein paar Tage alles außer Rand und Band! Alte, verholzte Junggesellen spinnen verwegene Heiratspläne; die Spielplätze füllen sich mit lärmendem Volk; schüchterne Burschen setzen die Kappe gäbisch und kriegen den Mut zur Liebe; der Nachbar Schustergeselle hält seinem Meister einen Vortrag über Freiheit und Gleichheit, und die Handwerksburschen stehen von den Toten auf!

Die glasklare Luft überschüttete die Berge mit smaragdenem Licht. Und es war, als träten sie hervor aus ihrer stolzen Zurückhaltung und stiegen, im Schmuck ihrer silbernen Mäntel und Kronen, herunter zu einer Visite bei der Freundschaft im Tal — zu den vor Freude närrischen Wassern und Möven des Sees, zu den ernsthaften Tannenwäldern auf den Moränehügeln, zu der Wallfahrtskirche auf dem Berg und zu den Städtchen und Bauernhöfen und Menschenkindern, die hier seit 1500 Jahren eine Heimat haben. Sie kamen zu dem großen Familientag, für den der Südwind nun mit Fanfaren die Musik machte.

Sämtliche Schulmeister am See machen in diesen Tagen Gedichte! Und aus den Schulstuben singen und jubeln die Frühlingslieder der Kinder, deren Zeit nun wieder gekommen ist. Und abends spazieren Hand in Hand durchs Wiesental und die Uferwege entlang die Liebespaare, selig in der Gewißheit, daß sie so miteinander durchs Leben gehen werden.

Närrisch?? Wer sagt „närrisch", wenn der Föhn geht? Ist er nicht der luftige Bruder der Fasnacht? — Als ich, der Sohn lutherischer Unterländer Bauern, in diesen Tagen nach Friedrichshafen kam und zum ersten Male den Bodensee erlebte, den wogenden See! die wilden Spiele der Wasser! das jauchzende Geschrei der Sturmvögel! — — — da, ja da stand ich bis in die Nacht hinein am Ufer, eingefangen von dieser zauberhaften Macht und Schönheit, tiefst erstaunt und beglückt über dies Erlebnis, das eine Entdeckung war.

Es war mir, als ob der Ring hin zu den großen Träumen

meiner Kindheit sich schließe in einem beseligenden Gefühl, darin die Dinge harmonisch zusammenklingen. Es war mir, als sei diese Welt außen und meine Welt innen geschwisterlich verbunden. Das mit Weh und Wonne Angeschaute kam zu mir, dem Anschauenden, zurück. Es kam mir aus der Landschaft ein Persönliches entgegen, das dem Persönlichen in mir entsprach, sich ihm verband und verbündete.

Wenige Monate später war ich dann mit meiner jungen Frau auf eine Zeit drüben in Waldsee. Eine wie selbstverständlich sogleich sich bildende Freundschaft mit den Wießner-Pfarrleuten ließ uns in dem Städtchen und in der Landschaft rasch heimisch werden. Und da für die Freunde Oberschwaben ebenfalls die große „Entdeckung der Landschaft" war, so war es selbstverständlich, daß wir in allen freien Stunden draußen waren, im Steinacher Ried, auf der Schwaigfurter Insel, zum Baden und Kahnfahren im Stadtsee, in den herrlichen Wäldern! Der Montag war den großen Sachen vorbehalten. Die Unternehmung begann immer so:
Der Pfarrer hatte in meiner kleinen Schule von zehn bis elf Uhr Religionsunterricht. Wenn ich dann kam, sagte er: „Kinder, gehet jetzt heim und grüßet eure Eltern recht schön. Heut ist Pfäffleins Sonntag, da geht euer Pfarrer mit eurem Lehrer aufs Land!"
Natürlich war das ein großer Jubel bei unseren Schülern. Aber ebenso natürlich war mein Einspruch: „Das tut mir leid. Auf dem Stundenplan steht ‚Deutsch', so lange müßt ihr noch dableiben!"
Darauf sagte der Pfarrer: „Wer ist hier Ortsschulinspek-

tor? Also lauft, daß ihr heimkommt, und laßt euch das Essen schmecken!“ und zu mir gewandt: „Lieber Freund, wo gehen wir hin?“ Nach einer halben Stunde waren wir mit unseren Frauen, die unten schon auf uns gewartet hatten, unterwegs. Das Mittagessen nahmen wir zur Vesperzeit in irgendeinem der guten Gasthäuser, an denen es in Oberschwaben nirgends fehlt.

Es kam noch etwas hinzu, was uns das Oberland so lieb machte, nämlich die Art der Menschen. Freilich war da so vieles anders als bei uns in Ludwigsburg, in Ulm, in Eßlingen. Aber das war ja auch der schöne Reiz. Ich hatte immer so etwas wie eine Indianer-Natur, die das Abenteuerliche liebt — und anderes Volkstum war für mich das schönste aller Abenteuer!

Und daß der Unterschied der Konfessionen keine Störung bedeutete, dafür sorgte schon die Ernsthaftigkeit — sagen wir die „Frömmigkeit“ —, die auch den Gleichgültigen in der Diaspora ankommt und die ihm die Sicherheit gibt und bei der anderen Konfession den Respekt.

Das war mir schon in Oberteuringen bewußt geworden. Ich war etwa vier Wochen im Dorf — der einzige Evangelische im Dorf, die zwanzig Schulkinder kamen von den Höfen —, als es abends an meine Tür klopfte. Herein kam der Kaplan des Orts und sagte nach sehr herzlicher Begrüßung: „Wir haben Sie nun vier Wochen bei uns kennengelernt. Unser Herr Pfarrer ladet Sie ein, er bittet Sie, an seinen Stammtisch zu kommen, ich soll Sie gleich mitbringen.“ — Mit großer Freude folgte ich dem Geistlichen. Man nahm mich an dem Tisch auf, wie man einen lieben Gast aufnimmt. Ich war dann immer ein paar Stunden bei den Männern, hörte ihre Reden, sah ihr Wesen, faltete, wie sie, die Hände, wenn die Ave-Maria-Glocke läutete. Ich habe an den Abenden viel, sehr viel gelernt. Und ich habe schon damals erfahren, was mir später einmal Hermann Hefele sagte, daß sich Katholizismus und Luthertum wohl nirgends so nahe stehen wie in Württemberg.

Rossach und Steinenberg waren meine besten Schulen. Da begriff ich das Leben und fand den Weg, den ich gehen mußte.
Wenn ich darüber berichten wollte, so gäbe das alles weniger als ein „ausgeklügelt Buch“. Scheinbar ganz unwichtige Erlebnisse und Erfahrungen, Zufälligkeiten halfen mir. Eine solche will ich erzählen.
Es war nach einem Gang von Rossach hinunter ins Jagsttal. Der Weg führte durch die reichen Getreidefelder der Hochebene, dann den Hängen entlang, vorbei an Muschelkalkbrüchen, Obst- und Weingärten. Oben genoß ich den Anblick des weiten, reinen Himmels und einer blauen Ferne mit spitzen Kirchtürmen, unten die enggebauten Dörfer, wo das freundliche fränkische Volk wohnte, das ich so sehr lieben gelernt hatte.
Ich konnte mich nicht dagegen wehren. Gerade das, was sie von meinen schwäbischen Landsleuten unterschied, erfreute mir Herz und Sinne.
Ich wollte in dem alten Ganerbenstädtchen an einem geselligen Nachmittag teilnehmen. Lehrer und Pfarrer trafen sich hier regelmäßig zu einer Kegelpartie. Ich hatte mit einem anderthalbstündigen Heimweg auf Fuß- und Feldwegen zu rechnen — da ich aber ein lebenshungriger Mensch war, fragte ich nichts darnach.
Es war 1904, wo uns der Himmel voller Geigen hing, die Zukunft sicher war und die Woche zwei Sonntage hatte. Es war also ein fröhlicher Nachmittag zu erwarten, Lehrer unter sich sind sowieso eine heitere Gesellschaft. Die Kegelpartie ließ kein leeres Geschwätz aufkommen. Jeder Wurf brachte ein neues Bild des Spiels. Es gab

Glücks- und Unglücksfälle für die Zufallskegler, wie ich einer war; und es gab erhebende Augenblicke und Lorbeeren für die Meister.
Ich hatte keine Übung, denn auch das Kegelschieben will gelernt sein; und ich hatte an dem Tag ausgesprochenes Pech, vielleicht deswegen, weil ich mich zu sehr bemühte. Und als ich wieder einmal „ein Loch ins Volle" geschoben hatte, sagte einer, der mir sonst ein guter Kamerad war: „Was kann von Nazareth Gutes kommen?" Denn auch bei den Lehrern wird der Mann nach der Schulstelle, die er innehat, abgeschätzt. Und Rossach galt als abgelegenes Nest, wo Fuchs und Hase einander „Gutnacht!" sagen. Es hätte auch eine Strafstelle sein können, was es aber gar nicht war, eher das Gegenteil, da die Schüler verschiedenen Glaubensbekenntnissen angehörten. Es erhoben auch einige aus der Gesellschaft freundlich gemeinten Widerspruch. Ich sagte: „Er hat aber recht. Ich verderbe sonst den anderen nur das Spiel. Ich setze aus." Was ich dann auch tat. Doch blieb ich bis zum allgemeinen Aufbruch. Und wohl keiner der Kameraden merkte, welch ein großes Loch die Rede in mein Glasdach geschlagen hatte.
Daheim war ich tagelang stille für mich, war noch eifriger als sonst in der Schule und gütiger. Und ich saß dann bis in die Nacht hinein an meinen Notizbüchern, darin ich angefangen hatte, allerlei aufzuschreiben, was ich von Rossachern, von Knechten und Mägden und Ortsfremden an Bauernsprichwörtern und sprichwörtlichen Redensarten und anderen Kostbarkeiten gehört hatte.
Es war so merkwürdig: ich hatte alles genau im Gedächtnis, den Wortlaut und die Umstände und die Personen. Obwohl ich die Reden fast unbewußt aufgenommen hatte, hatten sie sich doch fest eingeprägt. Natürlich fiel

mir nun viel Schwäbisches ein, das ich, gleich oder anders, daheim und bei meinem Umgang mit schwäbischen Menschen landauf, landab einmal gehört hatte. Auch hier war alles im Wortlaut und mit Zeit und Ort genau in meinem Gedächtnis notiert. Ich konnte stundenlang schreiben, und die Notizbücher wurden voll.

Während ich so im Genuß und im Glück dieser Arbeit mich wieder zurechtzufinden suchte, ging mir doch auch das Wort, das mich so getroffen hatte, durch den Kopf. Und ich mußte wieder sagen: „Eigentlich hat der Mann recht!" — Was war aus mir geworden? Nichts von all den Hoffnungen und Träumen, nichts von dem, was meine Ludwigsburger Lehrer von mir erwartet hatten.

Saß ich auf der Fehlhalde? Es lag an mir, die Frage zu bejahen oder zu verneinen. — Das wußte ich gewiß, daß mir niemand helfen könne.

Und die Verse, die ich seither gemacht hatte? Und die ich dann, wie alle Anfänger, mit heimlicher Angst las? Bei der Beschäftigung mit den Bauernsprichwörtern und der Mundart war mir das Artistische und der Mangel an Eigentümlichem sehr deutlich geworden.

Während ich meine Seele zerquälte, kam mir von hier aus die Klarheit.

Ich hatte mit Lehrern der Nachbarorte, auch mit meinem Pfarrer, mit dem Doktor Junginger, der selber ein Rossacher und ein gescheiter Kopf war, wegen der Bauernsprichwörter gesprochen. Man sagte mir, man habe darauf nicht geachtet, andere sagten, das gebe es hier gar nicht.

Das gebe es nicht! Und ich hatte doch ein Notizbuch voll! Es fiel mir ein, daß die Fledermaus Obertöne höre, die Menschen nicht vernehmbar sind. Sollte sich durch meine rein bäuerliche Abstammung bei mir etwas, ein

Sinn, einseitig entwickelt haben, daß ich damit vernehmen konnte, was andre nicht vernahmen?
In der Stimmung, die mich ganz und hart gefangen genommen hatte, war es ganz selbstverständlich, daß ich den Schritt ins Halbdunkel tat: ich machte meine Gabe zu meiner Aufgabe.
Alle Unsicherheit, alle Unentschlossenheit, aller Firlefanz hörten auf. Nun war dieser kleine Weiler auf der Höhe zwischen dem Jagsttal und dem Kessachtal für mich der herrlichste Ort auf der Welt. Und nun waren meine Bauern, der Krämer und der Martin und der Lechner und der Salm, nun war der Christian und der Ernst Bischoff und der Henninger und der Gottlob Klein und die beiden Hespelt und die Frauen und die Schulkinder Freunde, die mich täglich beschenkten. Und Stuben und die Geräte darin, Brauchtum und Sprache, der Acker und seine Pflege fingen an zu reden. Ich bekam Augen, zu sehen, Ohren, zu hören.
So wurde die Rede des Kameraden Anstoß zu einem richtigen Hinterdenken der Umstände, darin ich mich festgefahren hatte.

Der kleine Naturforscher

In der Mittelklasse der Dorfschule in Steinenberg waren es immer fünfzig bis sechzig Schüler, Buben und Mädchen, die achtzehn Stunden in der Woche von mir unterrichtet wurden. Und etwa ebensoviele waren es in der Oberklasse, die auch 18 Stunden Unterricht hatten.
Es waren durchweg liebe und willige Kinder, manche aus einem Naturdasein noch nicht aufgewacht, ein wenig

verträumt die andern, nur zu einem Teil „begabt“, wie seiner Zeit auch im Lyceum in Ludwigsburg.
Aber was heißt das: begabt? Wofür? Gilt der Verstand als Maßstab, der Wille, die Phantasie? Wer erkennts? Und wer betreuts? Ach, ich glaube, es geht mehr Begabung durch Mangel an Wachstum verloren, als Wasser ungenutzt den Bach hinunterlauft!
Die Kinder kamen teilweise von den Höfen am Rande des Welzheimer Waldes. Sie brachten von da ihre Vorstellungen mit, ihre Begriffe und damit eine besondere Art des Denkens.
Die Unterrichtsstunde, von der ich erzählen will, gehörte der biblischen Geschichte, dem Opfer von Kain und Abel. Wir lasen die Geschichte zur Einprägung in unserem Calwer Büchle, dem anschaulich gemachte Holzschnitte beigegeben waren. Das Bild zeigte die beiden Adamssöhne, wie sie bei ihren Opferaltären sitzen; der Opferrauch des frommen Abel geht zum Himmel, der des finsteren Kain zerflattert am Boden. — Ich frage:
„Was opferte Kain?“
Das wußten alle und sagten es im Chor: „Von den Früchten des Feldes.“ Der sonst sehr zurückhaltende kleine Stirm „streckte“.
„Was willst du sagen, Wilhelm?“ fragte ich.
„Ebirestengel hat r g'opfert!“ sagte der Wilhelm. — Alles lachte.
„Wie kommst da drauf?“ fragte ich.
„Ha wegem Rauch! Weil die Stengel noh naß gwea send, hats de Rauch auf de Bode druckt.“ — — —
Der Wilhelm Stirm galt für unbegabt. Ich habe ihn nach dieser Antwort nicht mehr dafür gehalten, auch wenn über ihn gelacht wurde.

Die Auskunft

„Das Volk“, worunter man in der alten Zeit die Gemeinschaft der Freien, nach 1200 „die unteren Stände“ verstand, hat in jahrhundertelanger Untertanenschaft gelernt, die Worte zu stellen, ohne damit etwas Bestimmtes zu sagen. „I sooch net sou und sooch net sou!“ sagte der Posthalter von Langenburg. „Herren“ gegenüber ist es immer gut, vorsichtig zu sein. Über den eigenen Stand und über die Dorfgenossen gibt man keine Werturteile ab.

Im Kirchenblatt war die Pfarrei Steinenberg ausgeschrieben. Heimlich und offen kamen Bewerber zur Besichtigung der Kirche, des Dorfes, des Pfarrhauses. Aber sie allein machen die gute Pfarrei nicht aus. Die Pfarrkinder gehören dazu. —

Ein Herr kam den Fußweg herunter von Michelau her. Der Frieder war in seinem Obstgarten vor dem Dorf und las Äpfel auf.

Der Herr grüßte den Frieder und blieb stehen. Der Frieder dankte und richtete sich auf. Es kam zu einem Gespräch.

Wie das Obst dies Jahr geraten sei? fragte der Fremde.

„Wie's halt dr Johrgang geit“, sagte der Frieder.

Ob sie die Ernte gut hereingebracht hätten?

„Wie z' Miedelsbach.“

Ob das Dorf mehr Bauern habe oder mehr Arbeiter?

„Was mr halt schafft.“

Ob es viel Kranke im Dorf gebe?

„'s wechselt.“

Ob sie einen guten Lehrer hätten?

„Jetz ist grad Vakanz.“

Wie es mit dem Wohlstand stehe in Steinenberg?

„Wie mr leabt."
Was redet man vom Krieg?
„Mr hat seine Sorge."
Ob sie auf den Winter gut mit Holz eingedeckt seien?
„'s kommt ufs Wetter a'."
Ob sie einen tüchtigen Bürgermeister hätten?
„Wie mrs nemmt."
Der Fremde merkte, daß er so nicht weiter kam. „Wie's dr Johrgang geit", „Mr hot seine Sorge", „Wie mrs nemmt" —
Der Frieder hatte Mitleid mit dem Herrn. Er suchte einen besonders schönen Apfel heraus und reichte ihn über den Zaun. „'s send Basches!" sagte der Frieder.
Der Herr stellte sich vor. Er sei Pfarrer im Schwarzwald und wolle sich ein wenig umsehen, ehe er sich melde.
„Han mrs glei' denkt!" sagte der Frieder. Einstweilen hatte der Pfarrer herzhaft in den Apfel gebissen. So etwas wuchs in seinem seitherigen Pfarrdorf nicht.
„Sind d' Leut auch so gut?" fragte er den Frieder und lächelte ihm zu. Der Frieder lächelte ebenfalls und sagte: „'s ist wie überall. Sie wissets ja, Herr Pfarr. 's geit sotte, ond 's geit sotte. Ond je nach Gstalt der Sach geits maeh sotte oder maeh sotte."
Damit hob sich der Frieder den Apfelkorb auf den Kopf und verabschiedete sich. „Wünsch Glück!" sagte er und verschwand in seinem Garten.

Ich hatte mich in meiner Göppinger Zeit mit dem Malerprofessor Reinhold Schmidt angefreundet, der mich, als ich nach Cannstatt zog, bei seinem Stammtisch „Unter der Mauer" einführte. Stammtische in Stuttgart haben es an sich, daß das Selbstbewußtsein der einzelnen nicht durch höheres spezifisches Gewicht der anderen gestört werden darf! Ich stellte niemand in den Schatten. Meine poetischen Versuche wurden noch wohlwollend aufgenommen. Daraus ergab sich dieses Gespräch mit dem Direktor des Hoftheaters, als wir zwei als verfrühte Gäste allein beieinander saßen.

„Sie heißet Lämmle?"

„Ja."

„Sie machet Gedicht?"

„Ja, schwäbische."

„Drom, i hab em Tagblatt glese „Dr Albbauer" ond „Dr Bäck". Send die von Ehne?"

„Ja", sagte ich und spürte, daß ich rot wurde.

„Net schlecht. I mueß sage, net schlecht." — Pause. Ich trank ihm dankbar zu. Er fuhr fort:

„Sie wisset ja, i ben am Theater. 's ist net leicht, wenn einer ruff will!" — Pause. „Worom schreibet Sie net onter em e Pseudonym?"

„An des han i no net denkt. Von onserer Familie ist no neamer g'sesse'!"

„Gschwätzwerk! Natürlich net! Aber ‚Lämmle!?' Des glaubt koi Mensch! Ond no heißet se au' no Auguscht drzue!"

rtenhaus des Dichters „Im Ramtel" bei Leonberg

Wenn die Hand aus dem Jenseits hereingreift in unser Leben und ein Liebes herausholt, wie der Raubvogel ein Hühnlein holt, dann stehen wir zitternd und hilflos dabei.
Es fallen dann aber auch die kleinen alltäglichen Sorgen und Zwistigkeiten von uns ab, und wir erkennen, daß es das größte sei, einander zu lieben und zu helfen.

Die Wandlung

Unsere Freunde wissen, daß wir im Jahre 1928 unseren im 23. Lebensjahre stehenden Sohn Hermann verloren haben.
Dieses Leid hat, wie es ja nicht anders sein kann, das Denken auf andere Werte, das Wollen auf andere Wege verwiesen. Ich bin nur einer der vielen, denen in solcher Not der Glaube der Eltern und Voreltern bewußt geworden und wichtig geworden ist.
Besser als ich darüber berichten könnte, tut dies ein Blatt aus dem Nachlaß unseres älteren Sohnes. Und es mag diese Schrift zugleich zeigen, wie sich der Rationalismus der Zeit einer Innigkeit zuwandte, die ich als ein Wahrzeichen wahren Menschentums bei manchen Altersgenossen meiner Söhne erfahren durfte.
Das Blatt wurde 1929 oder 1930 geschrieben. Es lautet:
„Am 30. September 1928 fand mein Bruder Hermann den Tod in den Bergen. Bis dahin kannte mein Herz das Leid nicht, und die vergangenen Tage waren mir ohne Kummer und Sorgen geblieben. Unter den mir Nahestehenden war mir der Bruder der Nächste, wie er mir auch der beste und teuerste Freund war.
Keine Neugierde über das tägliche Leben des andern

störte unser Zusammensein. So kam es, daß wir doch wenig voneinander wußten und ich vergeblich nach großen gemeinschaftlichen Erlebnissen suchen würde, wenn Liebe und Freundschaft nicht das größte Erlebnis ist in unserem Leben. Eines der letzten Worte des Bruders zu mir war: „Bei dir bin ich am liebsten zu Gast!" — Ein Gast war er nur bei mir und in der Welt.
Wenn der Bruder mich jetzt von einer andern Welt anders sieht und für ihn alle Geheimnisse gefallen sind, so wird mir das nicht zur Qual und Scham; nein, zu wissen, daß seine Liebe über allem Guten und Bösen steht und hinausreicht über Leben und Tod, gibt meiner Seele Kraft und Mut. —
Ich will versuchen, das Erlebnis, das für mich zur Wandlung wurde, niederzuschreiben, um es ganz zu gewinnen.

Am frühen Morgen verließ ich das kleine Tiroler Dorf. An einem Gebirgswasser entlang führte mich der Weg durch taubedeckte Wiesen. Nirgends ein Mensch. Nur das edle Bild der Natur, die sich in ihrer herbstlichen Schönheit zu einer letzten Klarheit steigert, wie sie keine andere Jahreszeit zeigt. Ihr Licht ist wie das hellglänzende Auge jener alten Frauen, die alles wissen, alles verstehen und alles verzeihen. Die milde Güte gibt dem vergehenden Jahr den letzten strahlenden Lichtschein.
Ich gehe denselben Weg, den ich schon einmal gegangen war, um den toten Bruder heimzuholen. Noch ein Mal wollte ich diese Berge sehen, um dort den Tod zu finden, wie er ihn gefunden hatte.
An einigen Ansiedlungen vorbei zieht sich die Straße hin durch einen Wald. In einer Lichtung liegt eine zerfallene Kapelle, ein frommes Bild in der Ruhe dieser Einsamkeit. Mir ist, wie wenn ich immer hier gewesen und alle Zeit

verschwunden wäre. Ich gehe weiter einen engen steinigen Weg durch den Wald und dann über Almen. So kam ich bald zu jener Stelle, wo ich den Bergführern begegnete, die den zerschlagenen und zermarterten Leib des Bruders in einem Sack mitführten.
Immer schwermütiger wurden meine Gedanken. Das Wiedererleben des Unglücks machte mir den Weg zu unaussprechlicher Qual.
Eine starke Mattigkeit zwang mich zur Rast. Da fand ich hinein in einen erlösenden Schlaf.

Nach meinem Erwachen und einem kurzen Anstieg hatte ich die Hütte erreicht, von der aus der Bruder den Weg nahm, der ihn hinaufführen sollte auf den Gipfel des Predigtstuhls und der ihm den Tod brachte . . .
Einige Schritte ab der Hütte erhebt sich ein Kreuz. Bei ihm stehe ich, der Hund eines Sennen war mir gefolgt. In den Abendhimmel hinein ragten die ungeheuren Berggipfel, wie zu Stein gewordene Musik. Von den Felsen her drang das Schreien der Wildvögel.
Es dunkelte. Schon bedeckten schwarze Wolken die Ferne. Die Berggipfel verblaßten und gingen auf im Dunkel der Nacht. Es schien mir, die Erde greife hinein in den Himmel. Der Weg, der hinaufführt in die Felsen, schien sich in eine andere, unbekannte Welt zu verlieren — — —
Mein Trotz, alle meine Anklagen sanken zusammen vor diesem großen Bild. Die Erhabenheit wandelte die Unruhe meines Herzens. Die Seele fand sich wieder zu jener Seele, die allem, was lebt, und aller Natur innewohnt. Das Spüren jener Kraft und das Ahnen der Unendlichkeit zwang den eigenen Schmerz nieder, und erlöstes Weinen war Eingeständnis der schuldigen Gedanken, die sich

anmaßten, anzuklagen, auch dort anzuklagen, wo das letzte Wissen um die Dinge ist.
Neben mir höre ich ein klagendes Heulen. Es ist der Hund, der mit treuen Augen zu mir aufblickt, wie wenn er verstehen würde, was in meiner Seele vorgeht. O göttliche Güte, die mir ein mitfühlendes Geschöpf schickt!
Eine wehmütige Freude erfüllte mein Innerstes. Soll mich dieses Mitleiden wieder zurückführen zum Leben und mir zu erkennen geben, daß ich nicht allein bin, sondern ein Teil dieser Natur, deren Leiden und Freuden ich zu teilen habe, und die eine Brücke schafft hinüber zu den Toten, die uns entrückt sind?

Am andern Morgen, dem Todestag meines Bruders, verließ ich die Hütte. Der schönste Tag lag über der Erde. Meine Seele war freier. Und der Wille war stark in mir geworden, wieder hinunter zu gehen, ins Tal zu den Menschen, zu leben und alles kommende Leid zu tragen als einen Teil meines Lebens.
Ein Sonnenstrahl lag auf einem Felsenvorsprung des Predigtstuhls. Dort mag der Bruder den Tod gefunden haben."

Eberhard Lämmle, der dieses Blatt schrieb, starb bald darauf, am 4. Juni 1931, nach einer Blinddarmoperation in Tübingen, im Alter von 29 Jahren.
Die Eltern waren nun kinderlos. „Es nähret das Leben vom Leide sich." (Friedrich Hölderlin).
Wie kommt es, daß von Menschen, die doch tot sind, eine so reine und so heilsame Wirkung auf uns ausgehen kann, unabhängig von Zeit und Raum?
Es muß ein Unsterbliches in ihnen gewesen sein, und mit diesem müssen sie auf uns wirken.

Und etwas von dieser Art muß auch in uns sein, sonst könnten wir nicht angesprochen werden, sonst könnte es uns nicht beglücken und keine Zwiesprache mit uns halten.

Das Unsterbliche unserer abgeschiedenen Menschen wirkt auf uns mit göttlicher Kraft. Aber wir müssen den Glauben und den Mut aufbringen, diese Kraft gelten zu lassen! Wir müssen sie begehren, uns darum wehren, sie steht vor der Türe und will herein, sie hat das Verlangen, in uns zu leben, bei uns zu sein, unsterblich zu sein!

Nach mehr als dreißigjähriger Stadtzeit wohne ich wieder auf dem Lande in einem Gartenhaus.
Es ist leichter, in solcher Einsamkeit die Welt schön und die Menschen gut zu finden, als aus einer Herrlichkeit heraus im Trubel des Lebens.

Das Gartenhaus

So wie es dasteht, sieht es aus,
als wärs ein kleines Bauernhaus,
von jener Art, die Dorf und Stadt
seit tausend Jahr gepflogen hat:

Auf rotem Sandstein hebt sich stolz
der Fachwerkbau von Eichenholz
mit spitzem Giebel, steilem Dach
gefügt, geschmiegt zu Bund und Fach
mit Maßwerk, Zier und Schnitzerei,
und alles lotrecht und im Blei,
mit Läden grün und Feldern grau
und Fenstern hell — so stehts zur Schau,
daß jeder rechte Handwerksmann
sich dran des Handwerks freuen kann —
schaut selber in das Land hinaus,
als streck' ein Schneck die Hörner raus!

Und drum herum, soviel man sieht,
wächst, was von selber wächst und blüht:
der Weinstock rankt aus seinem Schoß,
am Dach hinauf steigt Ziegelmoos,
der Rauch vom zierlichen Kamin

schwingt sich zum blauen Himmel hin:
„Ei“, sagt Sankt Peter, „hab’ mirs dacht,
bei Lämmle’s wird Kaffee gemacht!“

Das Häusle liegt an einem Hang,
im Frühling ist’s voll Vogelsang,
im Sommer stehts in floribus,
zum Herbst sind Zwetschgen reif und Nuß,
und um die Zeit des heilgen Christ
es ganz im Schnee begraben ist —
und was im Lenz ein Lüftchen war,
ein seidnes Spiel so lind und hold,
das wird im Winter ein Husar,
der wild um Tür und Fenster tollt!

Benimm dich nur, du Übermut!
Ich sitz im Stüble warm und gut,
den Zwiebelkuchen auf dem Tisch,
auch einen Trunk vom Keller frisch.
Hans Roser ist dabei als Gast —
was kümmert uns des Winters Brast?
Was kümmert uns der Saus und Braus,
der tut, als wär er Herr im Haus?
Ist doch ein Hausgeist brav und bieder,
und, wie er kommt, so geht er wieder!

Wie gut ist’s, daß er wascht und putzt
und fegt und stutzt, was nicht mehr nutzt,
daß Bäum’ er, Gras und Blumen brav
popeit und pfetscht in Winterschlaf,
den Kindern auch zur Weihenacht
die Eis- und Schlittenbahnen macht,

dabei sich manchen Spaß entdeckt,
die Hasen und die Reh' erschreckt,
den Sommerübermütigen zeigt,
nun sei's ein Weilchen ausgegeigt,
und jeglichem, was Grillen fängt,
den lieben Brotkorb höher hängt —
er hat so ein bärbeißig Gsicht
und in der Hand ein Christbaumlicht!

Wo unser Häusle hat sein Platz,
viel Stein' und grobe Erde hats,
und Rettich, Spargel und Salat
geraten gar nicht oder spat,
mit Bohnen, Carviol und Kraut
hat der viel Glück, der sie nicht baut.

Mit unserm Boden ist es so:
versteht man ihn, dann wird er froh,
und was man baut, das gibt er her:
Tomaten süß und Zwiebel schwer,
besonders Peterling und Lauch —
und Frühkartoffeln? Jawohl, auch,
so groß schier wie ein Lodenhut,
da ist der Boden bodengut!

Von selber aber bricht hervor
der allerschönste Blumenflor:
sobald das Jahr den Frühling bringt,
das holde Spiel der blauen Luft,
der Garten wie ein Vogel singt
mit Rosenfarb und Blütenduft —
die Sonn' spaziert ums Haus herum,
beschaut ihr kleines Heiligtum!

Tats wohl das kleine Lerchenlied,
daß voller Lust der Garten blüht?
Rief wohl des Gartens Blumenlust
die Lieder aus der Vogelbrust?

Sie alle alle stimmen ein,
es will ein großes Singen sein,
und alle staunen stillvergnügt,
wie eines sich ins andre fügt!

Des Gartens Stolz ist unbedingt
der Herbst, wenn er die Zwetschgen bringt,
die Zwetschgen groß und dunkelblau,
ein Duft darauf wie seidener Tau,
im Fleische wie ein Zuckersack,
von unsagbarem Wohlgeschmack!
Man ißt davon, soviel man kann,
backt einen Kuchen dann und wann,
man kocht sie ein zu Zwetschgenmus
und schickts der Bas' mit einem Gruß!

Was einer ist, das kann er sein:
die Traube gibt den goldnen Wein;
im Adel ihres Wesens heißt
die edle Zwetschge Zwetschgengeist!

Wenn ich aus meinem Gartenhaus
zum Abendfenster schau' hinaus,
liegt vor mir ein Stück Schwabenland
mit seinem lieben Allerhand,
wo's immer auf- und abwärts geht

und überall ein Obstbaum steht,
und überall ist Bauernwelt
mit Wiesen, Wald und Ackerfeld.

Die Äcker, sei's im Tal, am Hang,
sind mäßig breit und mäßig lang.
Sie sind des Bauern Eigentum.
Der Bauer ist vom Schaffen krumm.
Ein jeder mit zwo Kühen fährt,
so spiegelblank wie wohlgenährt.
Ein altes Weiblein ist dabei —
man denkt, daß sie stark siebzig sei!

„Mußt du in deinem Alter noch
ins Feld und ziehn im alten Joch?"
Mein Freund, sei davon lieber still:
die Alte muß bloß, weil sie will!
Sie hälts nicht in der Stube aus,
sie muß auf ihren Acker 'naus,
muß sehen, wann man schneiden geht,
wie der Kartoffelacker steht,
und obs fürs Kraut nicht wär zu spät,
wenn man es nochmals b'schütten tät? —
Der Boden ist voll Keim' und Kraft,
so daß er selber will und schafft;
es spürt das karge Bauernland
die Zärtlichkeit der Bauernhand.

Das ist mein Land Altwürttemberg,
der Breit und Länge nach ein Zwerg;
wer aber Höh'n und Tiefen mißt,
merkt, daß es ohne Grenzen ist!

Das Häusle hat gebaut Paul Heim.
Und damit schließ ich diesen Reim.

Die Vogeltränke

Keine Wald- und Wiesenschänke
ist besucht von früh bis spät,
wie die kleine Vogeltränke,
die in meinem Garten steht.

Alle Vögel in der Runde
wußten schon am dritten Tag,
daß willkommen jede Stunde
jeder ist, der kommen mag.
Und nun badet's, trinkt's und schnäbelt's,
flattert's, springt's, und singt's so süß,
ist mein lieber stiller Garten
aller Vögel Paradies.

Die drei Besuche

Der Morgenbesuch

Ein Besuch kommt uns alltäglich.
Gestern wars der Schustermeister —
streng solid und wohlbehäglich
schmeckts nach Leder bald und Kleister.
Er hat unsre Schuh' geschickt
frisch besohlt und hergeflickt.

Der Besucher, eh' ers denkt,
kriegt ein Gläschen eingeschänkt.
Er blieb nur ein Viertelstündchen,
macht uns kein Theater vor,
und sein weißes Spitzerhündchen
wartet vor dem Gartentor.
Er verläßt uns heitren Muts,
und zurück bleibt etwas Guts.

Der Rosenzweig

Mittags kam die Gartenschwester
aus dem Heim im nahen Städtchen,
wo man für die ärmsten Mädchen
sorgt und sie zu guter, fester
Ordnung zu erziehen weiß —
junges Blut ist rasch und heiß.
Sie schaut gleich nach unsern Rosen,
immer ist sie dienstbeflissen,
bindet fest den Zweig, den losen,
den der Sturm hat losgerissen.
Was sie sonst getan, gesprochen,
ach, das weiß ich schon nicht mehr,
nur: der Zweig wär abgebrochen,
wenn sie nicht gekommen wär.

Der Abendbesuch

Abends kam noch „der Berühmte" —
im Vorbeigehn! wie er sagte,
wollte sehn, ob wir noch leben.
Brachte seinen Schnauzhund mit
in das einz'ge warme Zimmer.
Oh, der Herr ist sehr beschäftigt!
Er bringt bald drei neue Bücher,
sprach und sprach. — Das unverblümte
Eigenlob er aus sich packte,
und mit manchem Schluck bekräftigt
seinen Schwatz er — in die Tücher
auf dem Sofa kroch der Hund —
„Ja, mein Schnauz, so macht ers immer!"
Meine Frau verzog den Mund und
dann sich selber, weil sie's eben
nimmer litt — nein, nimmer litt.
Als der Weinkrug leer war — „leider!" —
ging er weiter
seinen Trab,
grüßte gnädig,
aber grätig.
Und ich schloß das Hoftor ab.

Der Besuch in der Heimat

Wie lange ist es eigentlich her, daß hier meine Kinderfüße geliebte Pfade gingen und den Wundern und den Abenteuern des Lebens nachspürten? Nun ich wieder da bin und mich der alte Zauber umfängt, ists, als sei ich nur von einem Ausfluge heimgekehrt!
Und doch ist da ein Fremdes; es ist als hätten die vertrauten alten Häuser, die Mauern und die Gartenzäune, als hätte auch unsre liebe Dorfkirche etwas Herbstliches, etwas Verblichenes! Oder sind vielleicht meine Augen müde geworden? Vermag das Herz nicht mehr die schöne Heiterkeit aufzubringen, darin die Welt aufstrahlte in den Tagen der Jugend?
Einiges scheint auch fortgegangen oder weggenommen zu sein! Es sind so merkwürdig leere Stellen da! Stand nicht hier das Wunder unseres Dorfes, der laufende Brunnen, der sein glitzerndes Wasser in den großen steinernen Brunnentrog ausströmte, ohne Unterschied Sommer und Winter? Die Spatzen hatten hier das ganze Jahr ihren Markt, zu schimpfeln, zu schwätzen, in den Lachen zu baden, zu zanken! Und wenn die Staren heimkehrten im Frühling, und dann die Schwalben, kamen sie zuerst zum Brunnen, zu trinken nach der langen Reise. Und die Rotschwänzchen kamen, und die zierlichen Bachstelzen nahmen im Vorbeiflug ein Schnäbelchen voll und schossen mit einem Jauchzer wieder davon.
Und morgens und abends kam das Vieh aus den Bauernställen des oberen Dorfes, wo die breiten Höfe stehen: Rosse kamen, Ochsen, Kühe und Kälber! Manchmal war ein Kind dabei mit einer Peitsche, manchmal auch nicht. Würdig schritten die Kühe, die Kalbeln drängten, in drolligen Sprüngen hüpften die Kälber! Immer ließen die

jüngeren der alten Kuh den Vortritt. Sie tranken gierig und lange, sie machten eine Pause und tranken wieder. Dann zogen sie heim in der alten Ordnung, wie schwer beladene Wagen.

Bauern und Bäuerinnen standen am Weg und besahen das Vieh; sie sahen, wie es gehalten und gepflegt war; und auch die faulste Stallmagd hätte sich geschämt, ein ungeputztes Rind zum Brunnen zu treiben!

So reich war der Brunnen, daß er ein halbes Dorf tränken und aus dem Überfluß des Brunnentrogs noch die „Wette" speisen konnte, die Wette mit dem graugrünen, seltsam glitzernden Wasser, darin die Gänse und die Enten pfladerten, schwammen, tauchten, sich jagten, grundelten, den Schnabel in den Schlamm und die rosigen Füßchen gen Himmel streckten, um schließlich in langen Reihen nebeneinander ob den weißen Ufersteinen, auf einem Fuß stehend und den Kopf unter dem Flügel versteckend, zu schlafen.

Und wo wir Dorfbuben in Zübern, in Bottichen und auf Fässern Schiffahrtsversuche machten, jeder so lange, bis er aus dem kippenden Fahrzeug kopfüber in die Tiefe schoß, um dann triefend und schlammüberzogen daheim von der Mutter empfangen zu werden. Und wo wir im Winter mit heißem Eifer auf dem Eis schliffen, bis uns die Abendglocke todmüde nach Hause trieb!

Die Wette ist fort. Der leere Raum ist mit Erde und Steinen aufgefüllt. Der Brunnen ist nicht mehr da. Die Wasserleitung hat das alles unnötig gemacht.

Die Wasserleitung ist gut; aber daß der Brunnen und die Wette und das täglich sich erneuernde Leben, das unsagbar lebendige und frohe Leben aufgehört hat, das ist schade. Das ist nicht gut.

Mehr aus einer Laune heraus als mit vorbedachtem Willen war ich wieder in meine Heimat gekommen, zufällig sozusagen. Aber, was ist Zufall? Er geschah gewiß, wie alles, auf einen heimlichen Befehl. Und es war gut, daß ich der Stimme gefolgt war. Denn da ich nun wieder da bin, merke ich, wie wichtig hier alles für mich ist! Viel wichtiger als das städtische Haus, darin ich über dreißig Jahre gewohnt habe — gewohnt, aber nicht gelebt. Nein, gelebt habe ich dort nicht. Ich habe immer hier gelebt, das ist mir nun gewiß! Und ich spüre klar und deutlich, daß im Geheimen Rat meines Wesens, meines Geistes, meines Denkens, Fühlens und Wollens immer dieses Bauerndorf dabei war mit seinen Gärten und Feldern und Volksliedern und Gesangbuchliedern. Auch mit den Menschen, diesen eigenwilligen, zeitlosen, zielbewußten Menschen meiner Kindertage.

Und ich weiß nun, ich erkannte es plötzlich, halb erschrocken, halb freudig gerührt, daß die Welt und diese Menschen mich geisterhaft begleitet haben, bei mir waren als zu mir gehörige Wesen, daß ich sie als den Urbestand meines Wissens, als Maß meines Urteilens immer mit mir herumgetragen habe. Und diese Jugenderlebnisse waren Glücks- und Wonnestunden, und sie waren geheime Ursache meiner Besinnung und meiner Tränen.

„Man sollt halt ibot zu sich selber kommen!“ sagte meine Mutter. Hier war ich bei mir selber.

Nun bin ich also wieder daheim.

Ich stehe vor dem stattlichen Bauernhofe, der mir einst so vertraut war. Eine Mauer und ein Lattentor schließen das Viereck der Häuser nach außen ab. Rechts steht das Wohnhaus, mit dem Giebel zur Straße, durch den weißen

Kalkverputz sieht man das Maßwerk der Balken; die Mauer im Unterstock hat grünliche Flecken: sie schwitzt von den warmen Ställen dahinter, dem Roßstall und dem Kuhstall, zwischen denen der Ern und die Futterkammern liegen. Darüber ist der Wohnstock mit großen Stuben und hellen Fenstern. Das mächtige Dach deckt die zweistockige Bühne mit den Fruchtböden, für Dinkel und Weizen, Haber und Gerste. Zur Linken, hinter dem Brunnen, steht der Schopf für die Wagen und der Stall für die Sauen und das Ziefer, die Gänse und die Hühner. Im Hintergrund steht die Scheuer. Sie ist schier die Hauptsache in einem Bauernhof! Große Scheuern und kleine Stuben, das ist bäuerlicher Grundsatz. Es war mir immer unheimlich, wieviel hochgeladene Wagen Heu und Garben sie verschlucken konnte. Und von Martini bis Lichtmeß gingen darin die Dreschflegel: zu dritt fingen sie an, dann wurdens viere und nach der Morgensuppe gings zu sechs! Es war die genaueste Musik, die ich in meinem Leben hörte! Die Drescher machten den Takt; die Oberstimmen und die Unterstimmen dazu, die Akkorde und die Triller machte der Wind und der Widerhall und das sehnsüchtige menschliche Herz — der Himmel hängt ja voller Hörner und Posaunen und Baßgeigen und Klarinetten! Beim Licht der Laterne, ehe die Morgenfrühe dämmerte, fing das Dreschen an, und an den letzten Flegelschlag hängte sich der erste Glockenschlag vom Abendläuten. Die Drescher nahmen die Kappe ab und falteten die Hände, und wie von selbst lösten sich aus ihren Seelen die in der Kindheit gelernten Worte:

„Liebster Mensch, was mags bedeuten
dieses späte Glockenläuten?
Es bedeutet abermal
meines Lebens Ziel und Zahl!

Dieser Tag hat abgenommen,
bald wird auch der Tod herkommen!
Drum, o Mensch, so schicke dich,
daß du sterbest seliglich!"

Heute sind die Scheunentore zu. Sie sind vielfach geflickt und ganz grau und schwarz vom Regen und Alter.
Ein Plätschern unterbricht die Stille, Wasser fällt aus der blechernen Rinne von der Küche in den gepflasterten Hof. Die Bauerntochter hat ihr Spülwasser in den Rinnstein geschüttet. Nun wird sie gleich das Fenster öffnen und die Gelt zum Trocknen auf das Küchenbrett stürzen. Es ist eine andre Bauerntochter als damals, und es regiert auf dem Hof ein anderer Bauer. Aber es ist die alte Arbeitsgewohnheit und die gleiche Ordnung haushälterischen Tuns wie bei der Ahne und der Urahne. Was sind in den Bauerngeschlechtern 60 Jahre? Ein Augenblick in der Ewigkeit der natürlichen Ordnung von Sommer und Winter, Saat und Ernte. Immer sind es die gleichen Felder seit dreitausend Jahren, die gebaut werden müssen. Und es ist dasselbe Blut, das hier sein Leben lebt und das seine Freiheit findet in der Freiwilligkeit der Arbeit, wo der Wille des Tages die Willkür des Menschen zerschlägt. Wo so viele zusammenarbeiten und ineinanderarbeiten, die Alten mit den Jungen und diese wieder mit ihren Kindern, ist eine Änderung, selbst zum Bessern, nicht leicht. Die Arbeit und ihre Ordnung ist das Gesetz, unter

dem alle stehen; an ihr und in ihr haben sich Kraft und Geschick gebildet, jung gewohnt heißt alt getan. Wer sein Lebtag mit einem krummen Messer gearbeitet hat, kommt mit einem geraden nur schlecht zurecht.

Nun wird wohl auch der Büttel kommen, sich auf die Dohle vor dem Hoftor stellen, seine Schelle schwingen: „Es wird bekannt gemacht —", so fangen alle seine Kundgebungen an. Die Stimme füllt den ganzen Raum. Das große Scheunentor gibt so einen schönen Widerhall. Und gleich werden die Fenster auffliegen, werden sich Menschen aller Art herauslehnen, überall werden lauschende Menschen stehen, die Männer werden aus den Stalltüren und den Werkstätten treten und horchen, was der Mann in der altmodischen blauen Uniform zu sagen hat. Dann werden sie eine Zeit zusammenstehen und die Neuigkeit besprechen. Der Schuhmacher wird das Gespräch eröffnen, und ein alter Bauer wird es schließen.

Aber nein, der Büttel kommt nicht. Er kommt nicht mehr. Mein liebes altes Dorf, das 2000 Jahr alt ist, ist eingemeindet und Vorstadt geworden.

Der Kalender

Fragt mich nicht, wie alt ich bin . . .
Jahre sind so unpersönlich,
unnachgiebig unversöhnlich,
wollen nichts von „Sein" und „Sinn".
Rein mechanisch und gefühllos
wird der Mensch ganz ohne Wahl
eingepfercht und grob und stillos
festgenagelt an der Zahl.

Ob die Jahre er durchlitten,
sich gefreut hat, sich gestritten,
ob er Herr ist, ob er Knecht ist,
ob's ihm leid tut oder recht ist,
ob er zustimmt oder schilt:
der Kalender gilt.

Freund, wir wären ohne Ahnung,
was wir sind und wo wir stehn,
würde nicht der Jahre Mahnung
um uns sein und mit uns gehn! —
Ach, die Zeit hat für Gefühle
nur den herrischen Befehl,
mahlt für uns in ihrer Mühle
grobes, selten feines Mehl. . . .
Soll es mir im Leben glücken,
daß mir Rat und Tat gedeiht:
wenn die Zeiten sich nicht schicken,
schicke ich mich in die Zeit.

3. Dezember 1956 (80. Geb.)

Ich habe so manches Jahr verträumt,
ich kann jetzt nicht sitzen und ruh'n.
Ich habe so manches Gute versäumt,
ich habe versäumt, es zu tun.

Es ist nicht zu spät, solang noch im Blut
die Freude am Schönen gedeiht —
o Gott, du meinst es mit mir ja so gut
und lässest mir immer noch Zeit.

Und was ist es mit Achtzig und Fünfen?
Das wär' doch ein Anlaß, ein wenig zu schimpfen,
sich zu entschuld'gen, zu streiten, zu trutzen ...
Kinder, das alles hat gar keinen Nutzen:
mach's wie die Erde, die jeden Lenz blüht,
die niemals trutzt und sich immer bemüht.

Willst du gut schlafen, mußt anders du messen,
mußt du vergeben, mußt du vergessen:
ein wenig Liebe ... und du wirst befreit sein
und zur Versöhnung gerne bereit sein!
Was du entbehrt hast, was dir entzogen,
das ward dir seelisch längst zugewogen.

Was geht es uns an, was andere machen?
Auch sie haben ja nicht viel zu loben, zu lachen,
und keiner tut mehr, als er ist, als er kann ...
Solang' es Gott zuläßt, was geht es mich an?
Ich bin nicht Bürge, bin nicht Gericht:
was Gott damit vorhat, ich weiß es nicht.

Hab' so gern gelebt dies schöne Leben,
aber wenn ich auf zum Himmel sah
und darin die gold'nen Sterne schweben,
war das Heimweh nach der Heimat da!

Wenn ich reif bin, laß mich zu dir kommen,
wenn es Zeit ist, hol mich heim zu dir ...
Zähle ich gleich nicht zu deinen Frommen,
hol' mich heim, ich sehne mich nach dir.

Inhaltsverzeichnis

Mundartdichtung

Schwänke und Geschichten

Sprüche und Reimsprüche

Aus August Lämmles Leben

Die Auswahl erfolgte aus folgenden Schriften August Lämmles (teilweise vergriffen) [1]

Alemannen-Verlag, Stuttgart:
Schwäbisches und Allzuschwäbisches

Cotta'sche Buchhandlung Nachf., Stuttgart:
Matthias Hohner — Leben und Werk
Schwäbische Miniaturen

Fleischhauer u. Spohn-Verlag, Stuttgart:
Der goldene Boden
Der Herrgott in Allewind
Der Sebulon
Die Reise ins Schwabenland
Die Meister sitzen auf dem Gaul
Es leiselet im Holderbusch
Oiges Brot

Furche-Verlag, Dr. Katzmann, Tübingen:
Sprüche und Reimsprüche

Hohenstaufen-Verlag, Bodman/Bodensee:
Es scheinen die Sterne so hell

Eugen Salzer-Verlag, Heilbronn:
Das alte Kirchlein
Das Geschichtenbuch
Junker Goldmacherlein
Oiges Brot
Schwobabluat
Schwobespiegel
Sonnestrauß
Sonntich
Spinnstubengeschichten

[1] Die ursprüngliche Umschrift der Mundarttexte wurde beibehalten

Im Selbstverlag, Leonberg:
Knotenpunkte der schwäbischen Geschichte

Steinkopf-Verlag, Stuttgart:
Menschen nur Menschen
Was mir lieb ist

Stieglitz-Verlag, Mühlacker:
Fünfundachtzig mal um die Sonne gefahren
Ich schaue von außen durchs Fenster
Ludwigsburger Erinnerungen

Strecker u. Schröder, Stuttgart:
Bunte Geschichten

Verlagshaus Reutlingen, Oertel u. Spörer
Ein kleines Geschenk
Greif zu, mein Herz! Erlebnisse und Erkenntnisse, „Unterwegs“ — Zweites Buch
Unterwegs, Erlebnisse und Begegnungen

„Schwaben"-Bücher
aus dem Stieglitz-Verlag, die auch Sie lesen sollten:

August Lämmle

Das ist mein Land

124 Seiten, 1 Schallplatte

ISBN 3 7987 0163 6

Dieses Buch enthält eine Auswahl aus vergriffenen Schriften und erschien zum 100. Geburtstag. Die beigefügte Schallplatte — ein wertvolles Tondokument — vermittelt, wie er sprach und las.

Georg Schwarz

Pfeffer von Stetten

Ein schwäbisches Schelmenbuch

illustriert, 200 Seiten, Leinen

2. Auflage, ISBN 3 7987 0124 5

Wer schmunzelt nicht bei der Lektüre dieser heiteren Geschichten um den schwäbischen Erzschelm von „anno dazumal", der seine Mitmenschen gründlich durchschaut.

Karl Götz

Der goldene Morgen

Heitere Geschichten aus einer armen Kindheit

264 Seiten

9. Auflage, ISBN 3 7987 0108 3

Die köstliche meisterhafte Erzählung von einer äußerlich armen Kindheit, die doch von einem innerlichen Reichtum voll Heiterkeit, Humor und Güte durchleuchtet ist. Ein Buch zum Immer-Wieder-Lesen!

Karl Götz

Am hellen Mittag

Frohe Jugend in einer ernsten Zeit

368 Seiten

2. Auflage, ISBN 3 7987 0157 1

Karl Götz erzählt mit heiterem Sinn und in der gleich beglückenden Sprache aus seiner Jugendzeit. Ein neues Volksbuch, auf das so viele schon lange gewartet haben.

Georg Schwarz

Zwischen Kanzel und Acker

192 Seiten

ISBN 3 7987 0164 4

Ein dörflicher Friedensrichter und Salomo, ein zum gesalzenen Humor neigender Erzieher und Schlichter in Streitigkeiten, aber auch ein frommer Schelm ist der Pfarrer Johann Friedrich Flattich, der in einigen Dörfern Württembergs gelebt und weit über sie hinaus gewirkt hat.